हरे कृष्ण हरे कृष्ण कृष्ण कृष्ण हरे हरे, हरे राम हरे राम राम राम हरे हरे॥

कृष्ण के रत्न :

भक्तों की महिमा

-हर्ष श्रीवास्तव

हरे कृष्ण हरे कृष्ण कृष्ण कृष्ण हरे हरे, हरे राम हरे राम राम राम हरे हरे॥

समर्पण

मेरे प्रभु **श्रीकृष्ण** को,
जो मेरे जीवन के हर रास्ते को अपने प्रेम और कृपा से रोशन करते आए हैं।

और मेरे माता-पिता **श्री राजीव** एवं **श्रीमती विनीता श्रीवास्तव**

को,
जिन्होंने मुझे ऐसे संस्कार दिए कि मैं अध्यात्म की छोटी-से-छोटी बात को भी गहराई से समझ सका और हमारे सनातन धर्म की महानता को महसूस कर सका।

सच्ची कृतज्ञता और भक्ति सहित।

— **हर्ष श्रीवास्तव**

हरे कृष्ण हरे कृष्ण कृष्ण कृष्ण हरे हरे, हरे राम हरे राम राम राम हरे हरे॥

विषय-सूची

हरे कृष्ण हरे कृष्ण कृष्ण कृष्ण हरे हरे, हरे राम हरे राम राम राम हरे हरे॥

हरे कृष्ण हरे कृष्ण कृष्ण कृष्ण हरे हरे, हरे राम हरे राम राम राम हरे हरे॥

पाठकों से विनम्र निवेदन

प्रिय पाठकों,

आप सभी से मेरा विनम्र अनुरोध है कि कृपया प्रत्येक **पृष्ठ(पन्ने)** के ऊपरी भाग में लिखे हुए *महामंत्र* का जप करते जाएँ।

हर पृष्ठ पलटते समय **भगवान हरि** के पवित्र नाम का उच्चारण करें, क्योंकि *कलियुग* में भगवान को प्रसन्न करने का **सबसे सरल और सर्वोत्तम उपाय** है — उनका नाम-स्मरण और नाम-संकीर्तन।

यह सिद्धांत **श्रीमद् भागवत (12.3.52)** में स्पष्ट रूप से कहा गया है—

कृते यद् ध्यायतो विष्णुं,
त्रेतायां यजतो मखैः ।
द्वापरे परिचर्यायां,
कलौ तद् हरि–कीर्तनात् ॥

अर्थः (सत् युग में भगवान की उपासना ध्यान के माध्यम से होती थी;
त्रेता युग में बड़े-बड़े यज्ञों द्वारा;
द्वापर युग में मंदिर सेवा और विधि-विधान द्वारा;
परंतु कलियुग में वही फल **केवल और केवल हरि नाम के कीर्तन** से प्राप्त हो जाता है।)

हरे कृष्ण हरे कृष्ण कृष्ण कृष्ण हरे हरे, हरे राम हरे राम राम राम हरे हरे॥

प्रस्तावना

मेरा बचपन आगरा में बीता, जो पवित्र ब्रज भूमि का एक हिस्सा है — जहाँ हर हवा के झोंके में मानो श्रीकृष्ण का नाम गूंजता है। शायद इसी कारण बचपन से ही मुझे कृष्ण की ओर एक अटूट आकर्षण रहा है — पहले कार्टूनों के माध्यम से, फिर किशोरावस्था में टीवी धारावाहिकों के जरिए, और अब मंदिरों, शास्त्रों व भक्तों की संगति के माध्यम से। मुझे याद भी नहीं कि मैं पहली बार वृंदावन कब गया था; ऐसा लगता है मानो कृष्ण का आकर्षण सदा से मेरे जीवन का हिस्सा रहा हो। जैसे उनके नाम का अर्थ ही है — **कृष्ण** ***"सबको अपनी ओर आकर्षित करने वाले"*** — वे आज भी मुझे हर दिन अपने और अधिक निकट खींचते जा रहे हैं।

अनेक गुरुजन और भक्तजन कहते हैं कि *भगवान से सीधी भक्ति प्राप्त करना संभव नहीं होता।* वे अपने भक्तों की परीक्षा असंख्य तरीकों से लेते हैं। किंतु सबसे सहज और पावन मार्ग यह है कि हम उनके शुद्ध भक्तों के चरणों की रज को अपना आश्रय बना लें, क्योंकि ऐसे सच्चे संतों की संगति से ही हृदय में प्रेम और भक्ति स्वाभाविक रूप से जागृत होती है।

जैसा कि *श्रीमद्भागवत महापुराण* (स्कंध 11, अध्याय 12, श्लोक 1.2) में कहा गया है

" सत्सङ्गं प्राप्यते पुंसां सुकृतैः पूर्वसञ्चितैः।
तत्र भक्त्या हरौ भक्ताः सङ्गेन परिवर्धते॥"

<u>अर्थ</u>: मनुष्य को अनेक जन्मों के शुभ कर्मों के फलस्वरूप ही संतों का संग प्राप्त होता है। और ऐसे सत्संग से भगवान हरि के प्रति भक्ति स्वाभाविक रूप से प्रकट होकर बढ़ती जाती है।

इसी सत्य ने — कि *भक्ति भगवान के भक्तों की संगति से ही फलती-फूलती है* — मुझे "**कृष्ण के रत्न :भक्तों की महिमा** " लिखने के लिए प्रेरित किया। इन कथाओं के माध्यम से, मेरा प्रयास है कि मैं उन दिव्य आत्माओं की प्रेम, श्रद्धा और समर्पण से भरी यात्राओं की झलक आपके सामने रख सकूं — जिन्होंने अटूट विश्वास के साथ भक्ति के पथ पर चलकर अपने जीवन को भगवान श्रीकृष्ण के चरणों में समर्पित कर दिया।

हरे कृष्ण हरे कृष्ण कृष्ण कृष्ण हरे हरे, हरे राम हरे राम राम राम हरे हरे॥

आभार

सबसे पहले, मैं अपने शाश्वत मार्गदर्शक और प्रेरणा स्रोत ***भगवान श्रीकृष्ण*** के चरणों में सिर झुकाकर प्रणाम करता हूँ। इस पुस्तक के हर शब्द में उन्हीं की कृपा का स्पर्श है।

मैं हृदय से ***श्री प्रेमानंद महाराज*** और ***श्री ए.सी. भक्तिवेदांत स्वामी श्रील प्रभुपाद*** का आभारी हूँ — वे दिव्य गुरुजनों, जिनकी शिक्षाएँ मेरी आध्यात्मिक समझ की नींव रही हैं। उनके ज्ञान और करुणा के बिना यह पुस्तक संभव नहीं थी।

साथ ही, मैं ***श्री इंद्रेश उपाध्याय महाराज*** का भी आभार व्यक्त करता हूँ, जिनकी अद्भुत कथा-वाचन शैली ने हमेशा मेरे हृदय में भक्ति का संचार किया और मुझे लेखन के लिए प्रेरित किया।

मैं अपने ***माता-पिता*** के प्रति हृदय से आभार व्यक्त करता हूँ, जिनके प्रेम और संस्कारों ने मुझे आध्यात्मिकता का मार्ग दिखाया और सनातन परंपरा को समझने की प्रेरणा दी। आज जो भी मैं अनुभव कर पा रहा हूँ, वह उनके निरंतर सहयोग और आशीर्वाद का ही परिणाम है।

और अंत में,मेरे शिक्षक एवं मार्गदर्शक ***श्री विकल्प चतुर्वेदी जी*** को, जिनके मार्गदर्शन ने मुझे इस यात्रा को प्रारंभ करने का आत्मविश्वास दिया—मैं उनका हृदय से आभारी हूँ।

भगवान श्रीकृष्ण इस पुस्तक को पढ़ने वाले हर व्यक्ति के जीवन में शांति, श्रद्धा और भक्ति का प्रकाश फैलाएँ।

हरे कृष्ण हरे कृष्ण कृष्ण कृष्ण हरे हरे, हरे राम हरे राम राम राम हरे हरे॥

भूमिका

इस संसार में असंख्य लोगों के बीच कुछ ही ऐसे विरले आत्मा होते हैं, जो अनमोल **रत्नों** की तरह चमकते हैं — वे हैं ***श्रीकृष्ण के सच्चे भक्त***। उनका जीवन प्रेम, विश्वास और पूर्ण समर्पण से भरा होता है। वे अपने लिए नहीं, केवल अपने प्रिय प्रभु के लिए जीते हैं।

मानवीय समझ से परे — फिर भी अपने भक्तों के प्रेम के आगे वे स्वयं को असहाय पा लेते हैं। उनके भक्तों का प्रेम इतना गहरा होता है कि वह स्वयं श्रीकृष्ण को भी बाँध लेता है। उनके लिए कृष्ण केवल भगवान नहीं, बल्कि *सखा, पुत्र, प्रियतम* और *हृदय में बसने वाले सबसे अपने* बन जाते हैं।

एक सच्चे भक्त का अपने भगवान से संबंध भावनाओं से परिपूर्ण होता है। वे उनसे बातें करते हैं, उनसे तर्क करते हैं, उनके साथ हँसते हैं, रोते हैं, और पूरे प्रेम से उनकी सेवा करते हैं। उनके लिए *कृष्ण* हर श्वास में, हर धड़कन में बसते हैं।

और *कृष्ण* भी अपने भक्तों से सबसे अधिक प्रेम करते हैं। वे उनके साथ अपनी *दिव्य लीलाएँ* रचते हैं — कभी उनकी श्रद्धा की परीक्षा लेते हैं, कभी उन पर कृपा की वर्षा करते हैं, और कभी-कभी सब कुछ छीनकर उनकी भक्ति को और अधिक तेजस्वी बना देते हैं।

सच्चा भक्त कभी विश्वास नहीं खोता। वह दुख में भी मुस्कुराता है, क्योंकि उसे ज्ञात होता है कि हर परिस्थिति के पीछे *कृष्ण का प्रेम और मार्गदर्शन* छिपा है।

जैसा कि *भगवान श्रीकृष्ण* ने *भगवद्गीता (9.22)* में कहा है —

“अनन्याश्चिन्तयन्तो मां ये जनाः पर्युपासते ।
तेषां नित्याभियुक्तानां योगक्षेमं वहाम्यहम् ॥”

अर्थ: जो भक्त निरंतर मेरा चिंतन करते हुए प्रेमपूर्वक मेरी उपासना करते हैं — मैं स्वयं उनके आवश्यकताओं की पूर्ति करता हूँ और जो कुछ उनके पास है उसकी रक्षा करता हूँ।

हरे कृष्ण हरे कृष्ण कृष्ण कृष्ण हरे हरे, हरे राम हरे राम राम राम हरे हरे॥

और *श्रीमद्भागवतम् (9.4.68)* में भगवान कहते हैं —

अहं भक्तपराधीनो ह्यस्वतन्त्र इव द्विज ।
साधुभिर्ग्रस्तहृदयो भक्तैर् भक्तजनप्रियः ॥

अर्थ: हे द्विज! मैं अपने भक्तों के प्रेम के आगे पूर्णतः अधीन हूँ। मेरा हृदय भक्तों के स्नेह से बंधा है, और मैं उनके बिना रह ही नहीं सकता।

ये *भक्त* साधारण मनुष्य नहीं होते — ये शुद्ध आत्माएँ हैं, आदर्श मानव हैं, और सच्ची भक्ति के जीवंत उदाहरण हैं। उनका जीवन, उनका चरित्र और उनकी शिक्षाएँ इतनी गहन और प्रभावशाली हैं कि प्रत्येक भक्त पर एक अलग ग्रंथ लिखा जा सकता है। परंतु इस छोटे से प्रयास में मैंने उनके *दिव्य सार* को एक स्थान पर संजोने की कोशिश की है।

इस पुस्तक में वर्णित सभी कथाएँ वास्तविक दिव्य भक्तों पर आधारित हैं, जिनकी महिमा *भागवत कथाओं* और *भक्ति प्रवचनों* में बार-बार गाई जाती है। मैंने केवल उनका संग्रहीकरण कर उन्हें इस रूप में प्रस्तुत किया है, ताकि व्यस्त जीवन जीने वाले लोग भी इन *भक्ति रत्नों* से जुड़ सकें और *कृष्ण प्रेम की मधुरता* का अनुभव कर सकें।

इन कहानियों का उद्देश्य केवल यही है कि प्रत्येक पाठक यह अनुभव कर सके — कि *भक्ति केवल नियमों और कर्मकांडों तक सीमित नहीं है,* बल्कि वह *प्रेम, समर्पण और श्रीकृष्ण के निरंतर स्मरण* का मार्ग है।

हरे कृष्ण हरे कृष्ण कृष्ण कृष्ण हरे हरे, हरे राम हरे राम राम राम हरे हरे॥

अस्वीकरण:

इस पुस्तक का उद्देश्य किसी भी **धर्म, जाति, व्यक्ति, आस्था** या **विश्वास** की भावनाओं को ठेस पहुँचाना या उनका अपमान करना नहीं है।
इसका एकमात्र उद्देश्य *सकारात्मकता, प्रेम* और *हमारी समृद्ध आध्यात्मिक विरासत* के प्रति जागरूकता फैलाना है।

हरे कृष्ण हरे कृष्ण कृष्ण कृष्ण हरे हरे, हरे राम हरे राम राम राम हरे हरे॥

अध्याय 1

मीराबाई: महलों से तीर्थयात्रा तक

गोपिका माध्वी का मीरा बाई के रूप में अवतरण

यं यं वापि स्मरन्भावं त्यजत्यन्ते कलेवरम्।
तं तमेवैति कौन्तेय सदा तद्भावभावितः॥ (भगवद्गीता 8.6)

अर्थ: मनुष्य मृत्यु के समय जिस भाव या विचार को याद करता है, वह अगले जन्म में उसी अवस्था को प्राप्त करता है।

वृंदावन — वह पावन भूमि जिसे प्रभु ने स्वयं अपनी लीलाओं के लिए चुना। उस समय वृंदावन का नाम ही श्रीकृष्ण का पर्याय था। अनेक असुरों का वध कर और अपने अलौकिक कर्मों से कृष्ण समस्त ब्रज में प्रसिद्ध हो गए थे। उनकी बांसुरी की मधुर ध्वनि केवल मनुष्यों को ही नहीं, बल्कि गायों, पक्षियों और अन्य प्राणियों को भी मोहित कर देती थी। विशेषकर वृंदावन की गोपियाँ उनकी बांसुरी की तान सुनकर अपने आप को नृत्य करने और हर्षित होने से रोक नहीं पाती थीं। पूर्णिमा की रातों में तो कभी-कभी श्रीकृष्ण और गोपियाँ मिलकर समूह नृत्य और गायन करते थे, जिसे ***रासलीला*** कहा गया।

यद्यपि उस समय श्रीकृष्ण केवल सात वर्ष के थे, फिर भी कुछ माता-पिता अपनी बेटियों को उनके पास जाने नहीं देते थे। (प्रभु की लीलाएँ कितनी अद्भुत और रहस्यमयी हैं — जिन्हें लोग पहचान नहीं पाते, यहाँ तक कि जो उनसे अप्रसन्न होते हैं, उन्हीं को वह अपने समीप रखते हैं। कितना सौभाग्यशाली होता है वह जिसे प्रभु अपने पास रख लें!)

ऐसे ही परिवारों में से एक था ***माधवी*** का। वह अपनी माँ के साथ रहती थी, क्योंकि उसके पिता का निधन उस समय हो गया था जब वह अपनी माँ के गर्भ में थी। उसकी माँ कृष्ण को बिल्कुल पसंद नहीं करती थी — क्योंकि वे शरारतें करते थे, गोपियों के मटके फोड़ते, मक्खन चुराते, गोपियों के वस्त्र छिपा लेते और अलौकिक कार्य जैसे पूतना राक्षसी का वध करते। जैसे-जैसे माधवी बड़ी होती गई, उसकी माँ उसे कृष्ण से दूर रखने लगी। वह अकेली माता होने के

कारण बेटी के भविष्य को लेकर अत्यधिक चिंतित रहती थी। उसे डर था कि कहीं उसकी बेटी भी अन्य गोपियों की तरह कृष्ण में दीवानी न हो जाए।

वह माधवी से कहती — "जब कृष्ण आएं तो मुँह मत दिखाना, घूँघट डाल लेना ताकि तुम दोनों की नज़रें न मिलें।"

परंतु वृंदावन में रहकर भला कृष्ण से कौन अंजान रह सकता था! माधवी ने अपने सखियों से कृष्ण के बारे में बहुत कुछ सुना था — कि वे अत्यंत सुंदर हैं, उनके चेहरे पर सदैव मोहक मुस्कान रहती है, उनके शरीर से पुष्पों की सुगंध आती है, उनके सिर पर मोरपंख शोभा देता है। यद्यपि माँ ने देखने से रोका था, फिर भी माधवी कभी-कभी उनकी उपस्थिति महसूस कर लेती — कभी उनकी सुगंध से, तो कभी उनके मित्रों की टोली की हँसी और शोर से,जो गाँव में गूंजता रहता था।

बिना देखे ही माधवी के हृदय में कृष्ण के प्रति एक असीम आकर्षण उत्पन्न हो गया था। वह दिन-रात उन्हीं के बारे में सोचती, कल्पना करती कि वे कैसे दिखते होंगे, कैसे मुस्कुराते होंगे। समय बीतता गया, और उसके मन में कृष्ण के दर्शन की लालसा बढ़ती ही गई — एक मूक, प्रज्वलित भक्ति की लौ उसके भीतर जलने लगी।

धीरे-धीरे उसने अपनी माँ से विरोध करना शुरू किया — "माँ, तुम मुझे क्यों रोकती हो? मैं बस एक बार उन्हें देखना चाहती हूँ!" लेकिन माँ ने उसकी बात नहीं मानी और वह और भी कठोर हो गई। अब वह माधवी को अकेले घर से बाहर नहीं जाने देती थी, और जब भी कृष्ण आसपास होते, वह बेटी का चेहरा ढक देती।

फिर वह क्षण आया जब माधवी के मन में कृष्ण के दर्शन की आशा पुनः जाग उठी। वह समय था जब कृष्ण ने ब्रजवासियों को इंद्र की पूजा रोकने और गोवर्धन पर्वत की पूजा करने को कहा। इससे इंद्र क्रोधित हो गए और ब्रज में भयंकर तूफान और वर्षा करने लगे, जिससे लगभग पूरा क्षेत्र जलमग्न हो गया। अपने प्रिय ब्रजवासियों की रक्षा के लिए श्रीकृष्ण ने अपनी नन्ही सी कनिष्ठ (सबसे छोटी) उँगली पर **तीन कोस** (लगभग नौ किलोमीटर) लंबा गोवर्धन पर्वत उठा लिया। समस्त ब्रजवासी उसके नीचे आकर शरण लेने लगे। माधवी और उसकी माँ भी पर्वत के नीचे खड़ी थीं, लेकिन कृष्ण से काफी दूर। माँ ने उसका हाथ कसकर पकड़ा हुआ था। माधवी जानती थी — यह अवसर फिर नहीं मिलेगा। जब उसने ब्रजवासियों को कहते सुना —

"देखो, सात वर्ष के बालक ने इतना बड़ा पर्वत उठा उठा रखा है, और उसके चेहरे पर तनिक भी थकान नहीं! यह तो भगवान का चमत्कार है!"

हरे कृष्ण हरे कृष्ण कृष्ण कृष्ण हरे हरे, हरे राम हरे राम राम राम हरे हरे॥

— तो उसका हृदय धड़कने लगा। उसने माँ की पकड़ छुड़ाई और भीड़ में भाग पड़ी। माँ चिल्लाती रही, "माधवी! वापस आओ!"

भीड़ में वह छोटी सी लड़की सबको पूछती जा रही थी, *"कृष्ण कहाँ हैं?"* कदम-दर-कदम वह पास आती गई। कृष्ण भक्तों से घिरे हुए थे, पर माधवी किसी तरह आगे बढ़ गई। उसने आँखें बंद कीं — उसका सपना साकार होने वाला था। आँसू उसकी पलकों से बहने लगे। जब उसने आँखें खोलीं, तो उसे कुछ दिखाई नहीं दिया — आँसुओं से सब धुंधला हो गया था। उसने दोबारा कोशिश की — इस बार उसे बस श्रीकृष्ण के चरण दिखाई दिए, और उनका धुँधला नीला शरीर। वह कुछ समझ नहीं पाई और आँखें मलने लगी, तभी उसकी माँ ने आकर उसका हाथ पकड़ लिया और उसे भीड़ से बाहर खींच लिया — कृष्ण से बहुत दूर, गोवर्धन के दूसरे छोर पर।

माधवी फूट-फूटकर रो पड़ी — उसे लगा जैसे उसका एकमात्र अवसर चला गया। कृष्ण ने **सात दिनों** तक गोवर्धन उठाए रखा, फिर जब वर्षा रुकी, सब ब्रजवासी उनके आभार व्यक्त कर अपने घर लौट गए।

(यशोदा माता श्रीकृष्ण को दिन में ***आठ बार*** भोजन कराती थीं। लेकिन इस अवधि में उनके प्रिय लल्ला ने सात दिनों तक एक दाना भी ग्रहण नहीं किया। इसलिए जब वे अपने घर पहुँचे, तो यशोदा माता ने कृष्ण को गले लगाया और कहा, "मैं अपने लल्ला को दिन में आठ बार खिलाती थी, और मुझे पता है कि तुम पिछले सात दिनों से भूखे हो। उसकी भरपाई के लिए मैं तुम्हें ***56 भोग (7 दिन × 8 भोजन)*** अर्पित करूँगी।" वहीं से छप्पन भोग की परंपरा प्रारंभ हुई।)

उसके बाद माधवी घर में ही रहने लगी। तीन वर्ष बीत गए। अब कृष्ण दस वर्ष के हो गए थे। वह समय आ गया जब उन्हें मथुरा जाना था — अपने माता-पिता को कारागार से मुक्त कराने और कंस का वध करने। यह समाचार जैसे ही फैला, पूरे वृंदावन में शोक छा गया। सभी रो रहे थे, गायें भी दूध देना बंद कर चुकी थीं। कृष्ण ने सबको समझाया कि यह उनका कर्तव्य है, और बलराम के साथ रथ पर बैठकर अंतिम बार वृंदावन का भ्रमण करने निकले।

जब माधवी ने यह समाचार सुना, तो वह जैसे पागल हो गई। उसने अपनी माँ से विनती की — *"माँ, मुझे जाने दो, बस एक बार दर्शन करने दो!"* पर माँ ने मना कर दिया। व्याकुल होकर माधवी दरवाज़े से सिर मारने लगी — *"माँ, मुझे जाने दो, यह आख़िरी मौका है, नहीं तो मैं मर जाऊँगी!"* बार-बार सिर पटकते हुए उसके माथे से रक्त बहने लगा। बेटी की यह दशा देखकर माँ का हृदय पिघल गया, उसने दरवाज़ा खोल दिया।

हरे कृष्ण हरे कृष्ण कृष्ण कृष्ण हरे हरे, हरे राम हरे राम राम राम हरे हरे॥

माधवी के माथे से खून बह रहा था, आँखें आँसुओं से सूजी हुई थीं, पर होंठों पर एक हल्की सी मुस्कान थी — कृष्ण के दर्शन की आशा की मुस्कान। वह पागलों की तरह भागी, कई बार गिरी, शरीर पर चोटें आईं, वस्त्र मिट्टी से सने और रक्तरंजित हो गए। पर उसके मन में केवल एक ही विचार था — *कृष्ण!*

वह हर मिलने वाले से पूछती — *"कृष्ण कहाँ हैं?"* किसी ने कहा, *"अभी-अभी यहाँ से गए हैं।"* वह उसी दिशा में दौड़ी। फिर किसी ने बताया — *"वे अब वृंदावन की सीमा पर हैं, मथुरा जाने वाले मार्ग पर।"*

वह घायल शरीर और आँसुओं भरी आँखों से वहाँ पहुँची — पर देर हो चुकी थी। दूर उसे एक रथ दिखाई दिया, जिसमें दो बालक बैठे थे — एक श्वेतवर्ण, दूसरा श्यामवर्ण। वह बस उनकी पीठ देख पाई। उसने अपनी पूरी शक्ति से पुकारा — *"कृष्ण! कृष्ण!"* पर रथ बहुत दूर जा चुका था।

माधवी वहीं गिर पड़ी, घंटों रोती रही। जब घर लौटी तो माँ से कहा —

"माँ, कृष्ण चले गए , तुमने मुझे उन्हें पहले देखने क्यों नहीं दिया? क्यों माँ?"

माँ उसके घाव सँभालना चाहती थी, पर वह बोली — *"पहले बताओ माँ, वरना मैं अपने प्राण त्याग दूंगी !"*

माँ रो पड़ी — *"बेटी, यह सब समाज के डर से था। यह दुनिया स्त्रियों के लिए बहुत कठोर है। यहाँ लड़की की हँसी भी तौली जाती है, और उसका मौन भी। लोग कुछ भी कह देते हैं... और दोष हमेशा लड़की का ही माना जाता है। मैं नहीं चाहती थी कि तेरी आस्था, तेरे प्रेम पर कोई प्रश्न उठाए। लोग कुछ गलत कहें और तुम्हारा भविष्य बिगड़ जाए।"*

दोनों माँ-बेटी एक-दूसरे से लिपटकर रोने लगीं।

माधवी ने आँसुओं में कहा — *"मैं कृष्ण से अवश्य मिलूँगी माँ। वह मुझे एक और अवसर देंगे, और इस बार मैं समाज के हर बंधन को तोड़ डालूँगी — परंपराओं की बेड़ियाँ, दुनिया की ऊँची दीवारें, राहों में खड़ी रुकावटें, मोह-माया के जाल, और तानों की नुकीली सुईयाँ — सब कुछ चीरकर मैं उनके पास पहुँचूँगी। मेरा हृदय डगमगाएगा नहीं; मेरी आस्था ही मेरा रास्ता होगी। वे मेरे हैं — केवल मेरे।"*

हरे कृष्ण हरे कृष्ण कृष्ण कृष्ण हरे हरे, हरे राम हरे राम राम राम हरे हरे॥

उस दिन से माधवी ने हृदय में कृष्ण का ध्यान करना आरंभ कर दिया। कुछ समय बाद उसकी माँ का देहांत हो गया। माधवी अपने एकमात्र विश्वास के साथ जीती रही कि शायद एक दिन कृष्ण वृंदावन लौट आएँगे। उसने कभी विवाह नहीं किया। वर्ष बीतते गए, पर कृष्ण लौटे नहीं। अंततः माधवी भी इस संसार से चली गई — *विरहाग्नि* में जलती हुई।

अपने अंतिम क्षणों में उसने वही शब्द दोहराए —
"मैं कृष्ण से मिलूँगी माँ, वह मुझे दूसरा अवसर देंगे। और उस बार मैं समाज की हर दीवार तोड़ दूँगी — क्योंकि वह मेरे हैं, केवल मेरे।"

और फिर कलियुग में वही **माधवी** पुनः जन्मी — **मीरा बाई** के रूप में।

यह नहीं पता कि बाकी लोग क्या महसूस करते हैं, लेकिन जब भी मैं भगवान और उनके भक्तों की इन दिव्य कथाओं को पढ़ता या सुनता हूँ, मेरे रोंगटे खड़े हो जाते हैं। लिखते समय सच में मेरे हाथ कांपने लगते हैं। इन भक्तों की शक्ति, उनकी गहराई, उनका धैर्य और समर्पण शब्दों से परे है। सब कुछ अर्पित कर देने के बाद भी, भगवान उन्हें परखते हैं — और फिर भी, वे अपनी आस्था नहीं खोते।

जब मैं इसके बारे में सोचता हूँ, तो एहसास होता है कि हम अब भी उस स्तर की भक्ति से कितने दूर हैं। हम *भक्ति की बात* करते हैं, पर वे *भक्ति को जीते* हैं — हर सांस में, हर आंसू में, हर धड़कन में। उनका प्रेम इतना पवित्र है कि स्वयं भगवान उन्हें परखने, आशीर्वाद देने और गले लगाने पृथ्वी पर उतर आते हैं

....

हरे कृष्ण हरे कृष्ण कृष्ण कृष्ण हरे हरे, हरे राम हरे राम राम राम हरे हरे॥

मीराबाई की आत्मज्ञान की यात्रा

कौन्तेय प्रतिजानीहि न मे भक्तः प्रणश्यति (भगवत गीता 9.31)

अर्थः "हे कुन्तीपुत्र अर्जुन, यह घोषणा कर दो — मेरा भक्त कभी नष्ट नहीं होता।"

मीरा बाई का जन्म **1498** में *जसोधा राव (मीरा)* के रूप में **कुड़की**, मेड़ता (मारवाड़ क्षेत्र) में हुआ। उनके पिता **रतन सिंह राठौड़** मुगलों के विरुद्ध युद्ध में वीरगति को प्राप्त हुए और कुछ वर्षों बाद उनकी माता का भी देहांत हो गया। इसके बाद मीरा का पालन-पोषण उनके **दादा-दादी** ने किया। उनके दादा **दूधाराव**, कुड़की के राजा, विष्णु के महान भक्त थे। वे छोटी मीरा को अक्सर भगवान हरि की कथाएँ सुनाया करते थे, और मीरा अत्यंत ध्यान से तथा रुचि के साथ सुनती थीं।

एक बार, एक संत कुड़की में **भागवत पुराण कथा** करने आए, जो सात दिनों तक चली। दूधाराव छोटी मीरा को भी कथा सुनने साथ ले जाते।

(ज्ञानी लोग कहते हैं कि *भक्ति अचानक नहीं आती, यह जन्म से साथ आती है और समय के साथ प्रकट होती है।*)

उस समय मीरा की आयु मात्र **छह–सात वर्ष** थी। कथा के दौरान जब **प्रह्लाद** की कथा सुनाई गई, तो मीरा भी सभा में उपस्थित लोगों के साथ रोने लगी। कथा सुनाने वाले संत हमेशा अपने साथ **भगवान कृष्ण की एक छोटी मूर्ति** रखते थे, जो मीरा को बहुत आकर्षित करती थी।

एक दिन, बड़ी ध्यानशीलता से सुनने वाली मीरा ने संत से प्रश्न किया—

"बाबा, आपने कथा में कहा कि हरि सबमें हैं और हर चीज़ में हैं, तो फिर हम केवल मूर्ति की ही पूजा क्यों करते हैं? और तीरथ (तीर्थ) पर जाने की क्या आवश्यकता है?"

संत कुछ क्षण के लिए आश्चर्यचकित रह गए — उन्होंने इतनी गहरी बात एक बालिका से अपेक्षा नहीं की थी। मुस्कुराते हुए उन्होंने कहा,

हरे कृष्ण हरे कृष्ण कृष्ण कृष्ण हरे हरे, हरे राम हरे राम राम राम हरे हरे॥

*"लाडोरानी, यदि भगवान सबमें हैं तो क्या वे इस **मूर्ति** में नहीं होंगे? हम इस मूर्ति की पूजा नहीं करते, हम तो **हरि** की पूजा करते हैं — यह तो केवल माध्यम है। जैसे हम किसी को पत्र लिखते हैं, तो हम कागज़ से बात नहीं कर रहे होते, बल्कि उस व्यक्ति से, जो उसे पढ़ेगा।*

*"और हम **तीर्थ** भगवान को खोजने नहीं जाते, बल्कि **उनके भक्तों और संतों** को खोजने जाते हैं। उनकी भक्ति और प्रेम भगवान को इन स्थानों और मूरतों में विराजमान होने के लिए बाध्य कर देता है। स्थान को तीर्थ भक्त बनाता है। तीर्थ में भगवान की उपस्थिति अधिक प्रबल होती है — (यहाँ जाना वैसा ही है जैसे कोई व्यक्ति बहुत परिश्रम से भोजन बनाता है, सामग्री जुटाता है, आग के पास खड़ा रहता है, और जैसे ही भोजन पकता है, उसकी दिव्य सुगंध बाहर दरवाज़े पर खड़े व्यक्ति को भी महसूस होने लगती है बिना किसी कठिन परिश्रम के, यदि भाग्य अच्छा हो तो स्वाद भी मिल सकता है — और यदि नहीं, तो कम से कम उसका **नुस्खा** मिल जाता है, ठीक इसी प्रकार, ईश्वर तक पहुँचने का **नुस्खा** (मार्ग) भी हमें इन्हीं भक्तों के माध्यम से मिलता है।)"*

मीरा इस उत्तर से अत्यंत संतुष्ट हुई। उसी दिन से उनका भगवान कृष्ण के प्रति प्रेम और गहरा होने लगा। आगे के दिनों में, वह अक्सर उस **कृष्ण की मूर्ति** को चुपचाप निहारती रहतीं जो उस संत के पास थी। जब कथा का सातवाँ दिन समाप्त हुआ और संत प्रस्थान करने लगे, तो छोटी मीरा रोते हुए उनके पास गई और विनती करने लगी,

"बाबा, कृपया मुझे यह कृष्ण दे दीजिए। अब वह मेरे मित्र हैं। आप इन्हें अपने साथ मत ले जाइए। वह मेरे हैं... कृपया मुझे दे दीजिए..."

मीरा के इस व्यवहार को देखकर उसके दादा-साहब उस पर चिल्लाए,
"मीरा कोई खिलौना नहीं है, महाराज जी से माफ़ी माँगो!"
लेकिन मीरा बार-बार कहती रही, "वह मेरे हैं दादा-सा, कृपया महाराज जी को मनाइए।"

दूधारावजी ने मीरा की ओर से संत से माफी माँगी।
संत थोड़े चिंतित हो गए और वे अपने छोटे ठाकुरजी की मूर्ति को साथ लेकर वहाँ से जल्दी-जल्दी निकल गए।

नन्ही मीरा लगातार रोती रही, उसने खाना-पीना भी छोड़ दिया।
वह केवल यही कहती— ***"कृष्ण मेरे हैं" और फिर रोने लगती।***

हरे कृष्ण हरे कृष्ण कृष्ण कृष्ण हरे हरे, हरे राम हरे राम राम राम हरे हरे॥

उसके दादा-दादी ने उसे कई और कृष्ण की मूर्तियाँ दिखाईं — कुछ तो सोने और चाँदी की भी थीं,
और बोले, *"इनमें से अपने ठाकुरजी को चुन लो।"*
लेकिन मीरा ने स्पष्ट मना कर दिया और बोली—
"यह वही नहीं हैं। वह तो कथा के बीच-बीच में मुझे देखते थे और मुस्कुराते थे।
मुझे वही चाहिए। वह मेरे मित्र हैं।"

(यही है शुद्ध भक्त की पहचान, प्रिय पाठकों।
सच्चा भक्त भगवान को सामान्य पत्थर या मूर्ति नहीं मानता।
वह उससे दिव्य संबंध और सकारात्मक ऊर्जा महसूस करता है।
जैसे एक खाली कागज़ पर '₹500' लिख देने से वह नोट नहीं बन जाता।
भले ही उसका प्रिंटआउट निकाल लो, वह फिर भी **अवैध** ही रहेगा।
दोनों कागज़ हैं, लेकिन असली नोट बनने के लिए कुछ गुण, प्रक्रियाएँ और संस्कार होने होते हैं।
उसी तरह मूर्तियाँ भी सामान्य पत्थर से बनती हैं,
लेकिन *प्राण प्रतिष्ठा, अभिषेक, आरती, और सबसे बढ़कर भक्त का प्रेम*
उसे **विग्रह / प्रतिमा (जीवंत मूर्ति)** बनाता है।)

मीरा के दादा-दादी चिंतित थे — नन्ही बच्ची का इतना रोना और खाना छोड़ देना सही नहीं था।

उधर संत नगर की सीमा पार कर चुके थे और रात गुज़ारने के लिए एक स्थान ढूँढा।
वह अपने ठाकुरजी से अत्यंत प्रेम करते थे। वह रोज सेवाएँ करते, भोग लगाते, आरती करते।

शयन आरती के बाद उन्होंने कहा, *"आओ ठाकुरजी, अब सो जाइए,"*
और स्वयं भी सो गए।

सपने में कृष्ण उसी छोटी मूर्ति के रूप में प्रकट हुए और बोले:
"बाबा ओ बाबा, तुमने मेरी बहुत अच्छी सेवा की है, मैं तुमसे बहुत प्रसन्न हूँ।
अब मुझे उस छोटी लड़की को दे दो।"

हरे कृष्ण हरे कृष्ण कृष्ण कृष्ण हरे हरे, हरे राम हरे राम राम राम हरे हरे॥

यह सुनकर संत रो पड़े और बोले,
"हे नाथ, यह कैसा दंड है? मैं आपके बिना नहीं रह सकता।
मुझसे क्या भूल हो गई? मैं प्रायश्चित कर लूँगा।"

कृष्ण बोले:
"बाबा, इसमें तुम्हारी कोई गलती नहीं है।
तुम बूढ़े हो रहे हो। कुछ समय बाद तुम मेरी देखभाल नहीं कर पाओगे।
और तुम्हारे बाद? यदि किसी ने मुझे त्याग दिया, नदी में प्रवाहित कर दिया तो?
क्या तुम नहीं सोचते कि तुम्हें अपनी जगह किसी प्रतिनिधि को तैयार करना चाहिए?
मैं तुम्हारी ही सहायता कर रहा हूँ। उस बालिका की आँखों में मैंने वही प्रेम देखा है जो तुममें है। पर यदि तुम नहीं चाहते, तो कोई बात नहीं..."

संत ने रोना बंद किया। एक विचार उसके मन में आया —
"मेरी तो कोई संतान भी नहीं है... मेरे बाद ठाकुरजी की सेवा कौन करेगा?"

स्वयं को संयत करते हुए उसने कहा,
"क्षमा कीजिए नाथ, मैं आपकी सेवा में इतना लीन हो गया था कि सोच ही नहीं पाया। कल सुबह मैं आपको उस बच्ची को सौंप दूँगा।"

(कितनी सुंदरता से ठाकुर जी अपने भक्तों को समझाना जानते हैं।
वे केवल ईश्वर नहीं, एक *भक्त-प्रेमी* हैं।भगवद्गीता में अर्जुन उन्हें ***"वाक्चातुर्य का स्वामी"*** कहता है —
जो अपनी वाणी से मन मोह लेते हैं,
और शब्दों से हृदय जीत लेते हैं।

और जिस तरह उन्होंने उस संत के साथ लीला की —वह सचमुच अद्भुत थी...
एक ***सच्चे छलिया*** की लीला।)

अगले दिन संत उठे, और उन्होंने अंतिम बार अपने ठाकुर जी को हृदय से लगाया।
आँसू भरी आँखों से उन्हें निहारा, और फिर अपने गिरिधर लाल जी को लेकर दुधारोजी के महल की ओर चल पड़े।महल पहुँचकर संत ने विनम्र स्वर में कहा

हरे कृष्ण हरे कृष्ण कृष्ण कृष्ण हरे हरे, हरे राम हरे राम राम राम हरे हरे॥

—

"मैं अपने गिरिधर लाल जी को मीरा को सौंपना चाहता हूँ।"

संत ने कहा, "*उन्होंने स्वप्न मुझसे कहा है कि वह अपनी नई सखी के साथ रहना चाहते हैं। मीरा कहाँ है?"*

दादा-दादी ने मीरा को बुलाया। मीरा की खुशी की कोई सीमा नहीं थी।
उसने मूर्ति से कहा, *"मुझे पता था, तुम ज़रूर आओगे मेरे मित्र।"*
और वह संत के चरणों में झुक गई और मूर्ति को हृदय से लगा लिया।

उस दिन से मीरा ने उन्हें सच्चे मित्र की तरह माना।वह उन्हें अपने कमरे में रखती, उनके सामने नृत्य करती, उनसे बातें करती,अपने दिन के हर छोटे-छोटे प्रसंग उन्हें बताती।

एक दिन महल के सामने बारात गुज़री।मीरा परिवार के साथ छत से देख रही थी।
उसने दादी-सा से पूछा,*"घोड़े पर बैठा आदमी कौन है?"*
दादी-सा बोलीं, *"वह दूल्हा है, वह अपनी दुल्हन को साथ ले जाता है।"*

मीरा ने उत्सुक होकर पूछा, ***"मेरा दूल्हा कौन है दादी-सा? वह कहाँ है?"***
पहले तो दादी ने मुस्कुराकर टाल दिया,
लेकिन जब मीरा ने फिर पूछा तो दादी-सा बोलीं, "***लाड़ोरानी, तुम्हारा दूल्हा तुम्हारा गिरिधर गोपाल है।"***

उस दिन के बाद मीरा का कृष्ण के प्रति दृष्टिकोण बदल गया। कभी-कभी वह उन्हें देखकर लजाती, कभी घूँघट करती और कहती — *"वह मेरे दूल्हा हैं।"*

समय बीतता गया, मीरा बड़ी हो गई।कृष्ण-भक्ति और गहरी होती गई।वह कृष्ण विषयक **ग्रंथ** पढ़ने लगी, कविताएँ लिखने लगी।

अब विवाह का समय आया। दादा-दादी ने बताया कि **मेवाड़** के राजा ***राणा सांगा***, अपने पुत्र ***भोजराज*** का विवाह मीरा से करना चाहते हैं। मीरा, जिसने स्वयं को सम्पूर्ण रूप से कृष्ण को समर्पित कर दिया था — उन्हें अपना पति, अपना सर्वस्व मान लिया था — विवाह के प्रस्ताव पर दृढ़ता से मना कर देती है।

हरे कृष्ण हरे कृष्ण कृष्ण कृष्ण हरे हरे, हरे राम हरे राम राम राम हरे हरे॥

मीरा ने कहा," *दादी-सा, आपने कहा था गिरिधर मेरे दूल्हा हैं। मैं तो उनसे पहले ही विवाह कर चुकी हूँ।"*

दादी-सा चिल्लाईं, "*मीरा, बच्ची जैसी मत बनो! यह रिश्ता स्वीकार करो।"*

पर मीरा का विश्वास संसार से भिन्न था। उसे न धन चाहिए था, न राज्य, न सांसारिक विवाह — उसका मन केवल गिरिधर में लगा था। इसी भाव में उसने एक पद लिखा:

"राणे वर रा काईं परणीजूं, जनम जनम मर जाएँ।
वर परणीजूं साँवरो, म्हारो अमर चूड़ो हो जाए।"

इस पद में मीरा राणाजी (**भावी ससुर**) से कहती है: *"मैं क्यों ऐसे व्यक्ति से विवाह करूँ, जो जन्म-मरण के चक्र में बंधा है, जो एक दिन चला जाएगा? मैं तो साँवरे से विवाह करूँगी — उनसे, जो शाश्वत हैं, अमर हैं। जब मेरा मिलन गिरिधर से होगा, तो मेरे सुहाग के चूड़े भी अमर हो जाएँगे, और मेरी आत्मा मुक्त हो जाएगी\"*

मीरा की एक और बहुत प्रसिद्ध कविता की पंक्तियाँ हैं..."

मेरे तो गिरधर गोपाल, दूसरो न कोई।
जाके सिर मोर मुकुट, मेरो पति सोई॥

स्याम रंग में मैं ऐसी राची, दूसर रंग न होई।
मेरे तो गिरधर गोपाल, दूसरो न कोई॥

मीरा इस विवाह के लिए लगातार मना करती रही। एक दिन उनके दादासा **दूधा राव जी** का दुर्भाग्यवश देहांत हो गया। मीरा गहरे शोक में डूब गई। उनकी दादी सा ने किसी तरह अपनी कसम देकर उन्हें विवाह के लिए मनाया, क्योंकि वह भी चिंतित थीं कि उनके बाद मीरा का ध्यान रखने वाला कोई नहीं होगा।मीरा ने होने वाले पति को पूरी परिस्थिति बताई — कि *वह यह विवाह क्यों कर रही है और वह उनसे पत्नी के रूप में अधिक अपेक्षा ना रखे /* भोजराज, मीरा की भक्ति से प्रभावित हुए और उन्होंने मीरा की सभी शर्तों को स्वीकार कर लिया।

विवाह के समय भी मीरा अपने साथ कृष्ण की मूर्ति रखती रहीं, जैसे वह उन्हीं से विवाह कर रही हों। विवाह के बाद भी मीरा की भक्ति वैसी ही रही। उन्होंने कभी स्वयं को "***राजवधू"*** (राजकुमार की पत्नी) नहीं माना। इस व्यवहार को

हरे कृष्ण हरे कृष्ण कृष्ण कृष्ण हरे हरे, हरे राम हरे राम राम राम हरे हरे॥

कोई पसंद नहीं करता था, लेकिन उनके पति हमेशा उनका साथ देते थे, क्योंकि उन्होंने मीरा में एक गुरु को देखना शुरू कर दिया था। वह अपनी समस्याएँ मीरा से साझा करते थे और मीरा उन्हें आध्यात्मिक संदर्भ देकर हल करती थीं।

विवाह के कुछ महीनों बाद ही उनकी दादी सा का निधन हो गया। अब मीरा के पास केवल उनके पति ही बचे थे, जिन पर मीरा विश्वास करती थीं और जो उनकी परवाह करते थे।

भोजराज भी लंबे समय तक बीमार रहने लगे, और एक दिन दुर्भाग्य से उनका भी देहांत हो गया। अब मीरा की देखभाल और चिंता करने वाला कोई नहीं बचा।

यह भी प्रभु की लीला ही थी। जैसा कि **श्रीमद्भागवत** में स्वयं भगवान कहते हैं:

श्रीमद्भागवत महापुराण — 10.88.8

यस्याहम् अनुगृह्णामि हरिष्ये तद्धनं शनैः ।
ततोऽधनं त्यजन्त्यस्य स्वजनाः दुःखदुःखितम् ॥

" जब मैं किसी पर विशेष अनुग्रह करना चाहता हूँ, तो मैं धीरे-धीरे उसकी सांसारिक संपत्ति छीन लेता हूँ।
जब वह निर्धन हो जाता है, तो उसके अपने लोग—रिश्तेदार भी—उसे त्याग देते हैं।और उस दुख के माध्यम से वह पूरी तरह मेरी शरण में आ जाता है।"

अब मीरा के ससुराल वाले मीरा को उनके पति की मृत्यु का कारण समझने लगे। उस समय के लोगों की सोच बहुत सीमित और पिछड़ी हुई थी।

वे मीरा को अपशकुन मानते थे—क्योंकि उनका जन्म होते ही उनके पिता का देहांत हो गया था, कुछ महीनों बाद उनकी माता भी चल बसीं,
और अब उनका पति भी नहीं रहा।

धीरे-धीरे ससुराल में सभी लोग मीरा से घृणा करने लगे।
उन्होंने मीरा को मारने के कई प्रयास किए —

कभी उनके बिस्तर पर बिच्छू छोड़ दिए, कभी उन्हें साँपों की माला उपहार में दी,और अंत में तो विष देकर खत्म करने का प्रयास भी किया।

हरे कृष्ण हरे कृष्ण कृष्ण कृष्ण हरे हरे, हरे राम हरे राम राम राम हरे हरे॥

परंतु यह कैसी अद्‌भुत लीला!कृष्ण की कृपा से हर बार मीरा बच गईं —

बिच्छू **फूलों में बदल गए**, साँपों की माला **कमल की माला बन गई**,और विष **मीरा के लिए चरणामृत जैसा मधुर** हो गया।

उस विष वाली घटना के बाद राणा ने उस वैद्य को बुलवाया जिसने विष तैयार किया था। राणा ने क्रोधित होकर कहा —
"यदि यह विष हानिकारक नहीं था, तो तुम स्वयं इसे पीकर दिखाओ।"

बेचारा वैद्य भय से काँप उठा, लेकिन आदेश मानना पड़ा। जैसे ही उसने वही विष पिया, वह वहीं मर गया।

मीरा यह देखकर भीतर तक काँप गई। भक्त यह सह सकता है कि उस पर अत्याचार हो, उसके प्राण लेने का प्रयास हो — पर जब किसी निर्दोष को केवल भक्त के कारण कष्ट पहुँचे, तो उसका हृदय सहन नहीं कर पाता। उसी क्षण मीरा ने निश्चय किया कि अब वह मेवाड़ नहीं रुकेगी। उसने महल, वैभव, राजसी उपाधियाँ — सब पीछे छोड़ दिया और निकल पड़ी वृंदावन की ओर।

वृंदावन पहुँचकर वह हर कुंज, हर मंदिर, हर गली में पूछती —

" कहाँ हो कृष्ण? क्यों छिपे हो? मैं विशेष रूप से तुमसे मिलने वृंदावन आई हूँ।"

एक ब्रजवासी महिला मुस्कुराकर बोली —
"मीराँ, तुम देर से आईं। कृष्ण वृंदावन छोड़कर द्वारका चले गए।"

साधारण मनुष्य होता तो निराश होकर रो पड़ता, पर मीरा अब भक्ति के उस उच्च स्तर पर थीं जहाँ वियोग भी आनंद बन जाता है। मीरा हल्की मुस्कान के साथ बोली —

" वह छलिया है, मुझसे लीला कर रहा है। अच्छा है... यदि अभी मिल जाता तो मेरी यात्रा यहीं समाप्त हो जाती। अब मैं भी द्वारका जाऊँगी — उसे वहीं पाऊँगी।"

हरे कृष्ण हरे कृष्ण कृष्ण कृष्ण हरे हरे, हरे राम हरे राम राम राम हरे हरे॥

अब मीरा की अगली यात्रा थी — द्वारका। फिर भी उनके भीतर कुछ खाली था, मानो कोई अंतिम गाँठ अभी खुलनी बाकी हो। जब भक्त के जीवन में पीड़ा, भ्रम और गहन प्रश्न होते हैं, तो एक ही स्थान शांति देता है **— काशी**।

काशी, जिसे आनंद-कानन कहा जाता है — "आनंद का वन।" मीरा काशी पहुँचीं। वहाँ अनेक संतों से मिलीं, पर एक संत ने उनके जीवन पर अमिट प्रभाव छोड़ा — **संत रैदास जी**।

संत रैदास — उनका जीवन स्वयं एक ग्रंथ है। वे चर्मकार परिवार में पैदा हुए — जो चमड़े का काम करता था। उस समय के समाज में इस वर्ग को *अस्पृश्य* माना जाता था। समाज उन्हें नीचा दिखाता था, उनसे दूरी बनाकर चलता था। लेकिन भगवान ने उन्हें ऊँचा उठाया। समाज की नज़र में वे "नीचे" थे, पर भगवान की नज़र में वे "श्रेष्ठ" थे।

मीरा के जीवन में जो खालीपन था, वह *गुरु का ही था*।
जैसा कि शास्त्रों में भी स्पष्ट कहा गया है —

तस्माद् गुरुं प्रपद्येत जिज्ञासुः श्रेय उत्तमम्। (श्रीमद्भागवत 11.3.21)

(*"जो भी व्यक्ति परम कल्याण चाहता है,*
उसे गुरु की शरण में जाना चाहिए।")

मीरा को अपने मार्ग का गुरु मिल गया — **संत रैदास।**
उन्होंने मीरा को सिखाया — **"समाज से मत डर, भगवान को खोने से डर।"**
रैदासजी *अंतर-भक्ति* पर ज़ोर देते थे — *"भगवान का मंदिर बाहर नहीं, भीतर है।"*
उन्होंने मीरा को समझाया कि: **"मन को निर्मल कर लो, भगवान स्वयं प्रकट हो जाएँगे।"**
मीरा ने उनकी शिक्षा न केवल जीवन में अपनाई,
बल्कि अपने पदों में भी उतारा:

गुरु मिल्यो रैदास, मिली गई ठाकुर से प्रीत।
मन मन्दिर में दीप जले, हर क्षण होती मीट।

आँखों देखा सच कहूँ, गुरु बिन नाही गति।
धन वैभव सब झूठा री, सत्य तो केवल भक्ति।

हरे कृष्ण हरे कृष्ण कृष्ण कृष्ण हरे हरे, हरे राम हरे राम राम राम हरे हरे॥

अर्थ: "जब मुझे अपने गुरु रैदास मिले, तभी मुझे ठाकुर से सच्चा प्रेम मिला। मेरे मन के मंदिर में एक दीपक जल उठा,और हर क्षण भगवान से मिलन जैसा लगता है।

मैं अपनी आँखों से देखा सत्य कहती हूँ —गुरु के बिना कोई मार्ग नहीं। धन, वैभव सब असत्य है, सत्य केवल भक्ति है।"

संत रैदास ने मीरा को साहस दिया, दिशा दी, और वह प्रेम दिया, जिससे मीरा का पथ सीधा **गिरिधर** तक जा पहुँचा।अपने गुरु संत रैदास से शिक्षाएँ प्राप्त करने के बाद मीरा का मार्ग स्पष्ट हो गया। उन्होंने अपने भीतर की हर रुकावट, हर भय को त्याग दिया और द्वारका की ओर चल पड़ीं। मीरा ने अपना शेष जीवन द्वारका में बिताया — भजन करते हुए, नृत्य करते हुए, और हर सड़क को कृष्णमय करते हुए। लोग कहते हैं कि मीरा सड़कों पर नाचती थीं, " मीरा के प्रभु गिरिधर नागर..." और उनका एक-एक कदम भक्ति बन जाता था।

मीरा की मृत्यु के बारे में कोई ठोस ऐतिहासिक प्रमाण नहीं है, पर एक विश्वास है कि एक दिन उनके ससुराल वाले अपनी गलती समझते हैं। वे द्वारका आते हैं और विनम्र स्वर में कहते हैं —
"मीरा, हमें क्षमा कर दो... और हमारे साथ मेवाड़ वापस चलो।"

मीरा शांत स्वर में उत्तर देती हैं — *"पहले मैं अपने गिरिधर लाल से अनुमति ले आऊँ, फिर जो वे कहेंगे वही होगा।"*

यह कहकर वह मंदिर के अंदर चली जाती हैं। अंदर वे नृत्य कर रही थीं, गा रही थीं, कृष्ण के सामने — उसी माधवी की स्मृतियों के साथ, जो कभी गोपियों में से एक थी। उनकी अंतिम पुकार केवल इतनी थी —
"हे गिरिधर, मैं आ गई... अब और वियोग मत देना।"

नृत्य करते-करते, भजन गाते-गाते मीरा की देह तेजोमय हो गई। वह धीरे-धीरे कृष्ण की मूर्ति में विलीन हो गईं। जब मंदिर का द्वार खोला गया, तो वहाँ सिर्फ उनकी चुन्नी और कंकण (चूड़ियाँ) पड़ी थीं। लोग स्तब्ध रह गए — मीरा ने देह नहीं छोड़ी, मीरा परमात्मा में समा गईं।

....

हरे कृष्ण हरे कृष्ण कृष्ण कृष्ण हरे हरे, हरे राम हरे राम राम राम हरे हरे॥

अध्याय-2

कसाई से संत तक का सफर: सदन कसाई

जब परिवर्तन होना निश्चित होता है, तो विरोध स्वयं ही शांत हो जाता है।

अपि चेत् सु-दुराचारो भजते माम् अनन्य-भाक्
साधुरेव स मन्तव्यः सम्यग् व्यवसितो हि सः (भगवद्गीता 9.30)

अर्थ: "यदि कोई व्यक्ति पापमय जीवन भी जी चुका हो, फिर भी यदि वह मेरी अनन्य भक्ति करता है, तो उसे साधु ही माना जाना चाहिए—क्योंकि उसका निश्चय पूर्णतया सही है।"

सदन कसाई का जन्म एक कसाई परिवार में हुआ था। उसके पिता बकरियों, मुर्गियों और भैंसों को काटते और उनका माँस बेचकर घर चलाते थे। बचपन में सदन को यह पता ही नहीं था कि उसका पिता वास्तव में क्या करता है, क्योंकि दुकान के पीछे एक अलग ही **वध-स्थल** था। उसके पिता कभी भी छोटे सदन को वहाँ नहीं ले जाते थे, यह जानते हुए कि ऐसे दृश्य एक बच्चे के मन पर गहरा और अप्रिय प्रभाव छोड़ सकते हैं।

अच्छी आमदनी होने के कारण, सदन के पिता दूसरों को धन भी उधार देते थे और उस पर अधिक ब्याज कमाते थे। एक बार उन्होंने एक गरीब किसान को थोड़े से धन उधार दिए, पर वह समय पर चुका नहीं पाया। दुर्भाग्यवश उस वर्ष उस किसान की फसल पूरी तरह नष्ट हो गई थी, और वह धन लौटाने की स्थिति में नहीं था।

किसान के पास केवल एक ही बकरी थी, इसलिए सदन के पिता ने वह बकरी गिरवी रख ली और उसे दो सप्ताह की मोहलत दी कि वह पैसा लौटाए। उन्होंने साफ चेतावनी दी कि यदि किसान पैसा न लाया, तो वे उस बकरी को अपने पास रखेंगे, उसे मार देंगे और उसके माँस को बेचकर अपना कर्ज वसूल लेंगे।

सदन के पिता उस बकरी को अपने घर ले आए, क्योंकि उन्हें डर था कि यदि वह बकरी अन्य जानवरों के साथ दुकान में रखी गई तो कहीं वह भूलवश उसे

हरे कृष्ण हरे कृष्ण कृष्ण कृष्ण हरे हरे, हरे राम हरे राम राम राम हरे हरे॥

भी काट न दें, दुकान में बहुत सारी बकरियाँ थीं, इसलिए वहाँ रखने पर गलती से भी वह उसे मार सकता थे। दस वर्ष का छोटा सदन उस बकरी को देखते ही बहुत खुश हो गया। वह एकलौता बच्चा था, इस कारण वह अक्सर अकेलापन महसूस करता था, इसलिए उसने तुरंत ही उसके साथ खेलना शुरू कर दिया। वह उसे खाना खिलाता, घुमाने ले जाता और प्यार से कभी ***भूरी***, तो कभी ***मेह-मेह*** कहकर बुलाता।

उन चौदह दिनों में सदन का बकरी से गहरा लगाव हो गया था। पंद्रहवें दिन भी किसान धन लौटाने में असमर्थ रहा। उसने सदन के पिता से और समय माँगा, परंतु उनके पिता ने इंकार कर दिया, क्योंकि वे जानते थे कि किसान की हालत ऐसी नहीं थी कि वह कभी कर्ज चुका पाए। उन्हें लगा कि उनके पास कोई और विकल्प नहीं है—उन्हें बकरी को मारकर उसका माँस बेचकर ही अपना पैसा वसूल करना होगा। किसान अपनी प्यारी बकरी के लिए बहुत गहरे दुख में था।

अगली सुबह सदन के पिता बकरी को अपने साथ ले जाने लगे। छोटा सदन पूछ बैठा, *"बाबा, आप भूरी को कहाँ ले जा रहे हो?"*
पिता ने उत्तर दिया, *"मैं उसे हमेशा के लिए ले जा रहा हूँ। तुम भूरी को अब कभी नहीं देख पाओगे।"*

यह सुनकर छोटा सदन रोने लगा और उससे बिनती करने लगा कि वह उसे न ले जाए।

(बच्चों का प्रेम कितना पवित्र होता है—निष्कपट और बिना किसी शर्त के। वे न जाति पूछते हैं, न धर्म, न चेहरा देखते हैं, न रूप-रंग। उनका प्रेम दिव्य होता है—हम बड़ों की तरह नहीं, जिनके प्रेम में अक्सर कारण, अपेक्षाएँ और छिपी हुई इच्छाएँ जुड़ी होती हैं।)

जैसे ही सदन अपने पिता की दुकान में पहुँचा, उसकी आँखें फटी की फटी रह गईं। दुकान में बकरियों की खालें सजावट की तरह टंगी हुई थीं। फर्श पर जगह-जगह खून के धब्बे थे। कई मुर्गियाँ पिंजरों में ठूँस-ठूँसकर भरी थीं और लगातार चीख रही थीं। उनकी आँखों में एक अजीब-सा दुख था—जैसे वे चुपचाप अपनी मौत का इंतज़ार कर रही हों। कुछ बकरियाँ लकड़ी के खंभों से कसकर बाँधी गई थीं, जिनकी डरी हुई आँखों ने अपने सामने ही दूसरी बकरियों की निर्मम मौत को देखा था। बड़े बर्तनों में लाल, कच्चा माँस भरा हुआ था।

छोटा सदन यह सब देखकर ही डर गया। उसके दिल को लग रहा था कि अगले कुछ ही मिनटों में कुछ बहुत बुरा होने वाला है।

हरे कृष्ण हरे कृष्ण कृष्ण कृष्ण हरे हरे, हरे राम हरे राम राम राम हरे हरे॥

जब वह अभी भी डर के साथ चारों ओर देख रहा था, तभी अचानक उसे भूरी की दर्दभरी आवाज़ सुनाई दी। उसने मुड़कर देखा कि उसका पिता भूरी के सिर को एक पत्थर की खाँच में कसकर लगा रहा है। सदन समझ भी नहीं पाया कि क्या होने वाला है, कि एक ही तेज़ वार में उसके पिता ने बकरी का सिर काट दिया।

एक पल पहले ज़ो भूरी ज़ोर-ज़ोर से चिल्ला रही थी—अगले ही पल उसकी आवाज़ हमेशा के लिए शांत हो गई । उसका सिर निर्जीव होकर ज़मीन पर गिरा पड़ा था। दुकान में गहरी खामोशी छा गई—जैसे बाकी सभी जानवर भी चुपचाप भूरी को अपनी मौन **श्रद्धांजलि** दे रहे हों।

सदन का मन उस दृश्य को स्वीकार ही नहीं कर पा रहा था, जिसे उसने अभी कुछ क्षण पहले अपनी आँखों से देखा था। वह धीरे-धीरे भूरी के निर्जीव शरीर के पास गया। उसकी आँखें नम हो गईं, जब उसे पिछले चौदह दिनों में भूरी के साथ बिताए सारे पल याद आए—उसे खिलाना, उसकी देखभाल करना, उसे नहलाना, उसे घुमाने ले जाना। अब उसे सब कुछ मायावी-सा लग रहा था, जैसे कुछ हुआ ही न हो, या जैसे वह सब केवल एक सपना रहा हो।

सदन के पिता ने उसे समझाने की कोशिश की और कहा, "***यह हमारा पेशा है। तुम्हें भी यही करना होगा। हमारे पूर्वज पीढ़ियों से यही करते आए हैं।***"

पर सदन चुप रहा—अंदर से बिल्कुल टूट चुका था।

साल बीतते गए। सदन बड़ा हुआ और थोड़ा संभला भी। वह कभी-कभी अपने पिता की दुकान पर जाकर बिक्री में मदद कर देता था, लेकिन उसने कभी जानवर को मारने की हिम्मत नहीं की। जब भी वह किसी बकरी की आँखों में देखता, उसे भूरी ही दिखती, और वह भीतर से बिल्कुल असहाय हो जाता।

और साल बीते। सदन का पिता बूढ़ा हो गया, और अब वह पूरा कारोबार सदन को सौंपना चाहता था। उसने सदन से कहा कि वह जानवरों को मारना और काटना सीख ले, लेकिन सदन का दिल इसके लिए तैयार ही नहीं था।

एक दिन साधुओं का एक समूह शहर में आया। जब वे सदन की दुकान के सामने से गुज़रे, तो उन्होंने तुरंत अपनी नाक ढक ली और उसे गुस्से से देखने लगे। इससे सदन की भीतर की भावना और भी मजबूत हो गई कि यह काम सही नहीं है और उसे इसे छोड़ देना चाहिए।

हरे कृष्ण हरे कृष्ण कृष्ण कृष्ण हरे हरे, हरे राम हरे राम राम राम हरे हरे॥

सदन उन साधुओं के पास जाना चाहता था, लेकिन उनमें से अधिकांश ने उसे पास आने ही नहीं दिया। उन्होंने उसे दूर रहने को कहा, उसे *"अछूत कसाई" कहकर पुकारा, और "हत्यारा," "पत्थरदिल," "अशांत" जैसे अपमानजनक शब्दों से गाली देने लगे।*

उनमें से एक बुद्धिमान और दयालु साधु ने सभी को रोका और सदन से पूछा, *"बेटा, तुम हमसे क्या चाहते हो? बताओ।"*

सदन ने साधु को आदरपूर्वक प्रणाम किया और कहा, *"महाराज, मैं एक दुविधा में फँसा हूँ। मुझे आपकी कृपा और मार्गदर्शन चाहिए।"*

फिर सदन ने भूरी की पूरी कहानी, और इस पेशे को छोड़ देने की अपनी इच्छा, सब कुछ उस संत को बता दिया। संत ने उत्तर दिया,

"बेटा, हम स्थिति को सीधे नहीं बदल सकते। यह कर्मों का चक्र है। शायद पिछले जन्म में भूरी ने तुम्हारे पिता को उससे भी अधिक क्रूरता से मारा होगा। इस जन्म में तुम्हारे पिता ने उससे बदला लिया है। और अगले जन्म में भूरी फिर से तुम्हारे पिता को मारेगी। यह चक्र यों ही चलता रहता है। सभी मनुष्य इसी कर्म, जन्म और मृत्यु की अनंत श्रृंखला में फँसे हुए हैं।"

सदन ने धीमे स्वर में पूछा, *"महाराज, तो इस चक्र से निकलने का मार्ग क्या है?"*

संत ने उत्तर दिया,
"बेटा, केवल हरि-नाम, हरि-स्मरण और भक्ति ही तुम्हें इस निरंतर घूमते रहने वाले कर्म, जन्म और मृत्यु के चक्र से निकाल सकते हैं।"

(हिंसायं यो नरः कुर्यात्, तां हिंसां सैव गच्छति — गरुड़ पुराण, प्रेत खंड)

अर्थः "मनुष्य जो भी हिंसा करता है, उसे वही हिंसा लौटकर मिलती है।"

अब सदन ने पूरी तरह निश्चय कर लिया कि वह इस व्यवसाय को आगे नहीं करेगा और अपने लिए कोई नया काम ढूँढ़ेगा। उसे संत की शिक्षाएँ भी याद थीं, और वह हमेशा अपने हृदय में हरि का पवित्र नाम संजोए रखता था। अपने पिता के साथ माँस बेचते समय भी वह हर पल हरि का ही स्मरण करता था।

लेकिन उसके मन में यह धारणा बन गई थी कि उसके क्रूर पेशे के कारण भगवान उसे कभी स्वीकार नहीं करेंगे। फिर भी वह हरि को याद करता रहता

था। उसके मन में हमेशा जगन्नाथ पुरी जाने की तीव्र इच्छा रहती, पर वह कभी साहस नहीं कर पाया—क्योंकि उसे लगता था कि मंदिर के पुजारी उसे अंदर नहीं जाने देंगे, क्योंकि वह कसाई परिवार से था।

अब सदन के पिता की सेहत ठीक नहीं रहती थी, इसलिए उन्होंने अपना पूरा व्यवसाय सदन को सौंप दिया। सदन ने मन में ठान लिया था कि वह अपना पेशा बदलेगा, इसलिए उसने गाँव के लोगों से मदद माँगी और काम ढूँढ़ने की कोशिश की, लेकिन किसी ने उसकी सहायता नहीं की। उन दिनों लोग अपने व्यवसाय के आधार पर (ब्राह्मण, क्षत्रिय, वैश्य और शूद्र) सख़्ती से जन्म से बाँध दिए गए थे। जन्म ही बच्चे का पेशा तय करता था, और यदि कोई अपना व्यवसाय बदलना चाहता, तो समाज उसे न तो अनुमति देता और न ही समर्थन। समाज के सहयोग के बिना कोई भी व्यवसाय चल पाना लगभग असंभव था।

सदन भी यही सब झेल रहा था—किसी को भी अपने दुकान या काम में एक कसाई के बेटे को रखने में रुचि नहीं थी, न ही वे चाहते थे कि वह कोई नया व्यवसाय शुरू करे।

सदन को अपने पिता के इलाज और घर चलाने के लिए पैसों की ज़रूरत थी, इसलिए अंत में उसने वही काम जारी रखने का निर्णय लिया, जो वह पहले अपने पिता के साथ करता था। वह केवल माँस बेचता था—मारता नहीं था। इसलिए वह दूसरे कसाइयों के पास जाता, पहले से कटा हुआ माँस बड़ी मात्रा में खरीदता और अपनी दुकान पर बेचता।

इससे उसकी कमाई थोड़ी कम हो जाती थी, क्योंकि खुद काटकर बेचना अधिक लाभदायक होता है—लेकिन परिवार का गुज़ारा चलाने के लिए यह पर्याप्त था। और इस सब के बीच भी, उसका मन हमेशा हरि-चिंतन में रहता था।

कुछ समय बाद दुर्भाग्य से उसने अपने पिता को खो दिया, और अब परिवार में केवल वह और उसकी माँ ही बचे थे। रोज़मर्रा की भागदौड़ में सदन इतना उलझ गया कि उसने इस पेशे को छोड़ने की अपनी पुरानी योजना पूरी तरह भूल गया, और परिवार की ज़रूरतों को पूरा करने के लिए वही काम करता रहा और साथ ही श्री हरि विष्णु के पवित्र नाम का जप भी करता रहा।

दूसरी ओर, सदन के गाँव में चोरी और लूट के मामले बढ़ते जा रहे थे। एक रात, कुछ चोरों ने एक अमीर साहूकार के घर को लूटने की योजना बनाई, जो शहर से बाहर एक शादी में गया हुआ था। चोरों को किसी तरह यह जानकारी मिल गई थी, और उसी रात वे साहूकार के घर में घुस गए। उन्होंने दरवाज़े के ताले

तोड़कर चुपचाप अंदर प्रवेश किया और तिजोरी में रखे सारे धन और गहने लूट लिए।

कुछ और धन ढूँढते हुए, उन्हें साहूकार के मंदिर का कमरा दिखा। वहाँ उन्होंने एक **काले, चमकदार पत्थर** को देखा, जो किसी रत्न की तरह दिख रहा था। वह एक सुनहरे सिंहासन-जैसी संरचना पर रखा था, जिसे सोने के आभूषणों, एक छोटी सोने की चेन और मुकुट जैसी सजावट से सजाया गया था। वे यह समझ ही नहीं पाए कि वह वस्तु वास्तव में क्या थी, और जल्दीबाज़ी में उन्होंने पूरे चमकदार पत्थर को, उस सुनहरे सिंहासन सहित, अपने झोले में रख लिया और बाकी सामानों के साथ घर से निकल गए।

अगले दिन, जब वे चोर लूटा हुआ धन और सामान आपस में बाँट रहे थे, तब उन्हें पता चला कि जिसे वे कोई रत्न समझ रहे थे, वह तो वास्तव में एक चमकदार काला पत्थर था। उनके लिए उसकी कोई कीमत नहीं थी। उन चोरों में से एक ने उस पत्थर को यूँ ही, बिना सोचे-समझे, अपने साथ रख लिया।

चूँकि उन्होंने काफ़ी धन लूटा था, इसलिए वे सभी उस पल का जश्न मनाना चाहते थे। उसी खुशी में उन्होंने मांस पकाने का फैसला किया। वह चोर मांस ख़रीदने के लिए सदन की दुकान पर गया। जब सदन मांस तौल रहा था, तो उसने देखा कि सदन ज़्यादा मात्रा के मांस के लिए कई तौलने वाले पत्थरों का इस्तेमाल करता है। यह देखकर उसने सोचा कि वह चमकदार पत्थर सदन कसाई को दे दे, ताकि तौलना उसके लिए आसान हो जाए।

वह पत्थर उसके लिए बेकार था, लेकिन यदि किसी और के काम आ सकता था, तो यह अच्छी बात थी। इसलिए उसने वह पत्थर सदन को दे दिया, और मासूम सदन, जो उस पत्थर के बारे में बिल्कुल अनजान था, उसे तौलने वाले पत्थर की तरह इस्तेमाल करने लगा — सामान्य पत्थर की तरह नहीं, बल्कि **मांस तौलने** के लिए।

सदन ने तराजू के एक पलड़े में बहुत सारा मांस और रखा, और दूसरे पलड़े में वह पत्थर ,जब दुकान पर कोई ग्राहक नहीं आता था, तब वह हरि के भजन गाता था और उनसे प्रार्थना करता था कि अगले जन्म में वह कसाई न बने, और हरि उसे स्वीकार करें तथा अपने धाम **वैकुण्ठ** बुला लें।

(एक सच्चा भक्त कभी भगवान से धन या प्रसिद्धि जैसी भौतिक चीज़ें नहीं मांगता; उसके हृदय में केवल एक ही इच्छा होती है — किसी भी तरह अपने हरि से मिलना, उनके धाम को पाना, और जन्म–मरण के चक्र से मुक्त होना।)

हरे कृष्ण हरे कृष्ण कृष्ण कृष्ण हरे हरे, हरे राम हरे राम राम राम हरे हरे॥

सदन को उस पत्थर के प्रति एक अलग ही प्रकार का आकर्षण महसूस होता था। वह घंटों उस पत्थर को निहारा करता था। जब से वह शिला उसकी दुकान में आई थी, वह किसी अलग ही ऊर्जा और सकारात्मकता का अनुभव करता था, और इसी बीच उसे हरि–नाम जपने का भी समय मिल जाता था।

एक बार, एक संत सदन की दुकान के सामने से गुजर रहे थे, और अनायास ही उनकी नज़र उस चमकते हुए पत्थर पर पड़ गई। देखते ही उन्होंने समझ लिया कि यह कोई साधारण पत्थर नहीं, बल्कि **शालीग्राम शिला** है। जिस दिव्य शिला की पूजा मंदिरों में होती है, उसे एक कसाई की दुकान में निर्दोष पशुओं के मांस को तौलने के लिए रखा देखकर संत का हृदय मानो सिकुड़ गया। उनकी आँखों में आँसू भर आए, और उन्होंने निश्चय कर लिया कि किसी भी तरह उन्हें यह शिला उस कसाई से लेनी ही होगी।

(शालिग्राम भगवान बहुत ही पवित्र माने जाते हैं। ये दिव्य पत्थर केवल **गंडकी** नदी में पाए जाते हैं। वास्तव में ये बहुत पुराने जीवों (समुद्री जीव, जो घुमावदार खोल जैसे होते थे) के जीवाश्म (fossils) हैं, जो लाखों साल पहले जीवित थे। इन पर चक्र (घुमावदार निशान) बने होते हैं, इसलिए इन्हें भगवान भगवान विष्णु का रूप मानकर पूजा जाता है। कथा के अनुसार, **भगवान विष्णु** को यह रूप एक श्राप के कारण मिला। यह श्राप **वृंदा** ने दिया था, जो **राक्षस जालंधर** की पत्नी थीं। जालंधर का वध **भगवान शिव** ने किया था। इस युद्ध में विष्णु जी ने शिव जी की सहायता की, लेकिन इसके लिए उन्हें वृंदा के पतिव्रता धर्म को तोड़ना पड़ा। इससे दुखी होकर वृंदा ने विष्णु जी को **पत्थर** बनने का श्राप दे दिया।

इसी शालिग्राम रूप में **तुलसी विवाह** (तुलसी जी और भगवान विष्णु का विवाह) किया जाता है। खास बात यह है कि शालिग्राम शिला की पूजा करने के लिए प्राण प्रतिष्ठा (मूर्ति में प्राण स्थापित करने की विधि) की आवश्यकता नहीं होती। आप इसे सीधे घर में रखकर पूजा शुरू कर सकते हैं।

इसी तरह नर्मदा नदी से मिलने वाले **नर्मदेश्वर शिवलिंग** भी बहुत पवित्र माने जाते हैं। इनके लिए भी प्राण प्रतिष्ठा की जरूरत नहीं होती, क्योंकि ये स्वयं ही दिव्य और पवित्र होते हैं**।)**

संत सदन की दुकान के पास आए, और संत को देखते ही सदन तुरंत उनकी ओर बढ़ा, क्योंकि वह संतों का बहुत आदर करता था। लेकिन अपने पेशे के कारण कई संत उसका चेहरा तक देखना नहीं चाहते थे — उससे बात करना

हरे कृष्ण हरे कृष्ण कृष्ण कृष्ण हरे हरे, हरे राम हरे राम राम राम हरे हरे॥

या उसकी सेवा लेना तो बहुत दूर की बात थी। सदन के लिए संत भगवान के दूत थे, और पहले भी एक संत ने ही उसे हरि-नाम का ज्ञान दिया था।

सदन ने कहा, *"महाराज, यह दास आपकी किस प्रकार सेवा कर सकता है?"*
संत ने उत्तर दिया, *"मुझे तुमसे कुछ चाहिए... क्या तुम दे पाओगे?"*
सदन बोला, *"आज्ञा कीजिए, महाराज। आपकी सेवा करना मेरे लिए सौभाग्य होगा।"*
संत ने कहा, *"मुझे तुमसे यह काला पत्थर चाहिए। मुझे इसकी आवश्यकता है।"*
सदन थोड़ा उलझन में पड़ा, पर बिना कुछ पूछे उसने वह पत्थर संत को दे दिया और **बोला**, *"कुछ और, महाराज, जो इस दास के लायक हो?"*
संत ने सिर हिलाकर मना किया और कहा, *"हमेशा खुश रहना, बेटा। और अगर हो सके, तो यह बुरा काम छोड़ देना, बेटा।"*

यह कहकर संत शालिग्राम को साथ लेकर वहाँ से प्रसन्न मन से चले गए और सदन को सोच में छोड़ गए — *आखिर एक ऐसा पत्थर, जो मांस तौलने के लिए उपयोग किया जा रहा था, एक संत के किस काम आ सकता है?* वह समझ नहीं पाया क्यों, लेकिन उसके मन को थोड़ा बुरा लग रहा था, क्योंकि अनजाने में ही उसका उस पत्थर से एक जुड़ाव बन गया था।

....

हरे कृष्ण हरे कृष्ण कृष्ण कृष्ण हरे हरे, हरे राम हरे राम राम राम हरे हरे॥

सदन की आत्मज्ञान की यात्रा

"निर्मल मन जाना सो मोहि पावा,
मोहि कपट छल छिद्र न भावा।" *(रामचरितमानस, लंका कांड)*

अर्थ — केवल वही व्यक्ति मुझे वास्तव में प्राप्त कर सकता है, जिसका हृदय निर्मल और निष्कलंक हो। मैं भक्त में कपट, छल या किसी भी तरह की कुचालता को पसंद नहीं करता।

सदन एक अजीब- सा अकेललापन महसूस कर रहा था, जिसे वह खुद भी नहीं समझ पा रहा था। वह पूरे दिन उदास, ऊर्जा-विहीन और निरुत्साहित रहता था। कभी-कभी उसका मन उस पत्थर की ओर चला जाता, जो उसकी ज़िंदगी में हवा की तरह आया और तूफ़ान की तरह चला गया। वह खुद को समझाता, *"अरे, वह तो बस एक पत्थर था, जिससे मैं मांस को तौलता था। आखिर मैं उसके प्रति कैसा आकर्षण महसूस कर रहा हूँ? क्या मैं पागल हो गया हूँ?"*

उधर दूसरी ओर, वह संत उस शालिग्राम शिला को अपने घर लेकर गए और उसकी शुद्धि के लिए अनेक प्रकार के संस्कार करने लगे। उन्होंने शिला का गंगाजल अभिषेक, फिर यमुनाजल अभिषेक, उसके बाद दूध, शहद और दही से अभिषेक किया, और इसके साथ ही विभिन्न **वैदिक मंत्रों** का जप करते रहे। उन्होंने उस शिला को एक छोटे से सिंहासन पर विराजमान किया और दिन में आठ बार भोग अर्पित करके उसकी पूजा करने लगे। वे उस शिला के सामने भजन-कीर्तन करते, उसे तिलक लगाते, प्रतिदिन अभिषेक करते और स्वयं से कहते,
"मैं कितना भाग्यशाली हूँ! मेरे प्रभु किसी तरह उस गंदी जगह पर पहुँचे और वहाँ बहुत कष्ट सहा। उस मूर्ख कसाई ने मेरे प्रभु को मांस तौलने वाले पत्थर की तरह इस्तेमाल किया। मेरे प्रभु ने मुझे चुना उन्हें वहाँ से निकालने के लिए! अब वे मुझ पर कितने प्रसन्न होंगे कि मैं फिर से उनकी पूजा-सेवा कर रहा हूँ।"

एक रात प्रभु स्वयं शालिग्राम रूप में उनके सपने में प्रकट हुए और डाँटते हुए बोले, *"अरे मूर्ख! कैसे हिम्मत की तुमने? मुझे उस कसाई की दुकान से क्यों ले लिया? तुरंत मुझे उसे लौटाकर आओ!"*

हरे कृष्ण हरे कृष्ण कृष्ण कृष्ण हरे हरे, हरे राम हरे राम राम राम हरे हरे॥

संत घबराकर बोले, *"प्रभु, वह मनुष्य आपका उपयोग मांस तौलने के लिए करता है। मैं आपको उस अवस्था में नहीं देख सकता था। मैं आपको वापस नहीं दे सकता। क्या मेरी सेवा आपको पसंद नहीं आ रही? कृपा करके मुझे क्षमा करें और बताइए कि मैं आपको प्रसन्न करने के लिए क्या करूँ?"*

भगवान बोले, *"न-न, तुम्हारी सेवा मुझे बहुत प्रिय है। लेकिन उस कसाई की दुकान में मुझे एक अलग ही तरह का आनंद मिलता था।"*

यह सुनकर संत चकित रह गए और बोले,
"क्या, प्रभु? आपको वहाँ क्या अच्छा लगता था? वह तो गंदी जगह है, जहाँ ***निर्दोष प्राणियों*** *की निर्मम* ***हत्या*** *होती है!"*

भगवान ने उत्तर दिया, *"तुम ठीक कहते हो, पर तुम यह नहीं जानते कि वह कसाई मेरा भक्त है। वह बहुत* सरल, *और निर्मल हृदय वाला है।*

शालिग्राम शिला के रूप में रहते-रहते मुझे सच में बहुत बोरियत होने लगती है। लेकिन जब वह मुझे तराज़ू पर रखकर कुछ भी—यहाँ तक कि मांस भी—तोले, और असमान वज़न के कारण जब तराज़ू के पलड़े ऊपर-नीचे होते हैं, तो मुझे ऐसा लगता है जैसे कोई मुझे झूला झुला रहा हो। मुझे वह बहुत अच्छा लगता है।
और जब वह मेरे सामने भजन गाता है और मेरा नाम जपता है, तो मैं लगातार सुनता रहता हूँ और उन मधुर सुरों में डूब जाता हूँ। यह मुझे अत्यंत प्रसन्न करता है।
उसका सरल व्यवहार और मासूम स्वभाव मुझे बाँध लेते हैं, और मुझे इस बात के बारे में सोचने भी नहीं देते कि उसका पेशा क्या है या वह मुझे कहाँ रखता है।

"यदि तुम मेरे लिए कुछ करना चाहते हो, तो मुझे मेरे भक्त सदन के पास वापस पहुँचा दो।"

प्रभु की बातें सुनकर संत रो पड़े और बोले,
"हे नाथ, आप अपने भक्तों पर कितने दयालु हैं! कोई नहीं जानता कि आपके भक्त का कौन-सा गुण आपको प्रसन्न कर दे। कोई फूल चढ़ाकर, अभिषेक करके, तरह-तरह की पूजा करके भी आपको प्रभावित नहीं कर पाता, और कोई कसाई की दुकान में आपको तौलने वाले पत्थर की तरह उपयोग करके भी अपने निर्मल हृदय की भक्ति से आपको वश में कर लेता है।

हरे कृष्ण हरे कृष्ण कृष्ण कृष्ण हरे हरे, हरे राम हरे राम राम राम हरे हरे॥

आप महान हैं, मेरे प्रभु। मैं वही करूँगा जो आप चाहते हैं — और आपको आपके भक्त के पास वापस लौटा दूँगा।"

अगली सुबह, संत जागे और उन्हें यह महसूस हुआ कि मंदिर में **शालिग्राम** नहीं है। उन्हें साफ़ याद था कि पिछली रात सोने से पहले उन्होंने उन्हें सिंहासन पर रखा था। उन्होंने हर जगह उसे ढूंढा, लेकिन वह कहीं नहीं थे, और इससे वह चिंतित हो गए। फिर अचानक उन्होंने अपना कपड़े का थैला देखा — वही थैला जिसमें वे पहली बार उन्हें उस कसाई के यहाँ से लाए थे। वह शालिग्राम उसी थैले के अंदर थे।
उन्हें आश्चर्य हुआ — *यह वहाँ कैसे पहुँच गया?* फिर उन्हें समझ आया कि भगवान उन्हें यह साबित कर रहे थे कि जो कुछ उन्होंने पिछली रात देखा था, वह केवल सपना नहीं था, बल्कि भगवान का वास्तविक आदेश था। इससे यह भी पता चलता था कि भगवान अपने भक्त से मिलने के लिए कितने उत्सुक थे कि वे स्वयं जाकर उस थैले में विराजमान हो गए।

संत अपना थैला उठाकर निकल पड़े, ताकि उस शालिग्राम शिला को सदन , जो एक कसाई था, को वापस सौंप दें। जब वे सदन की दुकान पर पहुँचे, तो सदन थोड़ा उलझन में दिख रहा था, लेकिन उसके कुछ कहने से पहले ही संत उसके पास आए, उसे गले लगाया और बोले,
"बड़ी किस्मत वाले हो तुम, बेटे, कि तीनों लोकों के स्वामी स्वयं तुमसे मिलने आए हैं। मैं तुम्हें बता दूँ — जो पत्थर मैं तुमसे ले गया था, वह कोई साधारण पत्थर नहीं है। वह शालिग्राम शिला है, हरि का दूसरा रूप, जिसकी हम पूजा करते हैं। जब मैंने तुम्हें उसे बाट की तरह इस्तेमाल करते देखा, तो मैंने उसे तुमसे ले लेने का निश्चय किया।"

यह सुनकर सदन अपराध-बोध से भर गया और रोने लगा। उसका दिमाग काम करना बंद हो गया, और वह संत के चरणों में गिरकर बोला,
"मैं कितना पापी हूँ! मुझे नहीं पता यह सब कैसे हो गया। पहले ही मैं कसाई होने के कारण अपराधी महसूस करता था, और अब मैंने यह पाप भी कर दिया — जिस भगवान की पूजा करने की इच्छा रखता था, उसी भगवान को मैंने मांस तौलने के लिए इस्तेमाल किया। मैं जीने के लायक नहीं हूँ। मैं स्वयं को मार डालूँगा।"

संत ने उसे सांत्वना दी और कहा,
"नहीं बेटे, बिल्कुल नहीं। वे स्वयं तुमसे मिलने आए हैं। वे तुम्हें स्वीकार करते हैं।"

हरे कृष्ण हरे कृष्ण कृष्ण कृष्ण हरे हरे, हरे राम हरे राम राम राम हरे हरे॥

फिर संत ने बताया कि वे शालिग्राम की पूरी विधि से पूजा करते थे, लेकिन भगवान को वह नहीं चाहिए था — वे सदन के पास रहना चाहते थे। उन्होंने बताया कि सपने में भगवान ने उन्हें आदेश दिया था कि शालिग्राम को वापस सदन को लौटा दें।

यह सुनकर सदन लगभग निष्क्रिय-सा हो गया और रोते हुए बोला, *"मेरे प्रभु कितने दयालु हैं! मैं निर्दोष पशुओं का मांस बेचता था, फिर भी मेरे प्रभु मुझे स्वीकार करते हैं। वे उस पवित्र स्थान को छोड़कर इस कसाईखाने में आ गए। प्रभु मुझे इतना प्रेम करते हैं — मैं तो उनसे उसका 1% भी प्रेम नहीं करता।"*

उसी क्षण सदन ने दृढ़ निश्चय कर लिया कि अब वह यह पेशा तुरंत छोड़ देगा और पूरी तरह हरि-भक्ति में लग जाएगा। उसने तय किया कि वह जगन्नाथ पुरी यात्रा पर जाएगा। उसे यह भी स्वीकार था कि पुजारी उसे भीतर न जाने दें — वह शिखर दर्शन से ही संतुष्ट हो जाएगा (जैसा कि हिंदू शास्त्रों में लिखा है कि शिखर या ध्वज का दर्शन करना भी देवता के दर्शन के लगभग समान होता है)।

उसने संत से कहा, "इस शालिग्राम भगवान की देखभाल आपसे बेहतर कोई नहीं कर सकता। भगवान मुझे मेरे जीवन का परम लक्ष्य सिखाना चाहते थे, और मैं उसे समझ गया हूँ।"
उसने अपनी माँ को अपने ननिहाल में छोड़ा, और उनसे अनुमति लेकर अपनी जगन्नाथ पुरी यात्रा के लिए निकल पड़ा।

उसे जगन्नाथ पुरी जाने का सही रास्ता भी नहीं पता था, फिर भी वह आगे बढ़ता रहा और रास्ते में मिलने वाले लोगों से पूछकर चलता गया। इस यात्रा के दौरान उसे कई समूह मिले जो नाचते-गाते, कीर्तन करते हुए जगन्नाथ पुरी जा रहे थे। सदन भी उनके साथ जुड़ना चाहता था, लेकिन कुछ लोग उसके पेशे को जानते थे — वह कसाई था, जो उस समय दुर्लभ और नीचा माना जाता था — इसलिए उन्होंने उसे अपने साथ शामिल नहीं होने दिया और दूर रहने को कहा।

सदन बहुत दुखी हो गया, इसलिए उसने मुख्य रास्ते के समानांतर एक अलग रास्ता चुन लिया, ताकि उसकी वजह से बाकी भक्तों को कोई असुविधा न हो। इस रास्ते पर चलते हुए वह एक गाँव पहुँचा, क्योंकि अब शाम हो चुकी थी और रात नज़दीक थी। गाँव के बाहर उसे कई घर दिखाई दिए। उन्हीं घरों में एक युवा स्त्री रहती थी, जिसके माता-पिता नहीं थे। उसके रिश्तेदारों ने उसे ज़बरदस्ती एक बूढ़े आदमी से शादी करवा दी थी, जो ज़्यादातर बीमार रहता था, और उसकी देखभाल वही करती थी — जो उसे बिल्कुल पसंद नहीं था।

हरे कृष्ण हरे कृष्ण कृष्ण कृष्ण हरे हरे, हरे राम हरे राम राम राम हरे हरे॥

उस स्त्री ने सदन को देखा। सदन जवान, आकर्षक, गोरे और सुंदर थे। उसे देखते ही स्त्री के मन में आकर्षण पैदा हो गया। उसने सदन को भोजन दिया, जिसे सदन ने खुशी से स्वीकार कर लिया, लेकिन सदन के मन में कुछ भी गलत नहीं था। वह तो बस यही सोच रहा था कि मेरे जगन्नाथ महाप्रभु कैसे दिखते होंगे — क्योंकि उसने केवल इतना ही सुना था कि भगवान की बड़ी बड़ी आँखें हैं, प्यारी मुस्कान है और अनगिनत दिव्य गुण।

वह युवा शादीशुदा स्त्री फिर सदन को अपने घर के अंदर आने को कहने लगी, लेकिन सदन ने मुस्कुराते हुए विनम्रता से मना कर दिया। उसकी मुस्कान देखकर लड़की को गलतफहमी हो गई — उसे लगा कि सदन भी उसे पसंद करने लगा है। वह तो पहले से ही अपने बूढ़े पति से छुटकारा पाना चाहती थी, जो लगभग उसके पिता की उम्र का था। यह सोचकर कि सदन भी उसे पसंद करता है, वह मुस्कुराई, उसके पास बैठ गई और बोली कि *तुम मुझसे शादी कर लो।* उसने कहा कि वह उन्हें बहुत पसंद करती है, वे दोनों भागकर एक साथ नई ज़िंदगी शुरू कर सकते हैं और अपना घर-परिवार बसा सकते हैं, बच्चे पैदा कर सकते हैं।

सदन ने उत्तर दिया, *"देवी, तुम्हें क्या हो गया है? तुम क्या कह रही हो? तुम पहले से विवाहित हो। मैं तुमसे विवाह नहीं कर सकता। रात हो गई है, कृपया अपने घर के अंदर जाओ। मैं सुबह होते ही यहाँ से निकल जाऊँगा।"*

वह औरत सदन के जवाब से बहुत अपमानित महसूस करती है और अपने घर के अंदर चली जाती है। वह सोने की कोशिश करती है, लेकिन सो नहीं पाती। जैसे ही वह आँखें बंद करती है, सदन का चेहरा उसके सामने आ जाता है। उसके मन में यह भ्रम और गहरा हो जाता है कि शायद सदन समाज के डर से खुलकर बात नहीं कर रहा, वरना वह भी उसे पसंद करता है — उसका दिल यही कहता है।

आधी रात को वह अचानक उठ जाती है। उधर सदन बाहर बैठा चाँद को निहार रहा था और सोच रहा था कि शायद भगवान जगन्नाथ का चेहरा भी ऐसा ही होगा। संयोग से उस समय चाँद उसी औरत के घर के ठीक ऊपर था। जब वह औरत खिड़की से सदन को देखने आई, तो उसे लगा कि सदन उसी दिशा में देख रहा है — जैसे वह खिड़की पर किसी का इंतज़ार कर रहा हो। जबकि असल में सदन की नज़र तो उस चाँद पर थी, जो खिड़की के ऊपर था। लेकिन औरत ने यही मान लिया कि सदन उसी को देख रहा है। सदन लगातार चाँद की ओर देखता रहा और उसने यह तक महसूस नहीं किया कि वह स्त्री उसे

देख रही है। लेकिन स्त्री ने मान लिया कि वह लगातार उसी को निहार रहा है। सदन तो चाँद के माध्यम से जगन्नाथ जी से बात कर रहा था। वह अपने गले पर हाथ रखता, फिर अपने सीने पर हथेली रखता — मानो कह रहा हो कि *"प्रभु, एक बार दर्शन दें, उसके बाद मृत्यु भी स्वीकार है।"*

लेकिन उस औरत ने इसे गलत समझ लिया। उसे लगा कि सदन इशारों में कह रहा है कि *"पहले अपने पति को रास्ते से हटाओ, तभी मैं तुमसे विवाह करूँगा।"* इसी भ्रम में वह वही करती है — वह अपने पति के सीने में चाकू घोंप देती है और बूढ़ा आदमी वहीं मर जाता है।

इसके बाद वह बाहर आती है और सदन से कहती है,
"जैसा आपने कहा था, मैंने अपने पति को मार दिया। अब आप मुझसे शादी कीजिए।"

यह सुनकर सदन भय से काँप उठा। वह बोला,
" देवी! आपने क्या घोर पाप कर दिया! मैंने कब कहा था ऐसी कोई बात? आपने अपनी इच्छा के लिए एक निर्दोष की हत्या कर दी!"

लेकिन वह स्त्री अब पूरी तरह भ्रम में डूब चुकी थी। उसने सोचा कि सदन उससे पीछा छुड़ाने की कोशिश कर रहा है। वह उसे धमकाने लगी — *"अब आप पीछे नहीं हट सकते। यह सब मैंने आपके लिए किया है। अब मेरे साथ भागकर शादी कीजिए, नहीं तो मैं चिल्लाऊँगी और सारे गाँव वाले आ जाएँगे। मैं सबके सामने कह दूँगी कि आपने ही मेरे पति को मारा है!"*

सदन ने फिर भी साफ कहा,
"मेरे जगन्नाथ जानते हैं कि मैं निर्दोष हूँ। लोग क्या सोचेंगे, इससे मुझे फर्क नहीं पड़ता। मैं तुम्हारे साथ नहीं जा सकता।"

यह सुनकर वह औरत ज़ोर से चिल्लाने लगी —
"बचाओ! बचाओ! यह आदमी मेरे साथ जबरदस्ती करने आया था! यह मुझसे शादी करना चाहता है और इसी ने मेरे पति को भी मार डाला!"

उसकी चीख सुनकर गाँव वाले इकट्ठा हो गए। बूढ़े आदमी की लाश देखकर वे बिना कुछ जाने-समझे सदन को बेरहमी से मारने लगे और फिर उसे राजा की अदालत में ले जाकर सौंप दिया।

हरे कृष्ण हरे कृष्ण कृष्ण कृष्ण हरे हरे, हरे राम हरे राम राम राम हरे हरे॥

(कुछ संत कहते हैं — जब भगवान किसी को स्वीकार करने वाले होते हैं, तो उससे पहले उसकी आस्था की कठिन परीक्षा लेते हैं।)

राजा ने सदन से पूछा,
"तो तुमने उस बूढ़े आदमी की हत्या की और उसकी जवान पत्नी की इज़्ज़त पर हाथ डालने की कोशिश की? क्या तुम यह अपराध स्वीकार करते हो या अपने बचाव में कुछ कहना चाहते हो?"

सदन ने सोचा कि अगर वह अपनी सफाई देने की कोशिश भी करेगा, तो कोई उस पर विश्वास नहीं करेगा। उसके पास कोई सबूत नहीं था, और सारी परिस्थितियाँ उस औरत के पक्ष में थीं। उसने मन ही मन कहा— *"शायद जगन्नाथ महाप्रभु मेरे पिछले पापों और कर्मों का फल दे रहे हैं। मैं जानता हूँ कि मैंने उसे नहीं मारा, लेकिन हाँ... मैं मांस बेचता हूँ, और यह भी उतना ही बड़ा पाप है। मुझे उनके निर्णय को स्वीकार करना होगा।"*

("यो मांसम्भि मानत्रयेत् पशुं हन्ति तथैव च,
यो मांसम्भि अभिसंस्कुरुते पचत्यत्ति तथापरः—
पशुहन्ता च पाठी च संस्कर्ता चोपभक्ता च,
सर्वे ते दोषभागिनः प्रदत्ताः मांसाभक्षण हेतवः।" (मनुस्मृति 5.52)

अर्थः *जो पशु की हत्या करता है, जो उसे खरीदता है, जो बेचता है, जो उसे साफ करके पकाता है, जो परोसता है और जो खाता है—ये सभी उस हिंसा के दोषी माने जाते हैं।)*

सदन ने राजा से कहा, *"महाराज, मैं अपनी सफाई नहीं देना चाहता। मेरे जगन्नाथ सब जानते हैं। जो दंड देना है दे दीजिए। बस इतनी प्रार्थना है कि मुझे मत मारिए। मैं मरने से पहले जगन्नाथ के दर्शन करना चाहता हूँ। यदि मृत्यु दंड ही उचित है तो मेरी अंतिम इच्छा है कि मैं अपने प्रभु को एक बार देख सकूँ।"*

राजा ने उसे माफ़ तो नहीं किया, लेकिन उसकी बात मान ली। मृत्यु दंड देने के बजाय उसने आदेश दिया—
"जिस हाथों से अपराध किया गया है, उन्हीं दोनों हाथों को काट दिया जाए।"
सदन ने यह दंड खुशी-खुशी स्वीकार कर लिया, क्योंकि उसने सुना था कि जगन्नाथ भगवान के भी हाथ नहीं हैं।

हरे कृष्ण हरे कृष्ण कृष्ण कृष्ण हरे हरे, हरे राम हरे राम राम राम हरे हरे॥

(जैसा कि सभी जानते हैं — पुरी के ***जगन्नाथ, बलभद्र और सुभद्रा*** की मूर्तियाँ अधूरी हैं। कथा है कि एक बार भगवान जगन्नाथ ने पुरी के राजा के स्वप्न में आकर कहा कि समुद्र से बहकर आने वाली चंदन की लकड़ी से मेरी और मेरे भाई-बहन की मूर्तियाँ बनवाओ। राजा ने वह लकड़ी इकट्ठा करवाई और मूर्ति बनाने के लिए एक मूर्तिकार बुलवाया।

विश्वकर्मा जी स्वयं मूर्तिकार के रूप में आए, और एक शर्त रखी —

"जब तक मैं कमरे में बंद होकर मूर्तियाँ बना रहा हूँ, कोई मुझे परेशान नहीं करेगा। यदि किसी ने रोक-टोक की, तो मैं अधूरी मूर्तियाँ छोड़ दूँगा।"

राजा ने शर्त मान ली। शुरुआती दिनों में बाहर से लकड़ी तराशने की आवाज आती रही, लेकिन कुछ दिनों बाद आवाज बंद हो गई। क्योंकि मूर्तिकार को अंदर कोई भोजन-पानी नहीं दिया जा सकता था, राजा को लगा कहीं वह अंदर मर न गया हो। उन्होंने सिपाहियों से कहा कि पहले आवाज लगाकर देखो, और यदि कोई उत्तर न मिले तो दरवाज़ा तोड़ दो।

सिपाहियों ने आवाज लगाई — अंदर से कोई उत्तर नहीं आया। दरवाज़ा तोड़ा गया। मूर्तिकार वहाँ नहीं था — और जिस रूप में मूर्तियाँ थीं, वे वैसी ही अधूरी रह गईं। उसके बाद विश्वकर्मा जी अदृश्य हो गए।)

सदन के हाथ काटने के बाद, राजा ने उसे रिहा कर दिया। उसकी हालत देखकर किसी का भी दिल पसीज सकता था। उसके हाथों से लगातार खून बह रहा था, वह गहरी पीड़ा में था, ऐसा लग रहा था कि किसी भी पल उसकी मौत हो सकती है। फिर भी, वह किसी तरह जगन्नाथ पुरी की ओर चलता रहा। वह लगातार प्रार्थना करता,

" हे महाबली जगन्नाथ, इस संसार के स्वामी, हे दीनबंधु! मेरा शरीर शक्ति छोड़ रहा है, कृपया मुझे कुछ और शक्ति दें ताकि मैं कम से कम एक बार आपको देख सकूँ।"

रात भर वह असंतुलित होकर चलता रहा, क्योंकि उसे विश्वास था कि यदि वह सो गया तो शायद कभी जाग न पाए।इसी समय, भगवान जगन्नाथ ने मुख्य पुजारी के सपने में प्रकट होकर आदेश दिया कि उसे अपने एक प्रिय भक्त को अगले दिन स्वागत करने के लिए पालकी भेजनी होगी।

पुजारी ने पूछा, ***"प्रभु, आपके लाखों भक्त हैं, हम कैसे पहचानेंगे कि यह वही भक्त है?"***

भगवान ने उत्तर दिया,***" वह मेरे जैसा है — जैसा कि मेरे हाथ नहीं हैं, उसके भी हाथ नहीं हैं।"***

अगले दिन, सदन जगन्नाथ पुरी पहुँचा। अब वह मंदिर का शिखर देख पा रहा था। वह थकान और दर्द से लगभग बेहोश होने वाला था। उसने सोचा कि शायद उसकी केवल शिखर दर्शन की ही नियति है।

हरे कृष्ण हरे कृष्ण कृष्ण कृष्ण हरे हरे, हरे राम हरे राम राम राम हरे हरे॥

तभी उसने स्थानीय लोगों से सुना कि **मंदिर के सेवा कर्मचारी किसी जगन्नाथ भक्त को खोज रहे हैं। क्योंकि वह महाप्रभु का अत्यंत प्रिय भक्त था,** इसलिए उसके स्वागत के लिए पालकी तैयार की जा रही थी। सदन ने सोचा, *"मैं महाप्रभु को सीधे नहीं देख पाऊँगा, लेकिन अगर मैं भाग्यशाली हूँ, तो उनके प्रिय भक्त को देख सकता हूँ।"*

इस आशा के साथ वह पालकी के पास गया। सेवा कर्मचारियों ने सदन को देख लिया। उसकी हालत देखकर उनकी आँखें भी नम हो गईं। सदन ने उनसे पूछा, ***"वह भक्त कहाँ है, जिसके लिए महाप्रभु ने पालकी भेजी? मैं मरते-मरते हूँ। मेरे पास ज्यादा समय नहीं है। वह कहाँ है?"***

सेवा कर्मचारियों ने उत्तर दिया, ***"आप वही भक्त हैं। हमारे साथ आइए!"***

सदन ने मना किया और कहा कि वह ऐसा भक्त नहीं हो सकता क्योंकि वह एक पापी कसाई था। लेकिन सेवा कर्मचारियों ने उसकी बात नहीं सुनी और **पालकी** में उसे लेकर चले, यह कहते हुए कि यह भगवान जगन्नाथ का आदेश है।

सादन, जो शुरू में सोचता था कि पुजारी और सेवा कर्मचारी उसे मंदिर के अंदर नहीं जाने देंगे, अब वही लोग उसे पालकी उठाकर मंदिर के अंदर ले जा रहे थे। यह जगन्नाथ भगवान की अद्भुत लीला थी!

जब सदन पहली बार मंदिर में प्रवेश किए और भगवान जगन्नाथ को देखा, तो वह पूरी तरह चकित हो गए। उनके सामने थे सर्वोच्च भगवान, अपने भव्य रत्न-सीनासीन पर विराजमान, चमकदार सोने के आभूषणों और तुलसी व सुगंधित फूलों की भारी माला से सुशोभित। भगवान का पूरा रूप इस संसार के राजा की भांति दमक रहा था—बड़े, गोल, उज्जवल आँखें जैसे उगते चाँद, विशाल लाल मुस्कान जिसमें करुणा की अमृत धारा बह रही हो, और दिव्य सुगंध चारों ओर फैल रही थी, जैसे स्वर्ग स्वयं मंदिर में उतर आया हो।

बाएँ ओर थे बालभद्र, लंबे, मजबूत और शांतिपूर्ण, शक्ति और स्थिरता का प्रतीक। दाएँ ओर थीं सुभद्रा, मातृत्व की गरिमा और ऊष्मा के साथ, जो शाश्वत त्रयी को पूर्ण करती थीं। तीनों भाई-बहन इतने दिव्य लग रहे थे कि सदन को ऐसा लगा जैसे वह सीधे वैकुंठ में पहुँच गए हों। उनका हृदय कांप उठा; आँखों से अश्रुधारा बहने लगी। उनकी साँस ठहर गई।

भगवान जगन्नाथ के आधे हाथ, जो छोटे थे, ऐसे प्रतीत हो रहे थे जैसे वे प्रेमपूर्वक आलिंगन के लिए उन्हें बुला रहे हों—***जिस प्रकार एक माँ अपने बालक को,***

हरे कृष्ण हरे कृष्ण कृष्ण कृष्ण हरे हरे, हरे राम हरे राम राम राम हरे हरे॥

अपनी गोदी में बुलाती है। जब सदन दर्द और भक्ति में लड़खड़ाते हुए पास गए, तो एक अद्‌भुत घटना घटी। महाप्रभु का विशाल लकड़ी का शरीर, जो कभी हिलता नहीं, थोड़ा आगे झुका। ऐसा लगा जैसे भगवान स्वयं अपने प्रिय भक्त को आलिंगन देने के लिए झुके हों।

उस क्षण सदन ने महसूस किया कि जगन्नाथ के अदृश्य हाथ उन्हें प्यार से पकड़ रहे हैं, उन्हें अपने और अपनी माला के बीच समेट रहे हैं। यह कोई सामान्य आलिंगन नहीं था—यह सर्वोच्च पिता का आलिंगन था। वही भगवान, जिन्हें राजसी भोग अर्पित किया जाता है, जिन्हें लाखों लोग पूजते हैं, अब एक साधारण कसाई को बिना हाथों के अपने पास थाम रहे थे।

सदन बच्चे की तरह रो पड़े।

उनके शरीर में एक दिव्य शक्ति का संचार हुआ—**गर्म, सुखदायक और जीवंत।** उनका सारा दर्द खत्म हो गया। खून बहना रुक गया और उनकी साँस फिर सामान्य हो गई। ऐसा लगा जैसे जगन्नाथ ने उन्हें फिर से जीवन दे दिया हो। उसी एक आलिंगन में, सदन ठीक हो गए, सुरक्षित महसूस किए, स्वीकार किए गए और नए जीवन की अनुभूति हुई।

सदन ने तय किया कि वह अपना **शेष जीवन** जगन्नाथ पुरी में बिताएंगे। वह रोज़ मंदिर आते और भगवान जगन्नाथ के लिए भजन गाते। ऐसा माना जाता था कि जब भी वह भजन गाते, भगवान जगन्नाथ की मूर्ति हल्की-हल्की हिलती, जैसे महाप्रभु स्वयं अपने भक्त के संगीत का आनंद ले रहे हों।

सदन ने अपने अंतिम सांस तक भगवान जगन्नाथ की सेवा की, और बाद में वह महाप्रभु के दिव्य धाम में विलीन हो गए। जब भी लोग भगवान जगन्नाथ के महान भक्तों की चर्चा करते हैं, सदन का नाम गहरी श्रद्धा के साथ लिया जाता है।

(*कितनी गहरी आस्था होती है इन भक्तों में—और भगवान उन्हें कितने प्रकार के परीक्षणों से गुजरते हैं। सब कुछ विश्वास पर निर्भर है: भक्त का भगवान में विश्वास, और भगवान का विश्वास कि यदि भक्त सच्चा है, तो कोई परीक्षा कठिन नहीं। सदन की कहानी हमें मासूमियत, पवित्रता और दयालुता के बारे में बहुत कुछ सिखाती है। एक पापी भी भगवान को प्राप्त कर सकता है। भगवान हर पापी को सही मार्ग पर आने और केवल शुद्ध भक्ति के माध्यम से उनसे मिलने का अवसर देते हैं।*)

....

हरे कृष्ण हरे कृष्ण कृष्ण कृष्ण हरे हरे, हरे राम हरे राम राम राम हरे हरे॥

अध्याय - 3

क्रूर पुत्र से उस भक्त तक भगवान जिस्की प्रतीक्षा में खड़े रहे — पुंडरीक

संगति केवल हमें प्रभावित नहीं करती-वह हमें बदल देती है

"माता पिता ही लोकस्य प्रत्यक्ष देवता मता।" (नारद–युधिष्ठिर संवाद, महाभारत)
अर्थ: माता-पिता इस संसार के प्रत्यक्ष देवता माने गए हैं।

महाराष्ट्र के एक छोटे से नगर में एक व्यक्ति रहता था जिसका नाम **पुंडरिक** था। वह अपने बूढ़े माता-पिता और पत्नी के साथ रहता था। पुंडरिक स्वभाव से स्वार्थी, अधीर और क्रूर था। वह अपने माता-पिता का बिल्कुल सम्मान नहीं करता था, उनकी कोई सेवा नहीं करता था, बल्कि अपनी पत्नी के साथ मिलकर उन्हें अपमानित करता और परेशान करता था।

वह अपनी पत्नी की हर बात अंधे की तरह मानता था। पूरे दिन उसके पीछे-पीछे घूमना, उसकी हर इच्छा को पूरा करना—वह लगभग उसकी कठपुतली बन चुका था। दोनों मिलकर उसके माता-पिता पर अत्याचार करते थे। विवाह के बाद भी उसकी माँ ही सारा घर संभालती थी और बहू की हर बात मानती थी।

बुढ़ापे के कारण जब उसकी माँ का शरीर कमजोर होने लगा, तब बहू ने मजबूरी में रसोई संभाली, लेकिन फिर भी वह सास का अपमान करने का कोई मौका नहीं छोड़ती थी।

पुंडरिक अपने पिता से बहुत बुरा व्यवहार करता और कहता,
"आपने हमारे लिए किया ही क्या है?"

एक दिन उसके पिता ने बहू से पानी माँगा, तो उसने घमंड से कहा,
"सारा दिन मुझे नौकरानी की तरह हुक्म चलाते रहते हो!"
और जाकर पुंडरिक से झूठी शिकायत कर दी।

हरे कृष्ण हरे कृष्ण कृष्ण कृष्ण हरे हरे, हरे राम हरे राम राम राम हरे हरे॥

जब पुंडरिक की माँ ने अपने पति का पक्ष लिया, तो बहू से झगड़ा बढ़ गया। गुस्से में बहू ने पुंडरिक से कहा,
"या तो मैं इस घर में रहूँगी, या तुम्हारे माता-पिता!"

और सोचे-समझे बिना पुंडरिक ने अपनी पत्नी की बात मान ली। उसने अपने माता-पिता को घर से बाहर—आँगन में रहने को भेज दिया। सड़क पर इसलिए नहीं फेंका क्योंकि उसे समाज का डर था कि लोग क्या कहेंगे।

उसके माता-पिता भगवान के बड़े भक्त थे, पर पुंडरिक ने उनका पूजा-पाठ बंद करवा दिया। वह कहता,
"सब चीजें महँगी हो गई हैं, मैं तुम्हें खाना देता हूँ, अब पूजा का खर्च नहीं उठा सकता।"

जब भी वे मंदिर जाते, पुंडरिक और उसकी पत्नी ताना मारते,
"काम करने में तो शरीर जवाब दे देता है, लेकिन मंदिर जाते ही ताकत आ जाती है!"

कदाचित ही कोई दिन ऐसा होता जब वे बूढ़े माता-पिता रोए नहीं हों। वे भगवान से कहते,
"शायद हमने आपको सच्चे मन से नहीं पूजा, इसलिए हमें यह दुख मिल रहा है।"
हालाँकि सच्चाई यह थी कि उन्होंने अपना पूरा जीवन भक्ति और सेवा में बिताया था।

पुंडरिक और उसकी पत्नी पहले स्वयं खाना खाते, और बचे-खुचे टुकड़े माता-पिता को देते। मिठाई आती तो उन्हें दिखाते भी नहीं थे—खिलाना तो बहुत दूर की बात थी।

दोनों बूढ़े माता-पिता एक छोटे से फटे पुराने लकड़ी के खाट पर सोते थे, जिस पर एक व्यक्ति भी ठीक से नहीं सो सकता था, पर वे दोनों उसी पर गुज़ारा करते थे।
हर दिन वे भगवान से प्रार्थना करते,
"हे प्रभु, हमारी देह ले लो। हम इस जन्म और पिछले जन्मों का दुःख अब और नहीं झेल सकते।"

हरे कृष्ण हरे कृष्ण कृष्ण कृष्ण हरे हरे, हरे राम हरे राम राम राम हरे हरे॥

लेकिन पुंडरिक बचपन में ऐसा नहीं था।
उसके माता-पिता भगवान विष्णु के परम भक्त थे। जब पुंडरिक का जन्म हुआ, उन्होंने भव्य पूजा करवाई।

ज्योतिषी ने उसकी जन्म कुंडली देखी और कहा— ***"यह बालक जो भी करेगा, पूरे मन से करेगा।***
यह गुण आशीर्वाद भी बन सकता है और अभिशाप भी—यह इस पर निर्भर करेगा कि यह किस संगति में रहेगा। इसे सदैव अच्छी संगति में रखना, ताकि यह अच्छे गुण पूरे समर्पण से अपनाए। बुरी संगति से इसे दूर रखना, नहीं तो यह उसी दृढ़ता से बुराइयाँ सीख लेगा।"

पुंडरिक के माता-पिता ने उसे अच्छी संगति मिले, इसलिए उसे क्षेत्र के सबसे श्रेष्ठ गुरुकुलों में भेजा। वहाँ वह हमेशा संत, विद्वानों और अच्छे मित्रों के बीच रहा।

एक दिन लगभग नौ साल का पुंडरिक अपने दोस्तों के साथ खेल रहा था। तभी उसने एक कुम्हार को देखा, जो मिट्टी के बर्तन बनाते-बनाते सुंदर मिट्टी की मूर्तियाँ भी बना रहा था। उन्हीं मूर्तियों में एक छोटी-सी **श्रीकृष्ण** की प्रतिमा भी रखी थी।

पुंडरिक उस प्रतिमा की ओर आकर्षित होकर उसे निहारने लगा। उसने कुम्हार से पूछा,*"क्या मैं इन्हें छू सकता हूँ?"*

कुम्हार ने मुस्कुराकर अनुमति दी।
पुंडरिक ने वह कृष्ण-प्रतिमा उठाई और बड़े प्रेम से देखने लगा—उसका सुंदर मुख, नन्हे हाथ-पाँव, और बाल-गोपाल की मनमोहक छवि।

कुम्हार ने कहा,*"अगर तुम्हें पसंद है तो इसकी कीमत देकर खरीद लो।"*

पुंडरिक उदास होकर बोला,*"मेरे पास धन नहीं हैं"*,और मूर्ति वापस रख दी।

तभी उसने देखा कि कुम्हार की पत्नी गीली मिट्टी को गूँथ रही है—यह बहुत मेहनत वाला काम था, पर मूर्तियाँ बनाने के लिए ज़रूरी भी।

पुंडरिक ने हँसते हुए कहा, ***"अगर मैं आपकी मदद कर दूँ तो क्या बदले में मुझे वह कृष्ण-प्रतिमा मिल सकती है?"***

हरे कृष्ण हरे कृष्ण कृष्ण कृष्ण हरे हरे, हरे राम हरे राम राम राम हरे हरे॥

कुम्हार ने हैरानी से कहा, *"बेटा, यह आसान काम नहीं है। हम दोनों मिलकर भी थक जाते हैं। तुम तो बच्चे हो, कैसे कर पाओगे?"*

पुंडरिक ने दृढ़ता से कहा, ***"आप बस बताइए, क्या इतने कर्म का शुल्क गोविंद की मूर्ति के बराबर है?"***

कुम्हार उसका उत्साह देखकर तैयार हो गया।
फिर शुरू हुआ छोटा-सा बालक और मजदूरों जैसा कठिन काम—पहले हाथों से, फिर पैरों से, फिर फिर से हाथों से... लगातार, बिना रुके, बिना थके—पूरी एकाग्रता और श्रम के साथ।

उसके श्रम, समर्पण और **कृष्ण के प्रति प्रेम** को देखकर कुम्हार का हृदय पिघल गया। उसने उसे रोकते हुए कहा,
"बस बेटा... ले जाओ अपना गोविंदा। वह सच में तुम्हारा ही है।"

पुंडरिक खुशी से झूम उठा।
वह कृष्ण-प्रतिमा घर ले आया और अपने माता-पिता से बोला—
"आइ-बाबा, यह गोविंद है—मेरा मित्र। क्या यह हमारे साथ रह सकता है?"

वह माता-पिता का बड़ा आदर करता था, कभी उल्टा जवाब नहीं देता था।
उनके चेहरे पर अपने बालक की भक्ति देखकर आनन्द झलक उठा।

माँ ने कहा, *"गोविंद को मुझे दे दो, मैं इन्हें मंदिर में स्थापित कर दूँ।"*

पुंडरिक बोला, *"आपके गोविंद मंदिर में हैं। यह मेरा गोविंद है। यह मेरे साथ ही रहेगा।"* और उसने मूर्ति अपने कमरे में रख दी।

इसके बाद गोविंद उसके लिए सिर्फ भगवान या मूर्ति नहीं रहे—**वह उसका सबसे प्रिय मित्र बन गए।** वह उनसे बातें करता, दिनभर की बातें साझा करता, पहले उन्हें भोजन कराता, फिर खुद खाता।
सोते समय अपने बिस्तर पर गोविंदा को अपने पास रखकर सोता, उनके सामने गाता, नाचता, खेलता, और अपना अधिकांश समय उसी संगति में बिताता।माता-पिता भी इस मासूम भक्ति से बहुत प्रसन्न थे।
पुंडरिक बड़ा होता गया, पर **उसके हृदय की भक्ति कभी नहीं बदली।**

एक दिन एक चोर एक स्त्री के कीमती सामान छीनकर भाग रहा था। गाँववाले उसे पकड़ने के पीछे दौड़ रहे थे। चोर एक पेड़ के पीछे छिप गया।

हरे कृष्ण हरे कृष्ण कृष्ण कृष्ण हरे हरे, हरे राम हरे राम राम राम हरे हरे॥

पुंडरिक ने उसे देख लिया। वह उसके पास गया और साहस से बोला— *"मैं जानता हूँ कि तुम क्या कर रहे हो। बिना किसी चालाकी के वह सामान मुझे दे दो, नहीं तो मैं गाँववालों को बुला दूँगा और वे तुम्हें बहुत मारेंगे।"*

डर के कारण चोर ने सारा सामान पुंडरिक को दे दिया। पुंडरिक ने वह स्त्री को लौटा दिया और गाँववालों से कहा कि चोर उस दिशा में भागा है।

जब सब लोग चले गए, चोर बाहर आया और बोला, *"मेरी जान बचाने के लिए धन्यवाद।* पुंडरिक ने समझाया ," **मेहनत करो, चोरी छोड़ दो**।"

चोर ने कहा,*" क्या हम दोस्त बन सकते हैं?"* और पुंडरिक ने ,*हाँ* कह दी।

अगले दिन चोर पुंडरिक के घर आया। जब पुंडरिक गोविंद से बात कर रहा था, वह खिड़की के पास खड़ा होकर बोला— *"उस मूर्ति से बात करना बंद करो, तुम्हारा दोस्त बाहर खड़ा है।"*

पुंडरिक नाराज़ हुआ,
" मेरे गोविंद को मूर्ति कैसे कहा! यहाँ से जाओ। मुझे अकेला छोड़ दो।"

चोर बोला, *" मैं तो बस तुम्हें साथ चलने के लिए बुलाने आया था... लेकिन लगता है मेरे जैसे चोर के साथ रिश्ता रखना तुम्हारी इज़्ज़त को ठेस पहुँचाता है।"* और भावनात्मक रूप से उसे मनाने की कोशिश की।

मासूम पुंडरीक उसके झांसे में आ गया। वह अपने माता-पिता की सीख—***"बुरी संगति से दूर रहना"***— भूल गया।

चोर उसे लड़कियों से मिलने, बाज़ारों में घूमने, कुएँ पर घूरने और छेड़छाड़ जैसी गंदी आदतों की ओर ले गया। कई बार पुंडरिक मना करता, पर वह चोर हर बार उसे बहला लेता।

धीरे-धीरे—**गोविंद के प्रति उसका प्रेम और सेवा कम होने लगी**। कई बार वह उन्हें भोजन कराना भूल जाता।
कभी चोर कहता—***" अब इस उम्र में पूजा-पाठ कौन करता है? यह सब बुढ़ापे में करना... अभी मौज करो।"***

पुंडरिक भटकता गया।एक दिन उसके पिता ने उसे इन बुरे लड़कों के साथ देखा। वे उन्हें पहचानते थे।

हरे कृष्ण हरे कृष्ण कृष्ण कृष्ण हरे हरे, हरे राम हरे राम राम राम हरे हरे॥

वे चिल्लाए—*"किस अधिकार से मेरे बेटे को साथ घुमा रहे हो? उसे भी अपने जैसा चोर बनाओगे?"*

पिता अपनी बात पूरी कर पाते, उससे पहले ही पुंडरिक उन पर चिल्ला उठा— *"बाबा, आप मेरे मित्रों का अपमान क्यों कर रहे हैं? मैं उनके साथ अपनी इच्छा से जाता हूँ, वे मुझे मजबूर नहीं करते। अब मैं बड़ा हो गया हूँ और अब से अपने फैसले खुद करूँगा।"*

यह कहकर उसने अपने मित्रों से क्षमा माँगी और बिना पीछे मुड़े, गुस्से में घर के भीतर चला गया। उसने अपने माता-पिता की ओर देखा तक नहीं। ऐसा व्यवहार उसने पहले कभी नहीं किया था।

अपने पुत्र के इस बदले हुए स्वभाव को देखकर उसके माता-पिता का हृदय बहुत आहत हुआ और वे गहरी चिंता में डूब गए। उन्हें उस ज्योतिषी के शब्द याद आ गए— *"बुरी संगति से अपने पुत्र को बचाए रखना।"*
अब वही बुरी संगति उनके बेटे के जीवन में प्रवेश कर चुकी थी।

थोड़ी देर बाद उसकी माँ उसके कमरे में गई और बोली— *"तुमने अपने पिता से इस तरह बात करने का साहस कैसे किया? यह सब उसी बुरी संगति का परिणाम है। अभी भी समय है, पुंडरिक—अपने आप को सुधार लो और उन लोगों से दूरी बना लो, नहीं तो आगे बहुत पछताना पड़ेगा। देखो, तुम्हारे गोविंद ने पिछले दो दिनों से कुछ खाया तक नहीं है। तुम उस संगति में इतने उलझ गए हो कि अपने गोविंद के लिए भी समय नहीं निकाल पा रहे—जिनके साथ तुमने अपना पूरा बचपन बिताया है।"*

पुंडरिक ने कठोर स्वर में उत्तर दिया—*"मेरे न होने पर गोविंद को भोजन कराना आपकी भी जिम्मेदारी है, जो आप ठीक से निभा नहीं पाईं।"*

यह सुनकर उसकी माँ की आँखों में आँसू भर आए। वह बिना कुछ कहे कमरे से बाहर चली गई।

बाहर से पुंडरिक कठोर दिखाई दे रहा था, लेकिन भीतर ही भीतर वह बहुत बेचैन था। वह खुद से पूछने लगा—*"क्या मैं सचमुच गलत रास्ते पर जा रहा हूँ?"*

फिर उसने गोविंद की मूर्ति से कहा— *"गोविंद, इसमें मेरी गलती नहीं है। बाबा ने मेरे मित्रों का अपमान किया।"*

हरे कृष्ण हरे कृष्ण कृष्ण कृष्ण हरे हरे, हरे राम हरे राम राम राम हरे हरे॥

अगले दिन उसके कुसंस्कारी मित्र फिर उसे बुलाने आए। इस बार भी वह माता-पिता के सामने ही उनके साथ चला गया—यह उनके लिए एक और गहरा अपमान था।

वे लोग चौंसर खेल रहे थे,उस दिन पुंडरिक जीत गया। इनाम के रूप में उसके मित्रों ने कहा,*" अब हम तुम्हें ऐसी जगह ले चलेंगे, जो स्वर्ग के समान है।"*

पुंडरिक ने पूछा—*" कौन-सी जगह?"*

चोर हँसते हुए बोला—*" शांत रहो, हमारे साथ चलो, खुद देख लेना।"*

उनके समूह में एक व्यक्ति वेश्यालय का दलाल था। वह पुंडरिक को वेश्यालय ले गया और वहाँ काम करने वाली **चंद्रकला** से उसका परिचय करवाया।

चंद्रकला का सुंदर रूप देखकर पुंडरिक उसकी ओर आकर्षित हो गया। उस दिन के बाद वह बार-बार उससे मिलने वेश्यालय जाने लगा। बदले में चंद्रकला उससे धन और गहनों की माँग करने लगी।
उसकी इच्छाएँ पूरी करने के लिए पुंडरिक अपने ही घर से, अपने माता-पिता की आँखों के सामने से, चोरी करने लगा।

एक दिन उसके पिता को जानने वाले एक व्यक्ति ने पुंडरिक को वेश्यालय में जाते हुए देख लिया और यह बात उसके पिता **जनुदेव** को बता दी।

यह समाचार उसके माता-पिता के लिए पैरों तले ज़मीन खिसक जाने जैसा था। वे यह सहन ही नहीं कर पा रहे थे कि वही बेटा, जो बचपन में गोविंद का परम भक्त था, अब ऐसे अनैतिक कर्मों में लिप्त हो गया है।

उसी रात उन्होंने सोने का नाटक किया, ताकि यदि पुंडरिक आए तो उसे रंगे हाथ पकड़ सकें।
जब पुंडरिक धन चुराने के लिए अलमारी के पास पहुँचा, तभी उसके पिता अचानक उठे और उसका हाथ पकड़ लिया। पुंडरिक घबरा गया।

उसकी माँ भी उठ गई और रोते हुए बोली—*" ले जाओ सारा धन और उसी स्त्री पर लुटा दो। पुंडरिक, हमें सब पता है—तुम यह चोरी करके कहाँ जाते हो!"*

यह कहते-कहते वह फूट-फूटकर रो पड़ी।

हरे कृष्ण हरे कृष्ण कृष्ण कृष्ण हरे हरे, हरे राम हरे राम राम राम हरे हरे॥

पिता ने उन्हें सांत्वना दी और भारी स्वर में कहा—
"मुझे विश्वास नहीं हो रहा कि यह वही पुंडरिक है, जो हमारा कहना मानता था, हमारा सम्मान करता था। यदि तुम्हें हमारी मर्यादा की परवाह नहीं है, तो कम से कम अपने गोविंद के बारे में तो सोचो।"

पुंडरिक भौंचक्का रह गया। वह चुपचाप अपने कमरे में चला गया। क्रोध मेंउसने गोविंद की मूर्ति उठाई और बोला—
"तुम मेरे सच्चे मित्र नहीं हो। तुम और आइ-बाबा हमेशा मुझे रोकते रहे, इस संसार के असली सुख से दूर रखते रहे। मेरा सच्चा मित्र तो वही चोर है, जिसने मुझे जीवन का असली आनंद दिखाया।"

यह कहकर उसने गोविंद को अलमारी में बंद कर दिया।

अब उसके माता-पिता ने पुंडरिक को घर से बाहर निकलने की अनुमति भी देना बंद कर दिया। उन्होंने उसके नए मित्रों को सख़्त चेतावनी दी कि वे उससे दूर रहें। साथ ही पुंडरिक से साफ़ कह दिया कि *यदि वह घर से बाहर गया, तो उसे फिर घर में प्रवेश नहीं मिलेगा।*

लेकिन पुंडरिक का मन हर समय चंद्रकला में ही लगा रहता था। वह उसे बहुत याद करता था। एक रात जब वह अपने मन पर काबू नहीं रख सका, तो घर से चुपचाप निकल गया और बिना धन के ही चंद्रकला से मिलने वेश्यालय पहुँच गया। जब वह वहाँ पहुँचा, तो चंद्रकला ने उससे धन माँगा।
उसके पास कुछ भी नहीं था। इस पर चंद्रकला ने वेश्यालय के पहरेदारों को आदेश दिया कि पुंडरिक को बाहर निकाल दें।

इस घटना के बाद पुंडरिक और भी अधिक क्रोधी और कठोर हो गया। वह हर बात के लिए अपने माता-पिता को दोष देने लगा। वह कहता—
"तुम्हारी वजह से मैंने अपने सच्चे मित्र और चंद्रकला—दोनों को खो दिया।"

अब उसके माता-पिता ने निश्चय किया कि बेटे को सही मार्ग पर लाने का एकमात्र उपाय यही है कि उसके लिए एक अच्छी , संस्कारी लड़की ढूँढी जाए। उनका विश्वास था कि विवाह के बाद उसके जीवन में सुधार आ जाएगा।

उन्होंने उसके लिए लड़की ढूँढनी शुरू की, लेकिन तब तक पुंडरिक अपने दुर्व्यवहार के कारण पूरे गाँव में बदनाम हो चुका था। लोगों को यह भी पता चल चुका था कि वह वेश्यालय जाता है। इसलिए कोई भी प्रतिष्ठित परिवार अपनी बेटी का विवाह ऐसे उद्दंड और बदचलन युवक से करने को तैयार नहीं हुआ।

हरे कृष्ण हरे कृष्ण कृष्ण कृष्ण हरे हरे, हरे राम हरे राम राम राम हरे हरे॥

पुंडरिक के माता-पिता पूरी तरह निराश हो गए। एक भी परिवार ऐसा नहीं मिला जो विवाह के लिए राज़ी हो।
हालाँकि उसके पिता **जनुदेव** स्वयं भगवान के बड़े भक्त और गाँव में अत्यंत सम्मानित व्यक्ति थे, लेकिन बेटे के कारण उनकी प्रतिष्ठा धूमिल हो गई थी।

उसी गाँव में एक लड़की रहती थी, जो अपने दादा के साथ रहती थी क्योंकि उसके माता-पिता नहीं थे। उसका स्वभाव भी अच्छा नहीं था—वह घमंडी और उग्र थी, छोटी-छोटी बातों पर अपने दादा पर चिल्लाती रहती थी। उसके दादा भी उसके लिए एक वर ढूँढ रहे थे, क्योंकि उसके व्यवहार के कारण कोई भी उससे विवाह करने को तैयार नहीं था।

जब उस वृद्ध ने सुना कि जनुदेव अपने इकलौते पुत्र के लिए लड़की ढूँढ रहे हैं, तो उसने जनुदेव को अपने घर बुलाया और अपनी पोती के बारे में बिल्कुल उलटा चित्र प्रस्तुत किया। उसने कहा कि वह बहुत **शांत, संस्कारी, सुशील** और गृहकार्य में निपुण है। परिस्थितियों से विवश होकर पुंडरिक के माता-पिता ने उस लड़की को स्वीकार कर लिया। बहुत जल्द दोनों का विवाह कर दिया गया।

लेकिन विवाह के कुछ समय बाद ही उस लड़की का वास्तविक स्वभाव पुंडरिक के माता-पिता के सामने प्रकट हो गया। वह भी पुंडरिक की तरह ही उद्दंड और अहंकारी स्वभाव की थी। वह कोई भी घरेलू काम नहीं करती थी और आलसी व आरामप्रिय जीवन जीती थी। घर के सभी काम पुंडरिक की माँ ही करती थीं।

पुंडरिक भी हर बात में उसका साथ देता था। जब भी पुंडरिक और उसकी पत्नी के बीच कोई विवाद होता, तो वह उसे धमकाती—
"अगर मेरी बात नहीं मानी गई, तो मैं तुम्हें छोड़कर अपने मायके चली जाऊँगी।"

पुंडरिक उससे इतना अधिक जुड़ा हुआ था कि उसके बिना जीवन की कल्पना भी नहीं कर सकता था। इसी बात का लाभ उठाकर वह पूरे घर को अपने नियंत्रण में रखती और पुंडरिक के माता-पिता को तरह-तरह से प्रताड़ित करती थी।

....

हरे कृष्ण हरे कृष्ण कृष्ण कृष्ण हरे हरे, हरे राम हरे राम राम राम हरे हरे॥

पुंडरीक: आत्म-जागरण

नेहाभिक्रमनाशोऽस्ति प्रत्यवायो न विद्यते।
स्वल्पमप्यस्य धर्मस्य त्रायते महतो भयात्॥ **(भगवद्गीता 2.40)**

अर्थ : इस आध्यात्मिक मार्ग पर किया गया कोई भी प्रयास कभी नष्ट नहीं होता और इसका कोई प्रतिकूल परिणाम भी नहीं होता। इस धर्म का थोड़ा सा अभ्यास भी मनुष्य को बड़े से बड़े भय से बचा लेता है।

पुंडरिक और उसकी पत्नी अपने वृद्ध माता-पिता के साथ लगातार दुर्व्यवहार और अत्याचार करते रहते थे। पुंडरिक एक **कर्मकांडी ब्राह्मण** था और वह विधि-विधान से विभिन्न पूजा-पाठ कराकर अपनी आजीविका कमाता था। ये सभी विधियाँ उसने अपने पिता से ही सीखी थीं।

एक दिन उनके पड़ोसी उनके घर प्रसाद देने आए। जब पुंडरिक ने उनसे पूछा," *यह प्रसाद कहाँ से लाए हो?"*

तो उन्होंने उत्तर दिया, *"मैं अपने वृद्ध माता-पिता के साथ काशी तीर्थ यात्रा पर गया था। यह उनकी जीवन-भर की इच्छा थी कि वे एक बार काशी जाएँ। यह प्रसाद श्री काशी विश्वनाथ जी का है, और वहाँ हमने गंगा स्नान भी किया।"*

इसके बाद उन्होंने पुंडरिक के माता-पिता से पूछा," *क्या आप दोनों कभी काशी गए हैं?"*

पुंडरिक के पिता हल्के से मुस्कुराए, परंतु कुछ बोल न सके, क्योंकि उन्हें ज्ञात था कि पुंडरिक वहीं खड़ा है। उसकी माँ ने शांत स्वर में कहा, *"नहीं बेटा, हमने अपने पूरे जीवन में कभी गंगा स्नान नहीं किया। काशी जाकर विश्वनाथ जी के दर्शन करना ,हमारे लिए कम से कम इस जन्म में संभव नहीं है।"*

यह सुनते ही पुंडरिक ने क्रोध से अपनी माँ को घूरा, मानो आँखों ही आँखों में उसे चुप रहने की चेतावनी दे रहा हो। वह नहीं चाहता था कि उसके दुर्व्यवहार की सच्चाई पड़ोसी के सामने आए। माँ ने अपराध-भाव से सिर झुका लिया—शब्द अनायास ही उसके मुख से निकल गए थे।

हरे कृष्ण हरे कृष्ण कृष्ण कृष्ण हरे हरे, हरे राम हरे राम राम राम हरे हरे॥

पड़ोसी आश्चर्य में पड़ गए और बोले, *"माता जी, ऐसा क्यों? इस जन्म में क्यों संभव नहीं? भ्राता पुंडरिक तो अवश्य ही यह संभव कर देंगे।"*

फिर उन्होंने पुंडरिक से कहा,*" आप अपने माता-पिता को काशी तीर्थ यात्रा पर क्यों नहीं ले जाते? मैं आपको पूरी यात्रा के बारे में मार्गदर्शन दे दूँगा।"*

इस पर पुंडरिक तुरंत बोला,*" आपको क्या लगता है, मैंने प्रयास नहीं किया? मैं उन्हें कई बार पूछ चुका हूँ। परंतु वृद्धावस्था के कारण उनके पैर अब साथ नहीं देते। मैंने यह भी सुझाव दिया था कि पूरी यात्रा के लिए हम एक स्थान किराए पर ले लें, पर वे तैयार नहीं हुए। उनका मानना है कि पशुओं की पीठ पर बैठकर यात्रा करना पाप है। इसी कारण माँ ऐसा कह रही हैं। यदि विश्वास न हो तो आप ही उनसे पूछ लीजिए कि मैंने कितनी बार काशी यात्रा का प्रस्ताव रखा है।"*

उसके माता-पिता ने चुपचाप सिर हिला दिया। वे नहीं चाहते थे कि उनके पुत्र का वास्तविक व्यवहार किसी के सामने प्रकट हो। पुंडरिक भी अपनी सामाजिक प्रतिष्ठा बचाने के लिए बहाने बना रहा था।
पड़ोसी उसकी बातों से संतुष्ट होकर वहाँ से चले गए।

उनके जाते ही पुंडरिक अपने माता-पिता पर चिल्लाने लगा,
"क्या मैं तुम दोनों को खिलाता-पिलाता हूँ, यह कम है? अब तुम्हें काशी भी जाना है? कम से कम मेरी प्रतिष्ठा का तो ध्यान रखा करो। अब मेरे पास बस एक ही उपाय बचा है—तुम दोनों को वृद्धाश्रम भेज देना।"

अपने पुत्र के ये कठोर शब्द सुनकर और उसका व्यवहार देखकर माता-पिता अत्यंत दुखी और भावुक हो गए।

इसके बाद पुंडरिक अंदर गया और अपनी पत्नी को सारी बात बताई। उसने कहा कि उसने पूरी बातचीत सुन ली है और अब वह भी काशी जाना चाहती है। विवाह के बाद से पुंडरिक उसे कहीं घुमाने नहीं ले गया था। उसके लिए यह यात्रा आध्यात्मिक कम और सैर-सपाटे जैसी अधिक थी।

वह पुंडरिक को समझाने लगी, *"इससे गाँव में तुम्हारी प्रतिष्ठा भी बढ़ेगी।"*

पुंडरिक उसकी बातों में आ गया, क्योंकि वह कभी भी अपनी पत्नी को मना नहीं करता था। चंद्रकला के साथ पूर्व संगति के कारण वह स्त्रियों के प्रति अत्यधिक आसक्त हो चुका था। उसकी पत्नी उसे कई बार चेतावनी दे चुकी थी कि यदि

हरे कृष्ण हरे कृष्ण कृष्ण कृष्ण हरे हरे, हरे राम हरे राम राम राम हरे हरे॥

उसने कुछ भी अनुचित किया, तो वह उसे छोड़ देगी—और यह भय पुंडरिक सह नहीं सकता था। जब उसके माता-पिता ने यह निर्णय सुना, तो वे प्रसन्न हो गए और उनके मन में एक नई आशा जागी।

कुछ दिनों बाद, आवश्यक सामान साथ लेकर, **चारों लोग काशी यात्रा के लिए निकल पड़े।**

पुंडरिक अपने जान-पहचान वालों से कहता फिरता था कि वह अपने वृद्ध माता-पिता को काशी तीर्थ यात्रा पर ले जा रहा है, ताकि समाज में उसे सम्मान मिले। लेकिन वास्तविकता इससे बिल्कुल अलग थी। वह यह यात्रा अपनी पत्नी के दबाव में कर रहा था। उसके लिए यह एक तीर्थ यात्रा नहीं, बल्कि एक सामान्य सैर-सपाटे जैसी यात्रा थी।

उस समय यात्रा के लिए कोई आधुनिक साधन उपलब्ध नहीं थे। लोगों को अपने गंतव्य तक पहुँचने के लिए कई-कई सप्ताह पैदल चलना पड़ता था। पुंडरिक अपनी पत्नी के साथ आगे-आगे चलता जा रहा था और पीछे चल रहे अपने वृद्ध माता-पिता की ओर ध्यान भी नहीं दे रहा था। वृद्धावस्था के कारण उनके पैर कमज़ोर हो चुके थे, इसलिए वे अपने पुत्र और बहू की गति से चल ही नहीं पा रहे थे।

पुंडरिक अपनी पत्नी को खुश रखने और उसका मनोरंजन करने में लगा हुआ था, उसे यह देखने की भी फुर्सत नहीं थी कि उसके माता-पिता किस हालत में हैं।

कुछ मील चलने के बाद उसकी पत्नी थक गई। उसने पुंडरिक से कहा,*"मुझसे अब और चला नहीं जा रहा है। क्या हम थोड़ी देर विश्राम कर सकतेहैं?"*

पुंडरिक ने तुरंत उत्तर दिया, *"क्यों नहीं, भाग्यवान! मैं तो खुद यही कहने ही वाला था। तुम्हारे सुंदर पैरों को आराम की ज़रूरत है, नहीं तो उन्हें चोट लग सकती है।"*

लेकिन इससे कुछ ही समय पहले, पुंडरिक के पिता ने भी यही बात कही थी, *"बेटा, हम दोनों बहुत थक गए हैं। हमारे बूढ़े पैर काँप रहे हैं और तुम्हारी माँ के पैरों में भी बहुत दर्द है। मेरा विचार है कि हमें यहाँ थोड़ी देर रुक जाना चाहिए।"*

हरे कृष्ण हरे कृष्ण कृष्ण कृष्ण हरे हरे, हरे राम हरे राम राम राम हरे हरे॥

इस पर पुंडरिक ने कठोर स्वर में कहा, *"हमने अभी यात्रा का दस प्रतिशत भी पूरा नहीं किया है और आप दोनों थक गए? यही कारण था कि मैं पहले इस यात्रा के लिए तैयार नहीं था। मुझे पता था कि आप दोनों इसे पूरा नहीं कर पाएँगे। सिर्फ मेरी पत्नी के कहने पर ही मैं इस* यात्रा के लिए तैयार हुआ हूँ। *अगर हम इतनी जल्दी-जल्दी रुकते रहेंगे, तो एक महीने में भी काशी नहीं पहुँच पाएँगे।"*

यह सुनकर पुंडरिक के माता-पिता की आँखें आँसुओं से भर आईं और उनका हृदय शोक से भर गया। वे अपने कष्ट और पीड़ा को सहते हुए चुपचाप चलते रहे। और वही पुंडरिक, जिसने माता-पिता की विनती को एक पल में ठुकरा दिया था, पत्नी के कहने पर बिना एक क्षण सोचे तुरंत विश्राम के लिए तैयार हो गया।

उन्होंने विश्राम किया—लेकिन केवल पुंडरिक की पत्नी की सुविधा के लिए। वह एक पेड़ के नीचे बैठ गई, अपने कपड़ों पर जमी धूल और पैरों की थकान की शिकायत करने लगी। पुंडरिक उसके पास खड़ा होकर उसे पंखा झलने लगा और मीठे शब्दों में उसका मन बहलाने लगा, ताकि उसका चिड़चिड़ापन शांत हो जाए।
उसने एक बार भी यह नहीं पूछा कि उसके माता-पिता को पानी चाहिए या विश्राम की आवश्यकता है या नहीं। वृद्ध दंपति थोड़ी दूरी पर खड़े थे, अपनी लाठियों के सहारे, जिन पर उनके काँपते हुए पैर बड़ी मुश्किल से उनके दुर्बल शरीर को संभाल पा रहे थे। फिर भी उन्होंने कुछ नहीं कहा, क्योंकि वे अपने बेटे पर बोझ नहीं बनना चाहते थे।

यात्रा के बीच एक समय ऐसा भी आया जब उसकी पत्नी पूरी तरह थककर बैठ गई और बोली कि अब वह एक कदम भी आगे नहीं चल सकती। **उसे आराम देने के लिए पुंडरिक ने उसे अपनी पीठ पर उठा लिया।**
दूसरी ओर, उसके वृद्ध माता-पिता अपने ही पैरों पर चुपचाप चलते रहे—सारा कष्ट सहते हुए, बिना कोई शिकायत किए।

अगले कुछ दिनों तक यात्रा इसी तरह चलती रही। जब भी पुंडरिक की पत्नी को ज़रा-सी भी असुविधा होती, यात्रा तुरंत रोक दी जाती। लेकिन जब उसके माता-पिता लड़खड़ाते, पीछे रह जाते या थककर रुक जाते, तो पुंडरिक उन्हें डाँटता कि वे सबको धीमा कर रहे हैं।
हर कदम उनके लिए और भी भारी होता जा रहा था—केवल शरीर के दर्द से नहीं, बल्कि हृदय के बोझ से भी। उन्होंने काशी को एक पवित्र तीर्थ के रूप में

देखा था, लेकिन वहाँ तक पहुँचने का मार्ग उनके लिए पहले ही एक कठोर परीक्षा बन चुका था।

कई सप्ताहों की कठिन यात्रा के बाद वे अंततः **प्रयाग** पहुँचे—वह पावन भूमि जहाँ **गंगा, यमुना और अदृश्य सरस्वती** का त्रिवेणी संगम होता है। काशी जाने के मार्ग में प्रयाग आता है, इसलिए वे वहाँ कुछ समय के लिए रुके। यह एक प्रचलित मान्यता है कि **काशी विश्वनाथ के दर्शन से पहले त्रिवेणी संगम में स्नान कर शरीर और आत्मा दोनों को शुद्ध करना चाहिए**।

लेकिन पुंडरिक की पत्नी वहाँ पहुँचकर अत्यंत चिड़चिड़ी हो गई। उसे भीड़, गर्मी और असुविधा से बहुत परेशानी हो रही थी। वह लगातार शिकायत करती रही और ज़िद करने लगी कि वहाँ समय न गँवाकर जल्दी से आगे बढ़ना चाहिए। पुंडरिक ने हमेशा की तरह बिना किसी विचार के उसकी बात का समर्थन किया।

प्रयाग से आगे बढ़ने से पहले पुंडरिक के माता-पिता ने एक अंतिम विनती की। उसकी माता ने बड़े ही कोमल स्वर में कहा," *बेटा, आगे जाने से पहले हमें यहाँ एक बार पवित्र स्नान करने की अनुमति दे दो। कहा जाता है कि त्रिवेणी में स्नान करने से जन्म-जन्मांतरों के पाप धुल जाते हैं।*"

पुंडरिक ने अनुमति तो दी, पर उसमें न भक्ति थी, न श्रद्धा—केवल अधैर्य था। उसके माता-पिता ने संगम में स्नान किया और इसके बाद वे अपने गंतव्य **काशी** की ओर बढ़ गए।

दो दिन की यात्रा के बाद वे **काशी** पहुँचे। उन्होंने एक ऐसा नगर देखा जो इतिहास से भी प्राचीन प्रतीत होता था। दिव्य घाट, चारों ओर तीव्र गति से बहती गंगा, जो मानो काशी पहुँचकर शांत हो जाती है। हर गली में अनगिनत शिवलिंग और मंदिर थे। वे घंटों घाटों पर बैठे, उस दिव्य वातावरण को महसूस किया, फिर गंगा में पवित्र स्नान किया और अंततः **काशी विश्वनाथ ज्योतिर्लिंग** के दर्शन किए। इस प्रकार उनकी यात्रा पूर्ण हुई।

यात्रा की थकान दूर करने के लिए उन्होंने **कुकुटस्वामी (कुकुटमुनि)** नामक एक संत के आश्रम में आश्रय लिया। कुकुटस्वामी काशी के अत्यंत सम्मानित संत थे और पुंडरिक के माता-पिता के भी परिचित थे। वे अपने पिता की सेवा में पूरी तरह लीन रहते थे—*उनके चरण दबाना, उन्हें भोजन कराना, और उनके जीवन को सहज व सुखद बनाने के लिए हर संभव कार्य करना। वे अपने पिता की सेवा में इतने तल्लीन रहते थे कि कई बार **स्वयं भोजन करना तक भूल जाते थे**।*

हरे कृष्ण हरे कृष्ण कृष्ण कृष्ण हरे हरे, हरे राम हरे राम राम राम हरे हरे॥

एक रात पुंडरिक को नींद नहीं आ रही थी। आश्रम में सभी लोग विश्राम कर रहे थे, इसलिए उसने टहलने के लिए बाहर जाने का निश्चय किया। वह आश्रम से बाहर निकलकर शांति से चल ही रहा था कि तभी उसने **तीन स्त्रियों** को देखा। उनके वस्त्र कीचड़ से सने हुए थे, बाल बिखरे हुए थे और चेहरे भी मैले थे, किंतु फिर भी उनके व्यक्तित्व में एक **अद्भुत दिव्य आभा** थी। उनका रंग श्याम था, पर उसमें कोई सामान्यता नहीं, बल्कि एक अलौकिक आकर्षण था।

पुंडरिक ने सोचा कि वे स्थानीय स्त्रियाँ होंगी और उन्हें अनदेखा कर आगे बढ़ गया। थोड़ी दूर जाकर जब वह वापस लौटा, तो उसने उन्हीं तीनों स्त्रियों को फिर देखा—लेकिन इस बार उनका रूप **पूर्णतः बदल चुका था**। उनके वस्त्र अब स्वच्छ और चमकदार हो चुके थे, उनके चेहरे दिव्य तेज से दमक रहे थे और उनसे एक अलग ही प्रकार की शक्ति प्रवाहित हो रही थी। वे तीनों वहाँ से प्रस्थान कर रही थीं। दूर से यह दृश्य देखकर पुंडरिक के मन में हल्का-सा भय उत्पन्न हो गया।

अगली रात उसने वही दृश्य फिर देखा। उसके बाद वाली रात भी वही घटना दोहराई गई। अब पुंडरिक के मन में गहरी जिज्ञासा जाग उठी। वह जानना चाहता था कि वे दिव्य स्त्रियाँ कौन हैं। इसलिए उस रात वह दीवार के पीछे छिपकर उनका इंतज़ार करने लगा।

कुछ समय बाद वे तीनों स्त्रियाँ फिर उसी रूप में आईं—कीचड़ से सने वस्त्र, मैले चेहरे—और आश्रम के भीतर प्रवेश कर गईं। वे आश्रम की साफ़-सफाई करने लगीं, वहाँ विश्राम कर रहे लोगों के चरण दबाने लगीं, और आश्रम की खाली रसोई को अन्न से भरने लगीं। उन्होंने **कुकुटस्वामी के चरण जल से धोए**, जो अपने पिता के चरण दबाते हुए बैठी अवस्था में ही निद्रा में लीन हो गए थे।

जैसे-जैसे वे अपना सेवा-कार्य करती रहीं, वैसे-वैसे उनके मैले वस्त्र **स्वतः ही स्वच्छ होते चले गए**। कार्य पूर्ण होते-होते उनके वस्त्र पूर्णतः उज्ज्वल और चमकदार हो चुके थे, उनके चेहरे दिव्य सौंदर्य से दमक उठे थे, और उनका संपूर्ण स्वरूप अत्यंत आकर्षक और अलौकिक हो गया था।

दीवार के पीछे छिपा हुआ पुंडरिक यह सब देख रहा था। जब वे तीनों अपने वस्त्रों को पूर्णतः उज्ज्वल रूप में परिवर्तित कर वहाँ से जाने लगीं, तभी पुंडरिक अचानक उनके सामने आ गया और हाथ जोड़कर बोला—

"देवियों, आप कौन हैं? आप प्रतिदिन यहाँ क्यों आती हैं? और आपके मैले वस्त्र स्वयं कैसे स्वच्छ हो जाते हैं?"

हरे कृष्ण हरे कृष्ण कृष्ण कृष्ण हरे हरे, हरे राम हरे राम राम राम हरे हरे॥

तब उनमें से एक देवी ने उत्तर दिया—
***"मैं गंगा हूँ, और ये दोनों यमुना तथा सरस्वती हैं। हम तीनों दिव्य नदियाँ* हैं। हम यहाँ उन भक्तों की सेवा करने आती हैं, जो लंबी यात्राएँ करके इस आश्रम में विश्राम के लिए आते हैं।**

प्रतिदिन हज़ारों लोग हममें स्नान करते हैं। उनके इस जन्म और पूर्वजन्मों के पापों के कारण हम मैली और कीचड़ से भर जाती हैं—जैसा तुमने पहले देखा था। लेकिन जब हम यहाँ आकर इन संतों और पवित्र भक्तों की सेवा करती हैं, तो उनके पुण्य कर्मों के प्रभाव से हम उन पापों से मुक्त हो जाती हैं।

*जब ऐसे पवित्र जन हममें स्नान करते हैं, तो हम पुनः शुद्ध और अधिक दिव्य हो जाती हैं। प्रतिदिन हममें स्नान करने वालों में कोई एक **महान पापी** भी होता है, जिसका प्रभाव हम पर अत्यंत पड़ता है। उस प्रभाव को संतुलित करने के लिए ईश्वर किसी **महान भक्त** को भी भेजते हैं, जिनके पुण्य से हम पुनः शुद्ध हो जाती हैं। कुछ दिन पहले वह महान पापी **तुम थे**, जिसने हममें स्नान किया था। और तुम्हारे माता-पिता वे पवित्र आत्माएँ हैं, जिनके पुण्य से हम शुद्ध हुईं। आज भी हमने तुम्हारे माता-पिता की सेवा की है—उनके चरण दबाए हैं। वे इस पूरे आश्रम में **सबसे पवित्र आत्माएँ** हैं।"*

उनकी बातों ने पुंडरिक को भीतर तक झकझोर दिया। यह सब सुनते ही उसका मन भर आया। उसने अपने माता-पिता के साथ किए गए दुर्व्यवहार, अपमान और कठोर व्यवहार को याद किया। उसका बचपन उसकी आँखों के सामने आ गया—वह समय जब वह सीधा-सादा, आज्ञाकारी और भगवान का भक्त था। उसे समझ में आने लगा कि समय के साथ उसका स्वभाव कैसे बदलता चला गया।

मन में बहुत पछतावा लिए पुंडरिक उन तीनों माताओं के चरणों में गिर पड़ा और बोला— *"माताओं, मुझसे बहुत बड़ी भूल हो गई है। मैं सही रास्ता भूल गया और गलत आचरण करने लगा। आज मुझे समझ आ गया है कि मैंने बहुत पाप किए हैं। मैं जानता हूँ कि जो भी शुद्ध मन से आपके पवित्र जल में स्नान करता है, उसके पाप दूर हो जाते हैं। कृपया अपने इस पुत्र पर भी कृपा करें। मुझे ऐसा मार्ग दिखाइए, जिससे मैं अपने पापों से मुक्त हो सकूँ।"*

इतना कहते-कहते उसकी आँखों से आँसू बहने लगे।

तब **माता गंगा** ने करुण स्वर में कहा—
"वत्स, हम स्वयं पाप नहीं धोतीं। पाप कर्मों का नाश केवल प्रायश्चित से

हरे कृष्ण हरे कृष्ण कृष्ण कृष्ण हरे हरे, हरे राम हरे राम राम राम हरे हरे॥

होता है। और प्रायश्चित तभी संभव है, जब मनुष्य अपने पापों को पहचान ले, उन्हें स्वीकार करे और उनके लिए तपस्या करे। हम केवल उस आत्मबोध की साक्षी बनती हैं और सही मार्ग की ओर संकेत करती हैं, ताकि वह व्यक्ति अपने कर्मों से मुक्त हो सके।"

यह सुनकर पुंडरिक ने विनयपूर्वक पूछा, "**माता, कृपया मुझे भी वह मार्ग दिखाइए।**"

तब **माता सरस्वती** ने उसे अपने साथ चलने का संकेत किया और उसे **कुकुटमुनि (कुकुटस्वामी)** की कुटिया तक ले गईं। उस समय कुकुटस्वामी अपने पिता के चरण दबाते हुए बैठे-बैठे ही निद्रा में लीन थे।

माता सरस्वती ने कहा—
"यही हैं कुकुटस्वामी। ये महान भक्त हैं। ये सदा अपने पिता की सेवा में लीन रहते हैं। प्रातःकाल ये अपने वृद्ध पिता को स्नान के लिए नदी तक ले जाते हैं, वस्त्र बदलने में सहायता करते हैं, अपने हाथों से उन्हें भोजन कराते हैं, और फिर स्वयं पूजा-पाठ व भजन में लीन हो जाते हैं। रात्रि में ये ठीक से सोते भी नहीं—बस पिता के चरण दबाते हुए थोड़ी देर के लिए झपकी ले लेते हैं, *वत्स, इनसे सीखो। यही तुम्हें सही मार्ग पर ले जा सकते हैं।"*

पुंडरिक ने हाथ जोड़कर कहा—*"माताओं, मैं समझ गया। इस दिव्य मार्गदर्शन के लिए मैं आप तीनों का सदा आभारी रहूँगा। कृपया मुझे आशीर्वाद दीजिए, ताकि मैं इस मार्ग पर चल सकूँ और अपने पापों का प्रायश्चित कर सकूँ।"*

यह सुनकर तीनों दिव्य नदियाँ मुस्कुरा उठीं और उन्होंने पुंडरिक को आशीर्वाद दिया। , तब **माता यमुना** एक कदम आगे बढ़ीं और स्नेहपूर्वक बोलीं—
"वत्स, तुम्हारे सारे पाप धुल जाएँ और तुम फिर से अपने बचपन जैसी पवित्रता और सरल स्वभाव को अपना सको। हमारा आशीर्वाद सदा तुम्हारे साथ रहेगा।"

यह कहकर वे तीनों दिव्य माताएँ अंतर्धान हो गईं। पुंडरिक वहीं हाथ जोड़कर खड़ा रह गया—आँखों में आँसू थे, लेकिन हृदय बदल चुका था। अब वह पश्चाताप और धर्म के मार्ग पर चलने के लिए पूरी तरह तैयार था।

अगली सुबह पुंडरिक **कुकुटस्वामी** के पास उनका आशीर्वाद लेने और उनके जीवन से सीख ग्रहण करने गया। उस समय कुकुटस्वामी अपने पिता के मस्तक पर स्नेहपूर्वक मालिश कर रहे थे।

हरे कृष्ण हरे कृष्ण कृष्ण कृष्ण हरे हरे, हरे राम हरे राम राम राम हरे हरे॥

पुंडरिक ने विनम्रता से कहा— "महाराज जी, मैंने आज तक आपके जैसा पुत्र नहीं देखा। आप अपने पिता के प्रति इतने समर्पित हैं। अवश्य ही आपके पिता ने बहुत पुण्य किए होंगे, तभी उन्हें आप जैसे पुत्र का सौभाग्य मिला।"

इस पर कुकुटस्वामी मुस्कुराए और बोले— *"नहीं पुंडरिक, ऐसा बिल्कुल नहीं है। वास्तव में तो मैं धन्य हूँ कि मुझे ऐसे पिता का पुत्र बनने का अवसर मिला। मेरी माता का देहांत मेरे जन्म के बाद ही हो गया था। मेरे पिता ने ही मुझे प्रेम, स्नेह, संस्कार और सही मार्ग दिखाकर बड़ा किया। मैं तो केवल अपना कर्तव्य निभा रहा हूँ।"*

फिर कुकुटस्वामी गंभीर स्वर में बोले— *" पुंडरिक, हम सभी अपने माता-पिता के* ***ऋणी*** *होते हैं। जब हम बड़े होते हैं तो उनसे बहस करने लगते हैं और कहते हैं—'यह हमारा जीवन है।' उस समय हम यह भूल जाते हैं कि उनके बिना इस संसार में हमारा अस्तित्व ही संभव नहीं था।*

हमारी हर आवश्यकता का ध्यान उन्होंने रखा। जन्म के बाद भी हम उनके सहारे ही जीवित रहते हैं। चलना तक उन्होंने ही सिखाया। उन्होंने अपना पूरा जीवन हमारे लिए समर्पित कर दिया। अपनी इच्छाएँ, सुख-दुःख—सब कुछ हमारे अनुसार ढाल लिया।

जब वे हमारे भले के लिए हमें डाँटते हैं, तब भी उनके मन में प्रेम ही होता है। लेकिन जब उनकी सेवा का समय आता है, तब हम उनके सारे त्याग भूल जाते हैं। केवल यह कहना कि हम अपने माता-पिता से प्रेम करते हैं—यही प्रेम नहीं होता।

प्रेम का अर्थ है ग्रहण करना भी और समय आने पर समर्पण करना भी। केवल ग्रहण करते रहना प्रेम नहीं, बल्कि स्वार्थ बन जाता है। वृद्धावस्था में माता-पिता की सेवा करना हमारा कर्तव्य है। फिर भी हम उनका ऋण कभी चुका नहीं सकते—क्योंकि उसे चुकाना असंभव है।"

कुकुटस्वामी आगे बोले—" *यहाँ तक कि जब भगवान स्वयं पृथ्वी पर अवतरित होते हैं, तब भी वे माता-पिता की सेवा को सर्वोच्च स्थान देते हैं।* ***भगवान श्रीराम*** *ने अपने पिता की आज्ञा का पालन करने के लिए चौदह वर्षों का वनवास स्वीकार किया।* ***भगवान श्रीकृष्ण*** *ने आठ वर्ष की अल्प आयु में वृंदावन छोड़कर अपने माता-पिता को कंस के बंधन से मुक्त कराया।*

यहाँ तक कि संन्यासी भी संन्यास लेने से पहले अपने माता-पिता की व्यवस्था करते हैं। कई गुरु तो शिष्य को जो अपने माता-पिता की इकलौती संतान हो,

हरे कृष्ण हरे कृष्ण कृष्ण कृष्ण हरे हरे, हरे राम हरे राम राम राम हरे हरे॥

संन्यास की अनुमति ही नहीं देते और उसे पहले माता-पिता की सेवा करने की सलाह देते हैं—क्योंकि वही सच्ची ईश्वर-सेवा है।"

यह सब सुनकर पुंडरिक की आँखों से आँसू बहने लगे। बहुत समय बाद उसे **सच्ची संगति** मिली थी। उसे अपनी भूलों का एहसास हो गया और जीवन का उद्देश्य भी मिल गया—**अपने माता-पिता की सेवा**।

पुंडरिक ने कुकुटस्वामी के चरणों में झुककर प्रणाम किया।
पुंडरिक सीधे अपने माता-पिता के पास गया। वह फूट-फूटकर रोने लगा और उनके चरणों में गिर पड़ा। काँपती हुई आवाज़ में बोला—
"आई-बाबा, मेरे दुराचारों के लिए मुझे क्षमा कर दीजिए। मैंने बहुत बड़ा अपराध किया है। मैं अपना विवेक खो बैठा था। कृपा करके मुझे माफ़ कर दीजिए।"

पुंडरिक के इस अचानक बदले हुए व्यवहार को देखकर उसके माता-पिता आश्चर्यचकित रह गए। उन्होंने उसे प्रेम से उठाया और स्नेहपूर्वक अपने हृदय से लगाया । उसकी माँ की आँखों से आँसू बहने लगे। वह बोली—
"नहीं बेटा, रो मत। देखो जी, हमारा पुंडरिक वापस आ गया... हमारा बेटा सुधर गया।"

तीनों एक साथ भावुक हो गए और देर तक रोते रहे।
उस दिन के बाद पुंडरिक का व्यवहार पूरी तरह बदल गया। वह पूरे मन से अपने माता-पिता की सेवा करने लगा। प्रतिदिन कुकुटस्वामी के पास जाता, उनके सान्निध्य में बैठता और उनके जीवन से सीख ग्रहण करता। इस उत्तम संगति ने उसके जीवन को पूरी तरह बदल दिया।

अब वह अपने माता-पिता की सेवा में कुकुटस्वामी से भी आगे निकल गया। जहाँ कुकुटस्वामी दोपहर और सायंकाल आश्रम के कार्यों और प्रवचनों के लिए अपने पिता से कुछ समय दूर रहते थे, वहीं पुंडरिक अपने माता-पिता को आधे घंटे के लिए भी अकेला नहीं छोड़ता था। वह स्वयं अपने हाथों से उन्हें भोजन कराता, उनके चरणों और मस्तक की सेवा करता और उनके जीवन अनुभवों से ज्ञान ग्रहण करता।

पुंडरिक की पत्नी को यह सब अच्छा नहीं लगता था। वह चाहती थी कि सारा ध्यान उसी पर रहे। परंतु अब पुंडरिक का मन पूरी तरह अपने माता-पिता की सेवा में रम गया था। उसने कई बार उसे अपनी ओर आकर्षित करने का प्रयास किया, लेकिन पुंडरिक अब अपने निश्चय में अडिग था।

हरे कृष्ण हरे कृष्ण कृष्ण कृष्ण हरे हरे, हरे राम हरे राम राम राम हरे हरे॥

कुछ समय बाद वे कुकुटस्वामी के आश्रम से विदा हुए। पुंडरिक ने श्रद्धापूर्वक कुकुटस्वामी का धन्यवाद किया और फिर माता-पिता के साथ अपने गाँव की ओर लौट पड़ा। इस बार वह उनके साथ-साथ चलता, उनसे बातें करता, ताकि यात्रा में उन्हें थकान न लगे।

पुंडरिक के माता-पिता उसके इस बदले हुए रूप को देखकर अत्यंत प्रसन्न थे। वे बार-बार ईश्वर को धन्यवाद दे रहे थे कि उन्होंने उनके पुत्र को सही मार्ग पर लौटा दिया।

पर दूसरी ओर, पुंडरिक की पत्नी इस परिवर्तन से असंतुष्ट थी। अब बातें उसकी इच्छा के अनुसार नहीं हो रही थीं। वह पुंडरिक पर झुँझलाने लगी— *"तुम्हें क्या हो गया है? तुम मेरी बात क्यों नहीं सुनते? सारा समय अपने माता-पिता को ही क्यों देते रहते हो?"*

लेकिन पुंडरिक अब अपने कर्तव्य और सत्य मार्ग को पहचान चुका था।तब पुंडरिक ने शांत लेकिन दृढ़ स्वर में अपनी पत्नी से कहा— *"मैं केवल अपने माता-पिता की सेवा का कर्तव्य निभा रहा हूँ, जिसे मैं पहले भूल गया था। तुम मेरी अर्धांगिनी हो, इसलिए इस कर्तव्य में मेरा साथ देना तुम्हारा भी दायित्व है। मुझे तुम्हारी आवश्यकता है।"*

उसके पास कोई विकल्प नहीं बचा था। वह समझ चुकी थी कि अब पुंडरिक का यह बदला हुआ स्वभाव लौटने वाला नहीं है। अनिच्छा से ही सही, उसे इस सच्चाई को स्वीकार करना पड़ा।

कुछ मील आगे चलने के बाद पुंडरिक की माँ ने धीरे से कहा कि उनके पैरों में बहुत दर्द हो रहा है और वे आगे नहीं चल पा रहीं। पुंडरिक ने बिना एक क्षण गँवाए तुरंत विश्राम किया। जब वे दोबारा चलने लगे, तो उसने देखा कि उसके माता-पिता के लिए हर कदम रखना कितना कठिन हो गया है।

तभी पुंडरिक ने अपने पिता को पीठ पर उठाया। अपने वस्त्र से उन्हें सावधानीपूर्वक बाँध लिया, ताकि वे फिसल न जाएँ। फिर उसने अपनी माँ को दोनों हाथों में उठाया और चल पड़ा। उसकी पत्नी पैदल उनके साथ चलती रही।

यह दृश्य देखकर दोनों माता-पिता की आँखें आँसुओं से भर आईं। उन्हें विश्वास नहीं हो रहा था कि वही पुत्र, जिसने कभी उन्हें बोझ समझा था, आज उन्हें इस तरह अपने कंधों पर उठा रहा है।

हरे कृष्ण हरे कृष्ण कृष्ण कृष्ण हरे हरे, हरे राम हरे राम राम राम हरे हरे॥

इसी प्रकार उन्होंने शेष यात्रा पूरी की और कई सप्ताहों के बाद अंततः अपने गाँव पहुँच गए।

घर पहुँचते ही पुंडरिक ने सबसे पहले वही किया, जो उसके हृदय में वर्षों से दबा हुआ था। उसने अलमारी खोलकर अपने बाल्यकाल के मित्र—गोविंद—को बाहर निकाला। उसे हृदय से लगा लिया, फूट-फूटकर रोया और बोला— *"मुझे क्षमा कर देना, मित्र। मैंने तुम्हें नहीं, अपने विवेक को बंद कर दिया था।"*

फिर उसने गोविंद को श्रद्धापूर्वक अपने स्थान पर स्थापित कर दिया।

इसके बाद पुंडरिक पूर्ण रूप से अपने माता-पिता की सेवा में समर्पित हो गया। वह दिन-भर उनके पास रहता—अपने हाथों से उन्हें भोजन कराता, उनकी आवश्यकताओं में सहायता करता, रात-भर उनके चरण दबाता और बीच-बीच में बैठे-बैठे ही थोड़ी देर के लिए झपकी ले लेता।

अपनी पत्नी की सहायता से वह गोविंद की सेवा भी करता रहा। परंतु समय के साथ उसकी पत्नी इस जीवन से ऊबने लगी। उसे यह समर्पण, यह त्याग और यह अनुशासन स्वीकार नहीं था। अंततः वह पुंडरिक को छोड़कर अपने मायके चली गई।

पुंडरिक की अपने माता-पिता के प्रति इस अद्‌भुत सेवा और समर्पण को देखकर, **वैकुंठ में माता रुक्मिणी के साथ विराजमान भगवान श्रीकृष्ण अत्यंत प्रसन्न हो गए।** उनके हृदय में अपने इस भक्त से मिलने की तीव्र इच्छा जाग उठी। एक रात्रि उन्होंने पृथ्वी पर जाकर पुंडरिक से भेंट करने का निश्चय किया। माता रुक्मिणी ने भी उनके साथ चलने की इच्छा प्रकट की। दोनों दिव्य रूप धारण कर पुंडरिक के घर के द्वार पर प्रकट हुए।

उस समय पुंडरिक अपने माता-पिता के चरणों की सेवा में पूर्णतः लीन था। वह बड़े स्नेह और ध्यान से उनके पैर दबा रहा था।

भगवान श्रीकृष्ण ने उसे पुकारा—
"पुंडरिक! देखो, मैं तुम्हारा गोविंद हूँ। तुमसे मिलने आया हूँ।"

लेकिन पुंडरिक का सारा ध्यान अपने माता-पिता की सेवा में था। उसने पीछे मुड़कर भी नहीं देखा और शांत स्वर में बोला—
"हे गोविंद, आप आए हैं, यह जानकर आनंद हुआ। पर इस समय मैं

हरे कृष्ण हरे कृष्ण कृष्ण कृष्ण हरे हरे, हरे राम हरे राम राम राम हरे हरे॥

अपने **माता-पिता के चरण दबा रहा हूँ। यदि मैं बीच में रुक गया तो उनकी नींद भंग हो जाएगी। कृपया आप वहीं प्रतीक्षा करें।"**

भगवान श्रीकृष्ण मुस्कुराए और बोले— ***"ठीक है, मैं प्रतीक्षा करूँगा।"***

पुंडरिक पहले की तरह सेवा में लगा रहा। काफी समय बीत गया। फिर श्रीकृष्ण ने पुनः कहा—***"पुंडरिक, मैं अब भी तुम्हारी प्रतीक्षा कर रहा हूँ।"***

इस पर पुंडरिक ने कहा—
"क्षमा करना गोविंद, जब तक मेरे माता-पिता की नींद पूरी नहीं होती, मैं नहीं आ सकता। वैसे भी मैंने आपको बुलाया नहीं था, और रात का समय किसी के घर आकर विश्राम में बाधा डालने के लिए उचित नहीं होता।"

इतना कहकर उसके मन में यह विचार आया कि द्वार के बाहर भूमि पथरीली और असमतल है, जिससे गोविंद के कोमल चरणों को कष्ट हो सकता है। यह सोचकर उसने धीरे-से एक चिकनी ईंट फर्श पर सरकाते हुए द्वार की ओर भेजी और कहा—
"गोविंद, मेरे पास यही है। कृपया इस पर खड़े हो जाइए, ज़मीन बहुत खुरदरी है। आपके चरणों को कष्ट न हो। आप यहीं प्रतीक्षा करें, मैं बाद में आऊँगा।"

भगवान श्रीकृष्ण और माता रुक्मिणी उस ईंट पर खड़े हो गए। श्रीकृष्ण ने कमर पर हाथ रखा, मंद मुस्कान के साथ पुंडरिक को अपने माता-पिता की सेवा करते हुए देखने लगे।

(*क्या अद्भुत लीला थी!* एक ओर पुंडरिक सरलता से गोविंद से प्रश्न कर रहा था कि बिना बुलाए, वह भी रात में क्यों आए—और दूसरी ओर उसी गोविंद के चरणों की पीड़ा को लेकर चिंतित भी था। भक्त की यह सरलता, यह निष्कपटता—यही तो भगवान की सबसे बड़ी दुर्बलता है, जो उन्हें अपने भक्त के और निकट खींच लाती है। जहाँ हम भक्त घंटों मंदिरों की पंक्तियों में भगवान के दर्शन की प्रतीक्षा करते हैं, वहीं यहाँ स्वयं भगवान अपने भक्त के दर्शन की प्रतीक्षा कर रहे थे।)

भोर होते ही पुंडरिक के माता-पिता जागे। पुंडरिक ने उनसे कहा—
"आई-बाबा, आप जानते हैं, गोविंद स्वयं हमसे मिलने आए थे। लेकिन उस समय आप दोनों सो रहे थे, इसलिए मैंने उनसे प्रतीक्षा करने को कहा।"

माता-पिता यह सुनकर स्तब्ध रह गए।
"पुंडरिक! तुमने गोविंद से प्रतीक्षा करने को कहा? वे अब कहाँ हैं?"

हरे कृष्ण हरे कृष्ण कृष्ण कृष्ण हरे हरे, हरे राम हरे राम राम राम हरे हरे॥

पुंडरिक ने द्वार की ओर संकेत किया।

उन्होंने देखा—संपूर्ण ब्रह्मांड के स्वामी, भगवान श्रीकृष्ण स्वयं, माता रुक्मिणी के साथ **अपनी कमर दोनों हाथ से पकड़ कर, प्रतीक्षा की मुद्रा में उस छोटी-सी ईंट पर खड़े हैं**। उनके मुख पर करुणामयी मुस्कान है, शरीर से दिव्य तेज और प्रकाश फैल रहा है, और वे पुंडरिक की प्रतीक्षा में स्थिर खड़े हैं।

यह दृश्य देखकर पुंडरिक के माता-पिता की प्रसन्नता की कोई सीमा न रही। तीनों ने एक साथ प्रभु के चरणों में नमन किया। पुंडरिक की आँखें भर आईं। उसने भगवान से हाथ जोड़कर कहा—
"प्रभु, मुझसे अपराध हो गया। मैंने आपको इतनी देर प्रतीक्षा कराई—कृपा कर मुझे क्षमा करें।" तब भगवान श्रीकृष्ण ने मुस्कुराते हुए कहा—
"पुंडरिक, अपने माता-पिता के प्रति तुम्हारी भक्ति और सेवा देखकर मैं अत्यंत प्रसन्न हूँ। तुमने मुझे बहुत प्रभावित किया है। माँगो, तुम्हें जो चाहिए, मैं अवश्य दूँगा।"

पुंडरिक ने विनम्रता से उत्तर दिया—
"प्रभु, आज आपके दर्शन हो गए—अब मुझे और कुछ नहीं चाहिए। मेरी सभी इच्छाएँ पूर्ण हो चुकी हैं। फिर भी यदि आप मुझे कुछ देना ही चाहते हैं, तो मेरी एक विनती स्वीकार करें। कृपया आप यहीं अपने दिव्य रूप में सदा विराजमान रहें, ताकि अन्य भक्त भी आपके दर्शन कर सकें और आपकी कृपा प्राप्त करें। साथ ही आप स्वयं इस सत्य के साक्षी बनें कि ***माता-पिता की सेवा, भगवान की पूजा से भी महान होती है।"***

पुंडरिक ने इस प्रकार सिद्ध कर दिया कि वह एक सच्चा भक्त है, क्योंकि सच्चे भक्त की पहचान यही होती है कि वह अपने से पहले दूसरों का कल्याण सोचता है।

भगवान श्रीकृष्ण ने कहा—*"पुंडरिक, जैसा तुम्हारा संकल्प है, वैसा ही होगा। मैं यहीं अपने दिव्य रूप में सदा निवास करूँगा।"*

इतना कहकर भगवान श्रीकृष्ण ने मूर्ति रूप धारण किया। यह रूप **विठ्ठल** कहलाया।
संस्कृत में *"विट्"* का अर्थ है ईंट और *"स्थल"* का अर्थ है खड़ा होना या विश्राम करना। इस प्रकार **विठ्ठल** का अर्थ हुआ—***जो ईंट पर खड़े होकर विराजमान हों।***

हरे कृष्ण हरे कृष्ण कृष्ण कृष्ण हरे हरे, हरे राम हरे राम राम राम हरे हरे॥

जिस ग्राम में पुंडरिक रहा, वह पहले **पुंडरिकपुर** कहलाया। समय के साथ वही स्थान **पंढरपुर** के नाम से प्रसिद्ध हुआ, जो महाराष्ट्र में पुणे के निकट स्थित है।

आज भी **पंढरपुर में भगवान विठ्ठल उसी ईंट पर विराजमान हैं**, मानो अपने सच्चे भक्तों की प्रतीक्षा कर रहे हों। उनका यह स्वरूप हमें याद दिलाता है कि माता-पिता की सेवा ही सबसे बड़ी भक्ति है। पुंडरिक ने यह सिद्ध कर दिया कि जो अपने कर्तव्य को पूजा बना लेता है, उसके लिए भगवान स्वयं प्रतीक्षा करते हैं। पंढरपुर केवल एक तीर्थ नहीं, बल्कि एक जीवन-संदेश है—कि सेवा, प्रेम और त्याग से ही ईश्वर प्रसन्न होते हैं। जहाँ माता-पिता संतुष्ट होते हैं, वहीं भगवान का वास्तविक निवास होता है।

श्री विठ्ठल (पांडुरंग) की भक्ति परंपरा में एक अत्यंत भावपूर्ण मान्यता है कि वे अपने भक्तों से इतना प्रेम करते हैं कि उनकी चरण-रज को भी अपने मस्तक पर धारण करते हैं। उनके तिलक पर दिखाई देने वाला काला बिंदु इसी प्रेम और विनम्रता का प्रतीक माना जाता है—मानो भगवान स्वयं अपने भक्तों की धूल को सम्मानपूर्वक अपने माथे पर सजाए हों। यह भाव दर्शाता है कि विठ्ठल के लिए उनके भक्त ही सबसे प्रिय हैं, और वे उनके प्रेम के आगे स्वयं को भी छोटा मान लेते हैं।

Image Credit: [Artist-Piyush Pore]

(श्री हरि विठ्ठलनाथ)

....

हरे कृष्ण हरे कृष्ण कृष्ण कृष्ण हरे हरे, हरे राम हरे राम राम राम हरे हरे॥

अध्याय – 4

सूरदास: नेत्रहीन होकर भी जिसने ईश्वर को संसार से अधिक स्पष्ट रूप से देखा

उद्धव की भक्ति, सूरदास के सुरों में सजीव हो उठी

"भक्तिः परेषानुभवो विरक्तिर् अन्यत्र चैष त्रिक एककालः / प्रपद्यमानस्य यथाश्नतः स्युस्तुष्टिः पुष्टिः क्षुदपायोऽनुघासम् ॥" **(भगवद गीता 11.2.42):**

अर्थ : जिस प्रकार भूखा व्यक्ति भोजन करते समय एक ही समय में तृप्ति, पोषण और भूख की समाप्ति का अनुभव करता है, उसी प्रकार जो व्यक्ति पूर्ण भक्ति के साथ परमेश्वर का आश्रय लेता है, वह एक साथ भक्ति, ईश्वर का प्रत्यक्ष अनुभव और संसार से वैराग्य प्राप्त करता है।

गोकुल से लेकर वृंदावन तक, श्रीकृष्ण सदा अपने मित्रों से घिरे रहते थे। परंतु उन सभी में कुछ मित्र ऐसे थे जो उन्हें विशेष रूप से प्रिय थे, और उनमें से एक थे उद्धव। जब श्रीकृष्ण ने वृंदावन छोड़कर मथुरा जाकर राजा का दायित्व संभाला, तब उद्धव भी उनके साथ गए और आगे चलकर उनके मंत्री बने।

वृंदावन छोड़ते समय श्रीकृष्ण ने प्रत्येक गोपी को यह वचन दिया था कि वे अवश्य लौटेंगे। उसी दिन से हर गोपी उनकी प्रतीक्षा करने लगी। विरह की अग्नि धीरे-धीरे उनके हृदय में जलने लगी।

एक दिन श्रीकृष्ण ने उद्धव को बुलाया और कहा —
"उद्धव, मुझे मेरी गोपियाँ बहुत याद आती हैं। वे आज भी मेरी प्रतीक्षा कर रही हैं। उनका दुःख मेरे मन को विचलित कर देता है।"

देवगुरु बृहस्पति के शिष्य और महान ज्ञानी उद्धव ने श्रीकृष्ण को समझाने का प्रयास किया। उन्होंने कहा — *"कृष्ण, अब आप मथुरा के राजा हैं। इस प्रकार भावुक होना आपके पद को शोभा नहीं देता।"*

श्रीकृष्ण ने शांत स्वर में उत्तर दिया — *"जब मेरी गोपियाँ दुखी हैं, तब मैं कैसे शांत रह सकता हूँ?"*

हरे कृष्ण हरे कृष्ण कृष्ण कृष्ण हरे हरे, हरे राम हरे राम राम राम हरे हरे॥

तब उद्धव बोले — *"मैं आपके स्थान पर वृंदावन जाऊँगा। मैं गोपियों को योग का ज्ञान दूँगा, जिससे उनका मन शांत हो जाए और वे इस सांसारिक दुःख से ऊपर उठ सकें।"*

उद्धव स्वयं को एक महान ज्ञानी मानते थे। उन्हें पूर्ण विश्वास था कि अपने गूढ़ ज्ञान के बल पर वे गोपियों के हृदय को अवश्य बदल देंगे और उन्हें **योग** मार्ग पर ले आएँगे।

कृष्ण से अनुमति लेकर उद्धव वृंदावन के लिए रवाना हुए। जब वे वृंदावन पहुँचे, तो वहाँ का दृश्य बिल्कुल वैसा ही था जैसा उन्होंने बाल्यकाल में देखा था। सभी गोपियाँ आज भी गहरे विरह में डूबी हुई थीं, आज भी कृष्ण की प्रतीक्षा कर रही थीं। उनके हृदय से यह आशा अभी तक नहीं गई थी कि कृष्ण अवश्य लौटेंगे।

उद्धव ने गोपियों से कहा— *"तुम लोग व्यर्थ में समय क्यों गँवा रही हो? कृष्ण अब कभी नहीं आएँगे। वे अब मथुरा के राजा हैं। उनके ऊपर अनेक कर्तव्य हैं। उन्हें मथुरा की प्रजा की रक्षा करनी है। तुम्हें अपना मन योग में लगाना चाहिए और ईश्वर से जुड़ने का प्रयास करना चाहिए।"*

गोपियों ने उत्तर दिया—*"तुम्हारा यह ज्ञान हमारे लिए व्यर्थ है। अब यह सब हमारे वश में नहीं रहा। जब कृष्ण मथुरा गए थे, तब वे हमारे विचार, हमारी इच्छाएँ और हमारा हृदय भी अपने साथ ले गए थे। हम आज भी उन्हीं की स्मृतियों में जीवित हैं। तुम्हारा यह ज्ञान हमारे लिए **कड़वे करेले** के समान है।"*

फिर गोपियाँ बोलीं—*"तुम **कमल के पत्तों** जैसे हो। जल के संपर्क में रहते हुए भी उन पर एक बूँद नहीं ठहरती। तुम कृष्ण के पास रहते हो, फिर भी उनका प्रेम तुम्हारे हृदय को स्पर्श नहीं करता। तुम कितने भाग्यशाली हो कि कृष्ण के निकट रहते हो, और फिर भी कितने अभागे हो कि उनके प्रेम को अनुभव नहीं कर पाते। और हम, जो उनसे दूर हैं, उनके प्रेम में पूरी तरह डूबी हुई हैं।"*

गोपियों ने आगे कहा— *"तुम हमारे भाव नहीं समझ सकते, क्योंकि तुम कृष्ण से प्रेम नहीं करते। कोई कृष्ण से प्रेम किए बिना कैसे रह सकता है? तुम उनके ज्ञान और नीति को समझते हो, पर उनके हृदय को नहीं। हाँ, कृष्ण अब मथुरा के राजा हैं, पर हमारे हृदय आज भी उसी बंसीधारी कान्हा के लिए धड़कते हैं। हमें मथुरा का राजा नहीं चाहिए, हमें वृंदावन का श्याम चाहिए।"*

गोपियों की वाणी में कोई तर्क नहीं था, कोई दर्शन नहीं था—केवल अनुभव था। वह प्रेम, जो न पढ़ाया जा सकता है और न समझाया जा सकता है। वह प्रेम, जो

हरे कृष्ण हरे कृष्ण कृष्ण कृष्ण हरे हरे, हरे राम हरे राम राम राम हरे हरे॥

केवल विरह में और भी गहरा हो जाता है। उनकी आँखों में आँसू थे, पर उन आँसुओं में भी कृष्ण ही बसते थे। वे न शिकायत कर रही थीं, न आग्रह—वे तो बस अपने हृदय का सत्य प्रकट कर रही थीं।

उद्धव, जो स्वयं को ज्ञानी मानते थे, पहली बार अनुभव कर रहे थे कि ज्ञान और प्रेम में कितना बड़ा अंतर होता है। जहाँ ज्ञान अहंकार दे सकता है, वहीं प्रेम स्वयं (अहंकार) को मिटा देता है। गोपियों के शब्द उनके हृदय में उतरने लगे थे—धीरे-धीरे, गहराई से।

गोपियों ने उद्धव की तुलना **ऐसे पात्र से की, जिस पर तेल लगा हो—जो जल में डूबने पर भी सूखा ही रहता है।**

इन वचनों को सुनकर उद्धव भीतर तक विचलित हो गए। गोपियों ने उनकी आँखें खोल दीं। वे भी कृष्ण के लिए वही प्रेम अनुभव करना चाहते थे, जो गोपियाँ करती थीं।

उद्धव मथुरा लौटे और कृष्ण से बोले—
" आप शांत हैं और मन में कोई हलचल नहीं रखते, और उधर गोपियाँ आपके विरह में जल रही हैं। कम से कम एक बार तो आपको उनसे मिलने जाना चाहिए।"

उद्धव की वाणी में अब पहले **जैसा ज्ञान का गर्व नहीं** था। उसमें करुणा थी, पश्चाताप था और एक मौन विनती भी। वृंदावन की धूल अब उनके हृदय में घुल चुकी थी। वे केवल संदेशवाहक बनकर नहीं लौटे थे—वे गोपियों के प्रेम की अग्नि को अपने भीतर समेट लाए थे।

कृष्ण ने उद्धव की ओर देखा। उस दृष्टि में मुस्कान थी, पर साथ ही एक गहरी लीला भी छिपी थी। वे जानते थे कि गोपियों का प्रेम किसी दर्शन से बँधा नहीं, वह तो स्वयं ब्रह्म से भी आगे का अनुभव है।

उद्धव समझ चुके थे कि गोपियाँ कृष्ण को पाना नहीं चाहतीं—वे तो केवल कृष्ण में खो जाना चाहती हैं। और वही प्रेम, वही समर्पण, वही विस्मरण—उद्धव के हृदय में पहली बार जन्म ले रहा था।

कृष्ण मुस्कुराए और बोले— "तुम गोपियों को ज्ञान देने गए थे, पर लगता है कि तुम स्वयं उनसे कुछ सीखकर लौटे हो।"

हरे कृष्ण हरे कृष्ण कृष्ण कृष्ण हरे हरे, हरे राम हरे राम राम राम हरे हरे॥

उद्धव ने हाथ जोड़कर कहा— *"मैं भी वही प्रेम अनुभव करना चाहता हूँ जो गोपियाँ आपके लिए अनुभव करती हैं। मैं आपके प्रेम से वंचित क्यों हूँ? कृपा करके मुझे वृंदावन की घास का एक तिनका बना दीजिए, ताकि गोपियों के चरणों की धूल से मैं पवित्र हो सकूँ। हे कृष्ण! हे सखा! हे योगेश्वर! मुझे वह प्रेम समझाइए जिसने मेरी आँखें खोल दी हैं। अब मुझे लगता है कि मेरी आँखें होते हुए भी मैं आपके प्रेम को नहीं देख पा रहा—मैं एक अंधे के समान हूँ।"*

कृष्ण ने कोमल स्वर में कहा— *"जैसी तुम्हारी इच्छा।"*

और कलियुग में उद्धव सूरदास के रूप में अवतरित हुए, ताकि वे उस दिव्य प्रेम को भक्ति के माध्यम से समझ सकें और संसार को सुना सकें।

सूरदास का जन्म हरियाणा के **फरीदाबाद** के निकट स्थित **सिही** गाँव में एक सारस्वत ब्राह्मण परिवार में हुआ। उनके पिता अत्यंत विद्वान और वेदों के ज्ञाता ब्राह्मण थे, परंतु परिवार की आर्थिक स्थिति अत्यंत दयनीय थी। जब सूरदास का जन्म हुआ, तो उनके माता-पिता प्रसन्न नहीं हुए। उन्होंने यह मान लिया कि सूरदास उनके पूर्व कुकर्मों का फल हैं और ईश्वर उनसे अप्रसन्न हैं। इसी कारण सूरदास को वह स्नेह और अपनापन नहीं मिला जो सामान्यतः एक बच्चे को मिलता है। यही उपेक्षा धीरे-धीरे उनके मन को भीतर की ओर मोड़ती चली गई और अनजाने में ही उनके भीतर आध्यात्मिक चेतना को जाग्रत करती गई।

सूरदास के पिता एक श्रेष्ठ गायक और संगीतज्ञ भी थे। उन्हीं से सूरदास ने संगीत और वैदिक ज्ञान की शिक्षा प्राप्त की। यद्यपि सूरदास की आँखें नहीं थीं, परंतु उनकी अन्य इंद्रियाँ असाधारण रूप से तीव्र थीं। उनकी स्मरण शक्ति, श्रवण शक्ति और समझ अद्भुत थी। जब सूरदास बारह वर्ष के हुए, तब परिवार की स्थिति और भी बिगड़ गई। दो समय का भोजन भी उपलब्ध नहीं होता था। एक दिन किसी ने उनके पिता को दो स्वर्ण मुद्राएँ दीं ताकि वे परिवार का पालन कर सकें, पर उसी रात वे मुद्राएँ चोरी हो गईं। माता-पिता टूट गए, क्योंकि उनका अंतिम सहारा भी छिन गया था।

उसी समय सूरदास, जो हाल ही में वेदों का अध्ययन करने लगे थे, शांत स्वर में बोले —*"हम इन नश्वर वस्तुओं के लिए क्यों शोक करें? ये सब रेत के समान अस्थायी हैं। हमारा सच्चा धन तो स्वयं परमेश्वर हैं, जिन्हें कोई हमसे छीन नहीं सकता — हमारे हृदय से भी नहीं।"*

हरे कृष्ण हरे कृष्ण कृष्ण कृष्ण हरे हरे, हरे राम हरे राम राम राम हरे हरे॥

परंतु माता-पिता ने यह नहीं समझा। वे क्रोधित हो गए और सूरदास को दोष देने लगे कि उसके जन्म से ही उनके जीवन में दुर्भाग्य आया है। भूख, निराशा और पीड़ा में उन्होंने सूरदास को मारना भी प्रारंभ कर दिया। तब सूरदास ने उन्हें रोकते हुए कहा —
"मैं आपको वे मुद्राएँ वापस दिला दूँगा, पर मेरी एक शर्त है। मुद्राएँ मिलने के बाद आप मुझे इस घर से जाने की अनुमति देंगे। मैं वैराग्य का मार्ग अपनाना चाहता हूँ।"
विवश होकर माता-पिता ने यह शर्त स्वीकार कर ली।

रात को जब सब सो रहे थे, सूरदास ने उस कमरे में चूहों की हलचल सुनी जहाँ मुद्राएँ रखी थीं। ध्यानपूर्वक सुनकर उन्होंने अनुमान लगाया कि चूहे मुद्राएँ अपने बिल में ले गए होंगे। उन्होंने अपने माता-पिता को सही स्थान बताया। खोज करने पर सचमुच मुद्राएँ वहीं मिल गईं।

मुद्रा मिलते ही सूरदास वाहा से जाने लगें, तब माता-पिता सूरदास को रोकने लगे और बोले — *"तुम अंधे हो, इस संसार में तुम्हारी देखभाल कौन करेगा?"*

सूरदास मुस्कराए और बोले —
"जो पशु, पक्षी, कुत्तों और अदृश्य जीवों की भी रक्षा करता है, वही मेरी भी रक्षा करेगा। मुझे उस पर पूर्ण विश्वास है।"

यह कहते समय सूरदास के स्वर में कोई चुनौती नहीं, केवल अडिग श्रद्धा थी। उन्होंने संसार की असुरक्षा नहीं देखी, बल्कि ईश्वर की सुनिश्चित व्यवस्था को देखा। जहाँ मनुष्य सहारा छोड़ देता है, वहाँ प्रभु स्वयं सहारा बन जाते हैं—यह विश्वास सूरदास के जीवन की पहली साधना बन चुका था।

और बिना पीछे देखे सूरदास घर छोड़कर निकल पड़े।

घर छोड़ते समय उनके मन में न भय था, न क्रोध। केवल एक शांत वैराग्य था—ऐसा वैराग्य जो पलायन नहीं, बल्कि परम सत्य की ओर अग्रसर होने का साहस होता है। उन्होंने संसार को त्यागा नहीं था, बल्कि ईश्वर को चुन लिया था।

वे अपने गाँव से बहुत दूर एक गाँव में जाकर एक पेड़ के नीचे रहने लगे। प्रतिदिन प्रातः और संध्या वे श्रीकृष्ण के भजन गाते थे। उनकी वाणी इतनी मधुर और भक्ति से परिपूर्ण होती थी कि जो भी सुनता, उसके हृदय में गहन शांति भर जाती। लोग प्रेमपूर्वक उन्हें भोजन अर्पित करते — कभी खीर, कभी पेड़े, कभी खिचड़ी और अन्य सरल व्यंजन। सर्दियों में कोई उन्हें कंबल दे देता और गर्मियों

हरे कृष्ण हरे कृष्ण कृष्ण कृष्ण हरे हरे, हरे राम हरे राम राम राम हरे हरे॥

में कोई ठंडा जल प्रदान करता। इस प्रकार सूरदास की प्रत्येक आवश्यकता स्वयं श्रीकृष्ण की कृपा से पूर्ण होती रही।

जैसा कि भगवान श्रीकृष्ण ने गीता (9.22) में कहा है —

अनन्याश्चिन्तयन्तो मां ये जनाः पर्युपासते।
तेषां नित्याभियुक्तानां योगक्षेमं वहाम्यहम्॥

अर्थ — जो भक्त अनन्य भाव से मेरा स्मरण करते हैं, उनकी आवश्यकताओं की पूर्ति और रक्षा का भार मैं स्वयं उठाता हूँ।

सूरदास प्रतिदिन मंदिर जाते थे। एक दिन किसी ग्रामीण ने पूछा,
"आप प्रतिदिन मंदिर क्यों जाते हैं? आप तो देख नहीं सकते।"

सूरदास ने विनम्रता से उत्तर दिया —*"मैं भगवान को अपना दर्शन देने जाता हूँ। मैं उन्हें देखूँ या न देखूँ, यह महत्त्वपूर्ण नहीं। इतना पर्याप्त है कि भगवान मुझे देख रहे हैं। मैं केवल यही प्रार्थना करता हूँ कि वे मेरा हाथ थामे रखें, क्योंकि यदि मैंने उनका हाथ पकड़ूँ तो भय या दुर्बलता में छोड़ सकता हूँ, पर यदि वे मेरा हाथ पकड़ लें, तो वे कभी मुझे नहीं छोड़ेंगे।"*

यह कहकर सूरदास आगे बढ़ जाते, पर उनके शब्द सुनने वालों के हृदय में गूंजते रह जाते। लोग समझ जाते कि यह साधारण भिखारी नहीं, कोई गूढ़ रहस्य जीने वाला भक्त है, जिसने समर्पण का वास्तविक अर्थ पा लिया है।

दिन-प्रतिदिन उनका जीवन और अधिक सरल होता गया। न कोई शिकायत, न कोई अपेक्षा। जो मिला, उसे प्रसाद मान लिया और जो नहीं मिला, उसे भी भगवान की इच्छा समझकर स्वीकार कर लिया। यही निःस्वार्थ भाव उनकी भक्ति को और गहन बनाता गया।

फिर भी, इस पूर्ण समर्पण के भीतर कहीं एक सूक्ष्म तड़प शेष थी—एक ऐसी प्यास, जो केवल भजन से नहीं, किसी दिव्य मार्गदर्शन से तृप्त हो सकती थी। सूरदास स्वयं भी उस अपूर्णता को पूरी तरह समझ नहीं पा रहे थे।
इसी प्रकार दिन बीतते गए। सूरदास भजन गाते रहे और धीरे-धीरे उनकी मधुर वाणी सुनने के लिए लोगों की भीड़ जुटने लगी। बारह वर्ष इसी साधना में बीत गए। एक दिन सूरदास ने स्वयं से प्रश्न किया —
"क्या यही मेरे वैराग्य का अंतिम लक्ष्य है? मेरे भीतर अभी भी अधूरापन क्यों है? मैं और ऊँचा उठना चाहता हूँ। मैं सच्ची मुक्ति चाहता हूँ।"

हरे कृष्ण हरे कृष्ण कृष्ण कृष्ण हरे हरे, हरे राम हरे राम राम राम हरे हरे॥

तब उन्होंने अनुभव किया कि उन्हें एक गुरु की आवश्यकता है — एक सच्चे गुरु की, जो उनके मार्ग को सरल और स्पष्ट बना सके। और यहीं से प्रारंभ होती है सूरदास की गुरु-प्राप्ति और परम सत्य की ओर यात्रा।

सूरदास ने गाँव वालों से सुना कि महान संत **श्री वल्लभाचार्य** अपने शिष्यों के साथ पास के एक गाँव में प्रवचन देने आ रहे हैं। यह सुनकर सूरदास को लगा कि यह उनके जीवन का एक दुर्लभ और निर्णायक अवसर है, क्योंकि वल्लभाचार्य जी की विद्या, भक्ति और आध्यात्मिक ऊँचाई पूरे देश में प्रसिद्ध थी।

सूरदास उस गाँव पहुँचे। वहाँ उन्होंने देखा कि वल्लभाचार्य जी के दर्शन के लिए भारी भीड़ एकत्रित थी। सूरदास को यह अनुभव हुआ कि इतनी भीड़ में वे शायद वल्लभाचार्य जी की दृष्टि में आ भी न पाएँ।

चारों ओर लोगों की उत्सुक निगाहें, शिष्यों की पंक्तियाँ और प्रवचन की तैयारी चल रही थी। किंतु इस कोलाहल के बीच भी सूरदास का मन पूर्णतः शांत था। उनके हृदय में कोई व्याकुलता नहीं, केवल एक मौन प्रार्थना थी—यदि यह मिलन ईश्वर की इच्छा है, तो मार्ग स्वयं खुल जाएगा। उन्हें विश्वास था कि सच्ची भक्ति को पहचानने के लिए नेत्रों की नहीं, हृदय की आवश्यकता होती है।

तब उन्होंने एक उपाय सोचा। वे पास ही बैठ गए और भगवान श्रीकृष्ण का एक भजन गाने लगे—ऐसा भजन, जिसमें समाज द्वारा उपेक्षित एक भक्त प्रभु से करुणा और प्रेम की याचना करता है।

उस भजन में न शास्त्रों की कठिन भाषा थी, न ही किसी प्रकार का प्रदर्शन। उसमें केवल एक टूटे हुए मन की सच्ची पुकार थी, जो सांसारिक पीड़ा से ऊपर उठकर सीधे प्रभु के चरणों में समर्पित हो रही थी। हर शब्द में विरह था, हर स्वर में समर्पण, और हर पंक्ति में ईश्वर से जुड़ने की तड़प।

उनकी मधुर और भावपूर्ण वाणी ने धीरे-धीरे पूरी सभा का ध्यान अपनी ओर आकर्षित कर लिया। स्वयं वल्लभाचार्य जी भी उस भजन से अत्यंत प्रभावित हुए।

सभा में बैठे अनेक श्रोताओं की आँखें अनायास नम हो गईं। किसी ने पहली बार अनुभव किया कि भक्ति केवल सुनने या देखने की वस्तु नहीं, बल्कि भीतर उतरकर आत्मा को स्पर्श करने वाला अनुभव है। उस क्षण विद्या, पद और प्रतिष्ठा सब मौन हो गए—केवल भक्ति बोल रही थी।

हरे कृष्ण हरे कृष्ण कृष्ण कृष्ण हरे हरे, हरे राम हरे राम राम राम हरे हरे॥

वल्लभाचार्य ने सूरदास की प्रशंसा करते हुए कहा— *"वत्स, तुम्हारा स्वर अत्यंत मधुर है। पर तुम ऐसा करुण गीत क्यों गा रहे हो, जिसमें तुम भगवान से कुछ माँग रहे हो? संसार तो पहले ही माँगने में लगा है। भक्त को चाहिए कि वह भगवान के गुणों, शक्तियों और दिव्य लीलाओं का गुणगान करे।"*

यह सुनकर सूरदास को पूर्ण विश्वास हो गया कि वल्लभाचार्य जी ही उनके सच्चे गुरु हो सकते हैं। उन्होंने विनम्रता से कहा—
"महाराज, कृपया क्षमा कीजिए। मैंने न कभी भगवान की लीलाएँ सुनी हैं, न उन्हें देखा है, न उनकी मूर्ति तक देखी है। फिर मैं उनके गुणों और लीलाओं का वर्णन कैसे कर सकता हूँ?"

वल्लभाचार्य जी मुस्कुराए और बोले—
"पहले तुम यमुना में स्नान करो। वही यमुना जिसमें भगवान श्रीकृष्ण स्वयं स्नान करते थे। उसके बाद हम तुम्हारे इस प्रश्न का समाधान करेंगे।"

संयोगवश उन दिनों वल्लभाचार्य जी श्रीमद्भागवत पर टीका लिख रहे थे। जब सूरदास यमुना-स्नान करके लौटे, तब वल्लभाचार्य जी ने उन्हें अपने समीप बैठाया और ध्यानपूर्वक भागवत कथा सुनने को कहा।

अगले तीन-चार दिनों तक उन्होंने सूरदास को श्रीमद्भागवत के प्रत्येक स्कंध का सार सुनाया। कथा कहते-कहते वे बार-बार पूछते—

"सूरदास, बताओ—तुम्हारे सामने क्या दिखाई दे रहा है?"
जब श्री वल्लभाचार्य जी ने **सातवें** स्कंध के प्रसंग में सूरदास से पूछा—
"सूरदास, बताओ, तुम्हें क्या दिखाई दे रहा है?"

तब सूरदास ने श्रद्धा और आश्चर्य से उत्तर दिया— *"महाराज, मेरे सामने आधा मानव और आधा सिंह स्वरूप भगवान नृसिंह प्रकट हैं, जो असुर हिरण्यकश्यप का वध कर रहे हैं।"*

यह सुनकर वल्लभाचार्य जी मंद मुस्कान के साथ आगे कथा सुनाते रहे।
फिर जब **आठवें** स्कंध के प्रसंग में उन्होंने पुनः वही प्रश्न किया—
"सूरदास, अब तुम्हें क्या दिखाई दे रहा है?"

तब सूरदास ने कहा—*"महाराज, मेरे सामने भगवान विष्णु के सभी* ***दस अवतार*** *एक साथ विराजमान हैं।"*

हरे कृष्ण हरे कृष्ण कृष्ण कृष्ण हरे हरे, हरे राम हरे राम राम राम हरे हरे॥

उनके उत्तर में न कोई कल्पना थी, न अंधविश्वास—केवल गहरी भक्ति से जन्मी दिव्य अनुभूति थी, जो यह दर्शाती थी कि सूरदास अब केवल कथा नहीं सुन रहे थे, बल्कि उसे साक्षात अनुभव कर रहे थे।

यह दिव्य ज्ञान प्रदान करने के बाद श्री वल्लभाचार्य जी उस गाँव से गोवर्धन की ओर प्रस्थान करने लगे। उसी समय सूरदास उनके चरणों में गिर पड़े और करुण स्वर में बोले—

"महाराज, कृपा करके इस ***अंधे को अपना शिष्य स्वीकार कर लीजिए।*** *मैंने सुना है कि गुरु के बिना मुक्ति संभव नहीं होती। मैं आपको पहले ही अपने हृदय में गुरु मान चुका हूँ।*

यह संसार मुझे केवल दया की दृष्टि से देखता है और बार-बार यह एहसास कराता है कि मैं अक्षम हूँ। परंतु आप ही ऐसे हैं जिन्होंने मुझे ज्ञान दिया, मेरे अज्ञान को दूर किया और मेरे जीवन के मार्ग को स्पष्ट किया। कृपया इस दीन को स्वीकार करें।"

सूरदास के ये शब्द केवल निवेदन नहीं थे, वे उसके जीवन की पुकार थे। वर्षों से भीतर संचित पीड़ा, उपेक्षा और अकेलेपन का भार आज उन चरणों में आकर ढल गया था। उसे पहली बार ऐसा लगा कि कोई उसकी दुर्बलता नहीं, उसकी भक्ति देख रहा है।

श्री वल्लभाचार्य जी एक क्षण के लिए रुक गए। उन्होंने अनुभव किया कि उनके चरणों में गिरा यह व्यक्ति नेत्रों से अंधा अवश्य है, पर उसकी अंतरदृष्टि असाधारण रूप से जागृत है। ऐसा शिष्य दुर्लभ होता है, जो बिना तर्क के, बिना शर्त के, केवल समर्पण लेकर आता है।

सूरदास की ये विनती सुनकर श्री वल्लभाचार्य जी मुस्कुराए, उन्हें स्नेहपूर्वक आलिंगन किया और बोले—

"सूरदास, मैं तुम्हें अपना शिष्य स्वीकार करता हूँ, किंतु इसके लिए तुम्हें अपना संपूर्ण जीवन ***श्रीनाथ जी*** *की सेवा में समर्पित करना होगा और उन्हें प्रसन्न करना होगा।"*

यह सुनते ही सूरदास के आनंद की कोई सीमा न रही। उनकी आँखों से अश्रुधारा बह निकली और उन्होंने भावविभोर होकर कहा—

"महाराज, मैं अपने अंतिम श्वास तक श्रीनाथ जी की सेवा में लगा रहूँगा और उन्हें प्रसन्न करने का निरंतर प्रयास करता रहूँगा।"

....

हरे कृष्ण हरे कृष्ण कृष्ण कृष्ण हरे हरे, हरे राम हरे राम राम राम हरे हरे॥

सूरदास की भक्ति का शिखरः राधा-माधव का साक्षात् दर्शन

न तु मां शक्यसे द्रष्टुमनेनैव स्वचक्षुषा।
दिव्यं ददामि ते चक्षुः पश्य मे योगमैश्वरम्॥ **(भगवद् गीता 11.8)**

भावार्थःतुम अपनी इन सामान्य आँखों से मेरे इस स्वरूप को नहीं देख सकते। इसलिए मैं तुम्हें दिव्य दृष्टि प्रदान करता हूँ। अब तुम मेरे ऐश्वर्ययुक्त योग को देखो।यह श्लोक यह समझाता है कि ईश्वर को देखने की क्षमता मनुष्य की योग्यता से नहीं, बल्कि भगवान की कृपा से प्राप्त होती है।

वल्लभाचार्य जी सूरदास को अपने साथ गोवर्धन ले गए, जहाँ श्रीनाथजी का भव्य मंदिर स्थित है। उस समय वल्लभाचार्य जी स्वयं श्रीनाथजी के प्रधान सेवायत थे। उन्होंने सूरदास को श्रीनाथजी के समक्ष खड़ा किया और उनके स्वरूप का वर्णन करते हुए कहा—
"देखो वत्स, श्रीनाथजी एक हाथ कमर पर रखे हुए हैं और दूसरे हाथ से गोवर्धन पर्वत को धारण किए हुए हैं। उनके नेत्र विशाल और अत्यंत मनोहर हैं। उनका श्यामल शरीर दिव्य तेज से प्रकाशित है। मुख पर मधुर मुस्कान है और ठुड्डी पर एक छोटा-सा हीरे का तिल शोभायमान है। वे पीत वस्त्र धारण किए हुए हैं और स्वर्णाभूषणों से अलंकृत हैं।"

फिर वल्लभाचार्य जी ने पूछा—*"सूरदास, क्या तुम्हें श्रीनाथजी के दर्शन हो रहे हैं?"*

सूरदास ने उन दिव्य रूपों की कल्पना अपने हृदय में की और पूर्ण विश्वास के साथ उत्तर दिया—*"हाँ गुरुदेव, मुझे स्पष्ट रूप से दर्शन हो रहे हैं।"*

तब वल्लभाचार्य जी ने श्रीनाथजी की ओर देखकर करुण प्रार्थना की—
"हे नाथ! कृपा कर इस बालक पर अपना आशीर्वाद बनाए रखें। हम इसे आपकी सेवा में अर्पित करना चाहते हैं। कृपा कर इसे स्वीकार करें। यह अपनी मधुर वाणी से आपके गुणों का गान कर आपको प्रसन्न करने का प्रयास करेगा।"

उसी क्षण सूरदास ने एक अत्यंत सुंदर और दिव्य भजन गाना आरंभ किया। यह भजन उनके पूर्व भजनों से भिन्न था—इसमें न कोई शिकायत थी, न कोई पीड़ा। इसमें केवल प्रभु के गुणों, स्वरूप और लीलाओं का मधुर वर्णन था।

हरे कृष्ण हरे कृष्ण कृष्ण कृष्ण हरे हरे, हरे राम हरे राम राम राम हरे हरे॥

सूरदास की उस अलौकिक वाणी को सुनकर वल्लभाचार्य जी, उनके अन्य शिष्य और मंदिर के सेवक सभी आनंद से भर उठे। उसी दिन से सूरदास प्रतिदिन दो बार श्रीनाथजी के सम्मुख भजन गाने लगे—एक बार **प्रातः मंगला आरती** के पश्चात और दूसरी बार संध्या **शयन आरती** से पूर्व। धीरे-धीरे दूर-दूर से लोग अंधे भक्त सूरदास की उस दिव्य वाणी को सुनने आने लगे।

वल्लभाचार्य जी अपनी आध्यात्मिक यात्रा पर आगे बढ़ रहे थे। उन्होंने गोवर्धन के समीप **पारसोली** गाँव में सूरदास के निवास की व्यवस्था कर दी। वहीं रहकर सूरदास निरंतर श्रीनाथजी के समक्ष भजन गाकर उनकी सेवा करने लगे। सूरदास की दैनिक आवश्यकताओं में सहायता करने तथा उन्हें प्रतिदिन मंदिर ले जाने और सुरक्षित वापस लाने के लिए एक किशोर बालक, जिसका नाम **गोपाल** था, नियुक्त किया गया।

एक दिन सूरदास भोजन कर रहे थे। गोपाल ने उन्हें भोजन परोस दिया, परंतु जल देना भूल गया और किसी कार्यवश वहाँ से चला गया। सूरदास इस बात से अनजान थे। भोजन करते समय अचानक रोटी का एक टुकड़ा उनके गले में अटक गया। उन्होंने जल ढूँढा, पर पास में पानी नहीं था। पीड़ा में उन्होंने जोर-जोर से *"गोपाल! गोपाल!"* पुकारना शुरू किया। उनकी आँखों से आँसू बहने लगे और वे व्याकुल हो उठे।

उसी क्षण वहाँ चंदन की दिव्य **सुगंध फैल** गई, पायल की मधुर झंकार सुनाई दी और किसी ने उनके हाथ में एक छोटे से पात्र में **जल** थमा दिया। सूरदास ने यह समझकर कि यही उनका सेवक गोपाल है, बिना किसी संकोच के जल ग्रहण कर लिया। जल पीने के बाद उन्हें अनुभव हुआ कि जिस पात्र से उन्होंने पानी पिया, वह साधारण नहीं था—उस पर सुंदर नक्काशी थी और वह अत्यंत **कीमती** प्रतीत हो रहा था। किंतु सूरदास ने इस पर अधिक विचार नहीं किया और विश्राम करने चले गए।

अगली सुबह मंदिर में हड़कंप मच गया। श्रीनाथजी को अर्पित करने के लिए प्रयुक्त स्वर्ण पात्र—जिसमें पिछली रात जल अर्पित किया गया था—गायब था। सेवायतों ने बहुत खोजबीन की, क्योंकि वह पात्र अत्यंत मूल्यवान था। सामान्य पूछताछ के लिए जब वे सूरदास के निवास पर पहुँचे, तो उन्हें वही स्वर्ण पात्र वहाँ दिखाई दिया।

सूरदास से पूछा गया कि यह स्वर्ण पात्र उन्हें कहाँ से मिला। यह सुनते ही सूरदास स्तब्ध रह गए। उनकी आँखों से अश्रुधारा बह निकली। उसी क्षण उन्हें अनुभूति हुई कि जिस **"गोपाल" ने उन्हें जल पिलाया था, वह उनका सेवक नहीं, स्वयं**

हरे कृष्ण हरे कृष्ण कृष्ण कृष्ण हरे हरे, हरे राम हरे राम राम राम हरे हरे॥

भगवान श्रीकृष्ण थे। उन्होंने यह अनुभूति मंदिर के सेवायतों से साझा की। यह सुनकर सभी भावविभोर हो उठे और सूरदास की निष्काम भक्ति की प्रशंसा करने लगे।

मंदिर की सेवा के अतिरिक्त, सूरदास को गाँव-गाँव से सत्संग के लिए आमंत्रण भी मिलने लगे थे। प्रायः उनका सेवक गोपाल उनके साथ रहता था, ताकि वे सरलता से वहाँ पहुँच सकें और सुरक्षित लौट सकें। किंतु एक दिन किसी कारणवश गोपाल उपलब्ध नहीं था, और सूरदास को पास के एक गाँव में होने वाले सत्संग में जाना था। सत्संग का आयोजन करने वाले व्यक्ति ने स्वयं सूरदास को अपने साथ ले जाने की व्यवस्था की।

सूरदास ने वहाँ अत्यंत भावपूर्ण सत्संग किया। परंतु सत्संग के बाद जब लौटने का समय आया, तो वह व्यक्ति अपने अतिथियों के कारण व्यस्त हो गया और सूरदास के साथ लौट नहीं सका। अंततः सूरदास ने स्वयं ही लौटने का निश्चय किया। उन्होंने अपनी लाठी संभाली और अकेले ही वापसी के मार्ग पर चल पड़े।

उधर **वैकुण्ठ** से श्रीकृष्ण यह सब देख रहे थे। चलते-चलते मार्ग में एक बड़ा गड्ढा आ गया और सूरदास अनजाने में उसमें गिरने ही वाले थे कि तभी उनके कानों में एक बालक की मधुर वाणी पड़ी— ***"रुको बाबा! आगे गड्ढा है, आप उसमें गिर जाओगे।"***

सूरदास तुरंत रुक गए। उन्होंने अनुभव किया कि यह स्वर किसी छोटे बालक का है। वह बालक पास आया और बोला—
"चिंता मत कीजिए बाबा, मैं आपको सुरक्षित आपके स्थान तक पहुँचा दूँगा।"

सूरदास ने स्नेहपूर्वक कहा—*"भगवान तुम्हारा भला करे, बेटा।"*

उस बालक ने सूरदास की लाठी का निचला सिरा पकड़ लिया और ऊपरी सिरा सूरदास के हाथ में रहा। दोनों साथ-साथ चलने लगे। तभी सूरदास को वही **चंदन की सुगंध** आने लगी, वही **पायल की झंकार** सुनाई दी और वही अत्यंत मधुर स्वर—जो उन्होंने पहले भी अनुभव किया था। एक ही क्षण में सूरदास समझ गए कि यह कोई और नहीं, स्वयं **श्यामसुंदर** हैं।

सूरदास ने मन ही मन निश्चय किया कि इस बार वे अवसर नहीं चूकेंगे। वे भगवान के चरणों में गिरकर उन्हें पकड़ लेंगे। चतुराई से उन्होंने उस बालक का ध्यान बाँटने के लिए साधारण-से प्रश्न पूछने शुरू किए—

हरे कृष्ण हरे कृष्ण कृष्ण कृष्ण हरे हरे, हरे राम हरे राम राम राम हरे हरे॥

" आज मौसम कैसा है? तुम्हारा नाम क्या है? तुम कहाँ से हो? क्या काम करते हो?"

बालक मुस्कराकर बोला—*"लोग मुझे कई नामों से पुकारते हैं, तुम मुझे किसी भी नाम से बुला सकते हो। मैं वृंदावन से हूँ और ग्वाला हूँ।"*

यह सुनते ही सूरदास का संदेह पूर्ण रूप से समाप्त हो गया। उन्होंने तुरंत उस बालक को पकड़ने के लिए हाथ बढ़ाया। किंतु प्रभु ने क्षणभर में लाठी छोड़ दी और मुस्कुराते हुए दूर हट गए। वे बोले—
" मुझे पकड़ना इतना आसान नहीं है। अनेक योगी और साधु वर्षों तपस्या करते हैं, फिर भी मुझे प्राप्त नहीं कर पाते। तुम मुझे पकड़ने का कैसे सोच सकते हो?"

उस क्षण भी सूरदास का विश्वास डगमगाया नहीं। उन्होंने पूर्ण आत्मविश्वास से वह पद कहा, जो आगे चलकर अत्यंत प्रसिद्ध हुआ—

"हाथ छुड़ा के जाते हो, निर्बल जानि मोहे,
हृदय से जब जाओगे, मर्द बढूँगा तोहे। ॥"

अर्थ—*" मुझे निर्बल समझकर तुम मेरा हाथ छुड़ाकर जा रहे हो। यदि सामर्थ्य है तो मेरे हृदय से निकलकर दिखाओ, तभी मैं तुम्हें सच्चा पुरुष मानूँगा।"*

सूरदास ने प्रभु को यह चुनौती दी कि वे उन्हें शारीरिक रूप से छोड़ सकते हैं, किंतु उनके हृदय में बसे प्रेम और भक्ति को कभी नहीं छोड़ सकते।

(यद्यपि भगवान सर्वशक्तिमान हैं और सब कुछ उनके नियंत्रण में है, फिर भी अपने सच्चे भक्तों के प्रेम और भक्ति के सामने वही प्रभु कई बार स्वयं को बंधा हुआ अनुभव करते हैं।)

श्रीकृष्ण वहाँ से अंतर्धान हो गए और वैकुण्ठ पहुँचकर उन्होंने यह सम्पूर्ण लीला श्रीराधा रानी को सुनाई। श्रीकृष्ण ने कहा— *" **राधे**, सूरदास मेरे भक्तों में बहुत निराले हैं।*

राधा रानी मुस्कुराकर बोलीं—*" आपके अनेक भक्तों के विषय में मैंने सुना है, पर यह सूरदास सचमुच अलग है। मैं स्वयं उससे मिलना चाहती हूँ।"*

हरे कृष्ण हरे कृष्ण कृष्ण कृष्ण हरे हरे, हरे राम हरे राम राम राम हरे हरे॥

श्रीकृष्ण ने स्नेहपूर्वक कहा—*"यदि तुम्हारी इच्छा है तो तुम जा सकती हो, पर सावधान रहना। सूरदास अत्यंत चतुर और बुद्धिमान है। यदि उसे तुम्हारी वास्तविकता का आभास हो गया, तो वह तुम्हें पकड़ने का हर संभव प्रयास करेगा। वह जानता है कि तुम स्वभाव से अत्यंत कोमल, सरल और भोली हो।"*

राधा रानी ने हँसते हुए कहा— *"ठीक है, मैं सावधानी रखूँगी।"*

उसी समय सूरदास राधा-कृष्ण का कीर्तन कर रहे थे और मंजीरों की मधुर ध्वनि वातावरण को पवित्र कर रही थी। जैसे ही राधा रानी उनके समीप आईं, सूरदास ने एक अद्भुत और अत्यंत सुकून देने वाली पुष्प-सुगंध का अनुभव किया। वह सुगंध मानो दिव्य ऊर्जा की एक झलक थी। साथ ही **पायल की ऐसी** मधुर झंकार सुनाई दी, जो स्वयं **कृष्ण की पायल से भी अधिक कोमल** प्रतीत हो रही थी।

चतुर सूरदास समझ गए कि यह कोई साधारण स्त्री नहीं, **स्वयं श्रीराधा रानी** हैं। उन्होंने मन ही मन सोचा—*"यदि राधा रानी को प्रसन्न कर लूँ, तो कृष्ण स्वयं उनके पीछे-पीछे अवश्य चले आएँगे। कृष्ण अत्यंत चतुर हैं, पर मेरी राधा रानी तो भोली और सरल हैं।"*

राधा रानी उनके पास आईं और स्नेहपूर्वक बोलीं— ***"बाबा, आप बहुत सुंदर गाते हैं।"***

उनकी दिव्य वाणी सुनते ही सूरदास क्षणभर के लिए **मूर्छित**-से हो गए। जैसे ही उन्होंने राधा रानी के चरणों में शीश नवाने का प्रयास किया, राधा रानी सहसा पीछे हट गईं। उसी क्षण उनके पाँव की **एक पायल खुलकर भूमि** पर गिर पड़ी, और सूरदास ने उसे अपने हाथ में उठा लिया।

राधा रानी बोलीं—*"बाबा, कृपया मेरी पायल लौटा दीजिए। मुझे अब जाना होगा।"*

सूरदास ने अवसर देखकर विनोदपूर्वक कहा—*"यहाँ तो बहुत-सी स्त्रियाँ हैं। मैं कैसे जानूँ कि यह पायल आपकी ही है? मैं तो अंधा हूँ। न मैं देख सकता हूँ, न यह जाँच सकता हूँ कि आपके दूसरे चरण में वैसी ही पायल है या नहीं। यदि मैं देख पाता, तो आपकी सहायता कर सकता था, पर दुर्भाग्य से मैं नहीं देख सकता।"*

राधा रानी चिंतित हो गईं। तभी श्रीकृष्ण वहाँ प्रकट हुए और उन्हें सान्त्वना देते हुए बोले— ***"मैंने पहले ही कहा था कि यह बाबा बहुत चतुर है, पर तुमने मेरी बात नहीं मानी।"***

हरे कृष्ण हरे कृष्ण कृष्ण कृष्ण हरे हरे, हरे राम हरे राम राम राम हरे हरे॥

फिर श्रीकृष्ण ने सूरदास की ओर देखकर मुस्कुराते हुए कहा— "***बाबा, मैं तुमसे हार गया। मैं तुम्हें नेत्र देता हूँ, ताकि तुम स्वयं देख सको कि यह पायल इन्हीं की है।***"

यह कहते हुए श्रीकृष्ण ने सूरदास के मस्तक पर अपना करकमल रखा। उसी क्षण एक दिव्य प्रकाश ने सूरदास को घेर लिया। जब उन्होंने नेत्र खोले, तो वह दृश्य ऐसा था, जिसे देखने के लिए देवता भी युगों-युगों तक तप करते हैं— **श्रीराधा-कृष्ण दोनों साक्षात उनके सामने खड़े थे।**

उस अलौकिक दर्शन से सूरदास की आँखों से अश्रुधारा बहने लगी। उनकी चेतना स्थिर हो गई। वह आनंद इतना प्रबल था कि शरीर उसे सहन न कर सका और वे मूर्छित हो गए।

श्रीकृष्ण ने कहा—"*सूरदास, मैं तुम्हारी भक्ति से अत्यंत प्रसन्न हूँ। कोई भी वर माँगो।*"

सूरदास ने हाथ जोड़कर कहा—
"*प्रभु, कृपया मेरी दृष्टि पुनः ले लीजिए और* ***मुझे फिर से अंधा बना दीजिए।***"

कृष्ण ने आश्चर्य से पूछा—
"***अभी-अभी तो मैंने तुम्हें दृष्टि दी है और तुम उसे लौटाना चाहते हो?***"

सूरदास ने उत्तर दिया—
"*प्रभु, मैं जन्म से अंधा था। मैंने जब पहली बार कुछ देखा, तो केवल आप और श्रीराधा रानी को देखा। अब मैं इस संसार की कोई वस्तु नहीं देखना चाहता। मेरा मन केवल उसी दिव्य दर्शन को स्मरण करता रहे—यही मेरी कामना है।*"

सूरदास की भक्ति और वाणी से श्रीकृष्ण और श्रीराधा दोनों अत्यंत प्रसन्न हुए। श्रीकृष्ण ने कहा— "***जैसी तुम्हारी इच्छा।***"

और वे अंतर्धान हो गए। सूरदास पुनः नेत्रहीन हो गए, पर अब श्रीकृष्ण की कृपा से वे श्रीनाथजी का दर्शन अंतर्मन से करने लगे।

पहले वे लोगों से पूछा करते थे,"*आज श्रीनाथजी ने कौन-सा वस्त्र पहना है?*"
लोग बताते— "*आज हरा वस्त्र है, पीली पगड़ी है।*"
और सूरदास उसे अपने मन में कल्पित कर लेते।

हरे कृष्ण हरे कृष्ण कृष्ण कृष्ण हरे हरे, हरे राम हरे राम राम राम हरे हरे॥

पर अब उन्होंने पूछना ही बंद कर दिया।

एक दिन एक ग्रामीण ने पूछा—*"सूरदास जी, आज आपने नहीं पूछा कि श्रीनाथजी ने क्या पहन रखा है?"*

सूरदास मुस्कुराकर बोले—*"आज प्रभु ने लाल वस्त्र धारण किया है, पीली पगड़ी है और हाथ में रजत बाँसुरी है।"*

वह व्यक्ति चकित रह गया और बोला— *"यह कैसे संभव है? अभी तो प्रातःकाल है, और पुजारियों के अतिरिक्त मैं ही पहला व्यक्ति हूँ जिसने दर्शन किए हैं।"*

सूरदास ने शांत भाव से कहा— *"क्षमा करना, तुम दूसरे हो। उनकी कृपा से मैं पहला हूँ।"*

वह बोला—*"क्या अब अंधे व्यक्ति भी श्रीनाथजी का दर्शन करने लगे हैं?"*

सूरदास ने उत्तर दिया—*"उनकी कृपा से अंधे देखने लगते हैं, गूँगे बोलने लगते हैं और बहरे सुनने लगते हैं। वही सबके कारण हैं—वही सर्वशक्तिमान।"*

कुछ लोगों ने सोचा कि सूरदास वृद्ध हो गए हैं और भ्रम में हैं। पर शीघ्र ही अनेक भक्तों ने अनुभव किया कि सूरदास प्रतिदिन श्रीनाथजी के वस्त्रों का सही वर्णन करते हैं।

एक दिन मंदिर के सेवकों और गाँव वालों ने उनकी परीक्षा लेने का निश्चय किया। उस दिन श्रीनाथजी को बिना किसी वस्त्र के विराजमान किया गया और सूरदास से पूछा गया—*"बताइए, आज प्रभु ने कौन-सा वस्त्र और पगड़ी धारण की है?"*

श्रीकृष्ण की कृपा से सब कुछ स्पष्ट देखकर सूरदास हँस पड़े और एक पद गाने लगे—

"देखे री हरि नंगमनंगा .....

जलसूत भूषन अंग विराजत, बसन हीन छवि उठत तरंगा। देखे री हरि नंगमनंगा

अंग अंग प्रति अमित माधुरी, निरखि लजित रति कोटि अनंगा।

हरे कृष्ण हरे कृष्ण कृष्ण कृष्ण हरे हरे, हरे राम हरे राम राम राम हरे हरे॥

देखे री हरि नंगमनंगा..."

अर्थ: *मैंने आज भगवान श्रीकृष्ण को नगन देखा। उनके शरीर पर कोई वस्त्र नहीं थे, फिर भी उनकी सुंदरता अद्भुत थी। बिना कपड़ों के भी वे इतने दिव्य और आकर्षक लग रहे थे कि उनकी शोभा और भी बढ़ गई थी।*

उनके शरीर पर जल से जुड़े आभूषण ऐसे चमक रहे थे मानो प्रकृति स्वयं उन्हें सजा रही हो। उनके हर अंग से सौंदर्य झलक रहा था, जैसे लहरों में उठती हुई रोशनी।
उनके शरीर का एक-एक अंग इतना सुंदर और मधुर था कि उसे देखकर कामदेव जैसे सौंदर्य के देवता भी लज्जित हो जाएँ। ऐसा अनुपम रूप मैंने पहले कभी नहीं देखा था।

यहाँ "नंगमनंगा" का अर्थ यह नहीं है कि भगवान साधारण रूप से नग्न हैं, बल्कि यह बताता है कि **भगवान को किसी बाहरी सजावट की आवश्यकता नहीं— वे अपने आप में ही पूर्ण और सुंदर हैं**।

सूरदास का यह पद सुनकर मंदिर के सेवक स्तब्ध रह गए। अब उनके मन में कोई संदेह शेष नहीं रहा कि सूरदास कोई साधारण भक्त नहीं, बल्कि स्वयं श्रीकृष्ण की विशेष कृपा से धन्य एक महाभक्त हैं। ऐसा प्रतीत होने लगा कि प्रभु स्वयं उनकी वाणी के माध्यम से बोलते हैं।

सूरदास ने अपने जीवनकाल में लगभग **एक लाख पच्चीस हज़ार पदों** की रचना करने का संकल्प लिया था। किंतु जब उनकी आयु सौ वर्ष हुई, तब तक वे केवल लगभग **पचास हज़ार पद** ही रच पाए थे। एक दिन स्वयं श्रीकृष्ण उनके समक्ष प्रकट हुए और बोले—
"उद्धव, अब तुम्हारी कामना पूर्ण हो चुकी है। पृथ्वी पर तुम्हारा समय समाप्त होने को है, अब वैकुंठ लौट आओ।"

सूरदास ने विनम्रता से उत्तर दिया—*"प्रभु, मैंने जीवनभर यह व्रत लिया है कि मैं एक लाख पच्चीस हज़ार पदों की रचना करूँगा। अभी मैं पचहत्तर हज़ार पदों से वंचित हूँ। मैं अपना व्रत अधूरा छोड़कर कैसे जा सकता हूँ?"*

यह सुनकर श्रीकृष्ण मौन हो गए। अगले पाँच वर्षों में सूरदास ने अद्भुत वेग से शेष **पचहत्तर हज़ार पदों** की रचना की। ऐसा विश्वास किया जाता है कि अपने अंतिम समय में, जब कुछ पद अधूरे रह गए थे, तब स्वयं श्रीकृष्ण ने उन्हें पूर्ण कराने में सहायता की।

हरे कृष्ण हरे कृष्ण कृष्ण कृष्ण हरे हरे, हरे राम हरे राम राम राम हरे हरे॥

सूरदास ने **105 वर्षों** तक इस पृथ्वी पर रहकर प्रभु की सेवा की। जब उनका अंतिम समय निकट आया, तब मंदिर के सेवक तथा उनके गुरु श्री वल्लभाचार्य जी के पुत्र **विट्ठलनाथ जी** उनके पास उपस्थित हुए। विट्ठलनाथ जी ने करुण भाव से पूछा—
"बाबा, आपने श्रीराधा-कृष्ण पर असंख्य पदों की रचना की, किंतु अपने गुरु श्री वल्लभाचार्य जी के लिए कोई पद क्यों नहीं कहा?"

सूरदास ने शांत स्वर में उत्तर दिया— *"मेरे सभी पद केवल मेरे गुरु की कृपा से ही संभव हुए हैं। मेरे प्रत्येक पद में उनका आशीर्वाद छिपा है।"*
और इसके बाद उन्होंने अपने गुरु के लिए अपना अंतिम पद कहा—

'श्री वल्लभ नख-चंद्र छटा बिन, सब जग माही अँधेरो।'

अर्थात— *मेरे गुरु श्री वल्लभाचार्य के चरण-कमलों की **चंद्रमयी** छाया के बिना यह संपूर्ण संसार मेरे लिए अंधकारमय है। वही मेरे जीवन के एकमात्र प्रकाश हैं, जिन्होंने मुझे गोविंद के मार्ग पर अग्रसर किया।*

यह पद कहते ही सूरदास ने देह त्याग दी और वैकुंठ में अपने आराध्य श्रीकृष्ण से एकाकार हो गए।
सूरदास भले ही आज इस भौतिक जगत में न हों, परंतु उनकी वाणी, उनके पद और उनकी भक्ति उन्हें **अमर** बना चुकी है। वे अपने भजनों में आज भी जीवित हैं—अपने प्रभु के अत्यंत प्रिय भक्त के रूप में।

(कालांतर में औरंगज़ेब के शासनकाल में, जब देशभर में मंदिरों को नष्ट करने के आदेश दिए गए, तब श्रीनाथजी को गोवर्धन से राजस्थान के **नाथद्वारा (उदयपुर के निकट)** स्थानांतरित किया गया। किंतु सूरदास द्वारा आरंभ की गई **संगीत सेवा** आज भी उसी श्रद्धा से निभाई जाती है। आज भी श्रीनाथजी प्रतिदिन दो बार सूरदास के पदों और भजनों को स्वीकार करते हैं।)

(श्रीनाथजी- नाथद्वारा)

....

हरे कृष्ण हरे कृष्ण कृष्ण कृष्ण हरे हरे, हरे राम हरे राम राम राम हरे हरे॥

अध्याय – 5

जब प्रेम के आगे ठहर गया जगन्नाथ का रथ — सालबेग

माँ की आस्था और जीवनभर के त्याग से ही एक बच्चे की भक्ति आकार लेती है।

मातृकृपा प्रसादेनसर्वं, सिद्ध्यति नान्यथा॥(स्कंद पुराण)

अर्थ :माता की कृपा और उसके त्याग से ही जीवन में सब कुछ सफल होता है,इसके अतिरिक्त कोई अन्य मार्ग नहीं है।

भारत पर अनेक शासकों ने शासन किया और उसने अनेक आक्रमणों का सामना किया। इन आक्रमणों में सबसे अधिक कष्ट जिन संस्थानों ने झेला, वे थे **मंदिर**। मंदिर केवल पूजा-स्थल ही नहीं थे, बल्कि आस्था, संस्कृति और पहचान के केंद्र भी थे।

मुगल काल में आक्रमणों के दौरान मंदिरों को तोड़ना और लूटना एक सामान्य प्रथा बन चुकी थी। सम्राट जहाँगीर के शासनकाल में मुगल साम्राज्य **कलिंग** को जीतने के लिए अपने विस्तार में लगा हुआ था। इसी उद्देश्य से जहाँगीर ने अपनी सेना भेजी, जिसका नेतृत्व **कुली ख़ान**, जिसे सामान्यतः **लालबेग** कहा जाता था, कर रहा था। वह बिहार का सूबेदार था।

लालबेग के नेतृत्व में मुगल सेना अत्यंत क्रूर थी। जो भी गाँव उनके मार्ग में आता, वहाँ निर्दोष लोगों की हत्या की जाती, मंदिरों को ध्वस्त किया जाता और अनेक महिलाओं के साथ अत्याचार होते। उनका मुख्य लक्ष्य कलिंग के हृदय—भगवान **जगन्नाथ पुरी मंदिर**, जो उनके आराध्य देव का धाम था—को जीतना था।

जगन्नाथ पुरी जाते समय सेना ने **पिपिली के निकट दंडा मुकुंदपुर** में पड़ाव डाला, जहाँ उनका उद्देश्य वहाँ स्थित **गोपीनाथ मंदिर** को नष्ट करना था। जब गाँव वालों को लालबेग के आगमन की सूचना मिली, तो उन्होंने तुरंत **जगन्नाथ पुरी के राजा नरसिंह देव** को पत्र भेजकर मंदिर की रक्षा के लिए सावधान किया और सहायता की प्रार्थना की।

हरे कृष्ण हरे कृष्ण कृष्ण कृष्ण हरे हरे, हरे राम हरे राम राम राम हरे हरे॥

गाँव वालों ने गोपीनाथ मंदिर को चारों ओर से घेर लिया और तलवारों व चाकुओं जैसे हथियारों के साथ उसकी रक्षा के लिए तैयार हो गए। जब लालबेग की सेना वहाँ पहुँची, तो उसने अपने सैनिकों को आदेश दिया कि मंदिर की रक्षा कर रहे लोगों को मार डालो, मंदिर को लूटो और भीतर स्थित मूर्ति को तोड़ दो।

लालबेग की सेना ने निर्दयता से गाँव वालों की हत्या शुरू कर दी, जबकि गाँव वाले अपने मंदिर की रक्षा के लिए वीरता से लड़े। यह भयानक नरसंहार जारी रहा और लालबेग घोड़े पर बैठा सब कुछ निःसंकोच देखता रहा।

कुछ समय बाद लालबेग ऊब गया और गाँव का निरीक्षण करने निकल पड़ा। आगे बढ़ते हुए वह एक तालाब के पास पहुँचा, जहाँ उसने एक सुंदर युवती को स्नान करते देखा। वह सफेद साड़ी पहने थी, जिससे लालबेग समझ गया कि वह एक **विधवा** है।

युवती अत्यंत सुंदर थी और लालबेग तुरंत उसकी ओर आकर्षित हो गया। जब उस स्त्री की दृष्टि उस पर पड़ी, तो वह भयभीत हो गई। वह जल्दी से जल से बाहर आई और उसे डाँटते हुए बोली,
"तुम्हें शर्म नहीं आती? एक स्त्री को स्नान करते हुए देखते हो! तुम कौन हो? मैं तुम्हारी शिकायत राजा से करूँगी!"

लालबेग घोड़े से उतरा, मुस्कराया और बोला,
"कौन सा राजा? मैं मुगल सेना का सूबेदार लालबेग हूँ। तुम्हारा राजा मेरा कुछ नहीं बिगाड़ सकता। लेकिन तुम... तुम बहुत सुंदर हो। मैं तुम पर मोहित हो गया हूँ। तुम्हारा नाम क्या है?"

यह सुनते ही वह स्त्री घबरा गई और बिना कुछ कहे वहाँ से भागने लगी। लालबेग ने अपना घोड़ा वहीं छोड़ दिया और उसका पीछा करने लगा। भागते हुए वह चिल्लाई, ***"बचाओ! बचाओ! कोई मेरी मदद करो!"***

वह गोपीनाथ मंदिर पहुँची, पर वहाँ का दृश्य किसी को भी भयभीत करने के लिए पर्याप्त था। मंदिर परिसर खून से लाल हो चुका था। निर्दोष गाँव वालों के शव चारों ओर पड़े थे और कुछ लोगों को मुगल सैनिकों ने बंदी बना लिया था। जैसे ही वह स्त्री पहुँची, सैनिकों ने उसे घेर लिया और तभी लालबेग भी वहाँ आ गया।

वह स्त्री रोते हुए बोली, *"कृपा करके मुझे छोड़ दीजिए। मैं एक विधवा ब्राह्मण स्त्री हूँ। मेरा नाम **ललिता** है। मैं आपसे विनती करती हूँ।"*

हरे कृष्ण हरे कृष्ण कृष्ण कृष्ण हरे हरे, हरे राम हरे राम राम राम हरे हरे॥

लालबेग ने क्रूर हँसी के साथ कहा, *"मैंने आज तक इतनी सुंदर स्त्री नहीं देखी। अच्छा है कि तुम पहले से विधवा हो, नहीं तो मैं तुम्हारे पति को मारकर तुम्हें विधवा बना देता। तुम मेरी हो—केवल मेरी।"*

उसकी सेना ठहाके लगाने लगी। फिर लालबेग बोला, *"मैंने बहुत-सी स्त्रियों को देखा है, पर तुम अलग हो। मेरी कोई बुरी मंशा नहीं है। मैं तुमसे विवाह करना चाहता हूँ। तुम्हारे पास कोई विकल्प नहीं—या तो स्वेच्छा से स्वीकार करो, या मैं बलपूर्वक मनवा लूँगा।"*

ललिता भय से चीख पड़ी। तभी उसकी दृष्टि भूमि पर पड़े एक **चाकू** पर पड़ी, जो शायद किसी गाँव वाले का गिरा हुआ था। उसने उसे उठा लिया और अपनी गर्दन काटने को तैयार हो गई। वह मुगलों की क्रूरता से परिचित थी, विशेषकर स्त्रियों के प्रति। काँपती आवाज़ में हाथ जोड़कर उसने कहा, ***"तुमसे विवाह करने से अच्छा है मर जाना। हे गोपीनाथ, मुझे क्षमा करना। मेरे प्रभु गोपीनाथ तुम्हें कभी क्षमा नहीं करेंगे।"***

इससे पहले कि वह स्वयं को नुकसान पहुँचा पाती, लालबेग हँसते हुए बोला, *"किस देवता की बात कर रही हो? उस मूर्ति की? वह खुद को भी नहीं बचा सकती। हम उसे **पूरी तरह तोड़ देंगे** और फिर **जगन्नाथ पुरी जाकर** उस मंदिर को भी नष्ट करेंगे। मूर्खता मत करो। मेरा प्रस्ताव स्वीकार करो और वह चाकू छोड़ दो।"*

ये शब्द ललिता के हृदय को झकझोर गए। उसे गोपीनाथ मंदिर में बिताए अपने जीवन के सभी क्षण याद आने लगे—बचपन से लेकर आज तक। उसे याद आया कि उसका विवाह इसी मंदिर में हुआ था और कैसे विवाह के बाद ससुराल जाते समय उसकी डोली पर डाकुओं ने हमला कर दिया था। उसके पति और कई रिश्तेदार मारे गए थे। कुछ ही घंटों में वह **नववधु** से **विधवा** बन गई थी। उस दुःख के बाद गोपीनाथ ही उसका एकमात्र सहारा बने और उसने माला सेवा और श्रृंगार सेवा में अपना जीवन समर्पित कर दिया।

कुछ क्षणों के मौन के बाद, ललिता ने धीरे से चाकू नीचे रख दिया और बोली, ***"मैं आपका प्रस्ताव एक शर्त पर स्वीकार करूँगी—कि आप कभी किसी भी हिंदू मंदिर को न तोड़ेंगे और न लूटेंगे।"***

लालबेग ने ठंडे स्वर में उत्तर दिया, *"मैं यह शर्त स्वीकार करता हूँ, लेकिन विवाह के लिए तुम्हें अपना धर्म त्यागकर **इस्लाम** स्वीकार करना होगा।"*

हरे कृष्ण हरे कृष्ण कृष्ण कृष्ण हरे हरे, हरे राम हरे राम राम राम हरे हरे॥

ललिता के पास कोई विकल्प नहीं था। जगन्नाथ पुरी और अन्य मंदिरों की रक्षा के लिए उसने अपने धर्म का बलिदान दिया। आँसुओं के साथ उसने इस्लाम स्वीकार किया। लालबेग उसे **कटक** ले गया। धर्मांतरण के बाद उसका नाम **फातिमा बीबी** रखा गया और उनका विवाह हुआ।

समय के साथ फातिमा बीबी ने 1592 एक पुत्र को जन्म दिया, जो आगे चलकर **सलाबेग** के नाम से प्रसिद्ध हुआ।

चूँकि उसके पिता मुस्लिम थे और उसकी माँ एक हिंदू ब्राह्मण थीं, इसलिए सालबेग ऐसे वातावरण में बड़ा हुआ जहाँ उसे दोनों धर्मों के बारे में निकट से जानने का अवसर मिला। वह अपने पिता के साथ **नमाज़** अदा करता था, और उसकी माँ उसे प्रेम से **भगवान जगन्नाथ की कथाएँ सुनाती थीं**—वे कैसे दिखते हैं, अपने भक्तों पर कैसी कृपा बरसाते हैं, और कितने करुणामय हैं। सालबेग के लिए जगन्नाथ ऐसे प्रभु थे जिनके बारे में वह बहुत कुछ जानता था, परंतु कभी उन्हें देखा नहीं था।

एक दिन, हमेशा की तरह उसकी माँ उसे भगवान जगन्नाथ के बारे में बता रही थीं। उन्होंने कहा, *"क्या तुम जानते हो कि जगन्नाथ जी की आँखें बहुत बड़ी हैं और उनकी पलकें भी नहीं हैं?"*

आठ वर्ष के सालबेग ने मासूमियत से पूछा, *"नहीं माँ... कृपया बताइए।"*

माँ मुस्कुराईं और बोलीं,
"प्रतिदिन हजारों भक्त उनके दर्शन के लिए आते हैं। वे भी उतने ही उत्सुक रहते हैं अपने प्रत्येक भक्त को देखने के लिए। इसलिए उनकी आँखें इतनी बड़ी हैं। यदि कोई भक्त उन्हें देखने से चूक भी जाए, तो वे कभी अपने किसी भी भक्त को देखने से नहीं चूकते। वे पलक भी नहीं झपकाते—अपने भक्तों के प्रति उनका प्रेम इतना गहरा है।"

वह बोली—*"उनकी मुस्कान बहुत बड़ी है, क्योंकि वे चाहते हैं कि उनके भक्त अपने सारे **दुःख भूल जाएँ**, उनकी योजना पर विश्वास करें और उनकी तरह मुस्कुराने लगें। उनके हाथ आगे की ओर हैं, मानो वे अपने भक्तों को गले लगाना चाहते हों। उनका संपूर्ण स्वरूप ऐसे प्रतीत होता है जैसे कोई पिता अपने उन बच्चों का स्वागत कर रहा हो जो उससे दूर रहते हैं और अब घर लौटे हों।"*

यह सुनकर छोटा सालबेग आनंद से भर गया। लेकिन अगले ही क्षण उसका चेहरा उदास हो गया और वह बोला—

हरे कृष्ण हरे कृष्ण कृष्ण कृष्ण हरे हरे, हरे राम हरे राम राम राम हरे हरे॥

"माँ, आपने मुझे जगन्नाथ के बारे में सब कुछ बताया—उनके भोग के बारे में, उनके वस्त्रों के बारे में, उनके मंदिर के बारे में। मुझे तो उन गलियों के बारे में भी पता है जो उनके मंदिर तक जाती हैं। लेकिन मैं कब तक केवल कल्पना करता रहूँ? जब आप मुझे वहाँ ले जाएँगी, तो मैं वह सब अपनी आँखों से देखना चाहता हूँ जो आपने बताया है। मैं ***जगन्नाथ*** *से मिलना चाहता हूँ। मैं उन्हें गले लगाना चाहता हूँ। कृपया माँ, मुझे वहाँ ले चलिए।"*

अपने छोटे से बच्चे में ऐसी भक्ति देखकर माँ ललिता की आँखें आँसुओं से भर गईं। उन्होंने अपने पुत्र को गले लगाया और बोलीं—

"मुझे क्षमा कर दो बेटा, मैं तुम्हें वहाँ नहीं ले जा सकती। तुम्हारे पिता हमें इसकी अनुमति नहीं देंगे। और यदि किसी तरह हम चले भी गए और उन्हें पता चल गया, तो वे हम दोनों को मार डालेंगे।"

यह सुनकर छोटा सालबेग जोर-जोर से रोने लगा।

ललिता ने उसे समझाते हुए कहा, *"यदि तुम सच में उन्हें देखना चाहते हो, तो उनसे प्रार्थना करो। यदि वे तुमसे मिलना चाहेंगे, तो इस संसार में कोई भी तुम्हें उनसे मिलने से रोक नहीं सकता।"*

माँ की सलाह मानकर छोटे सालबेग ने हाथ जोड़कर मासूमियत से प्रार्थना की, *"हे जगन्नाथ, मेरे मित्र, मैं आपसे मिलना चाहता हूँ। कृपया कुछ कीजिए।"*

लगभग एक सप्ताह बाद उसके पिता लालबेग को सम्राट जहाँगीर ने बंगाल में एक युद्ध अभियान के लिए बुलाया। उन्होंने अपने परिवार को बताया कि वे कम से कम एक सप्ताह के लिए बाहर रहेंगे और फिर बंगाल के लिए रवाना हो गए। ललिता के मन में विश्वास था कि **जगन्नाथ ने उसके पुत्र की प्रार्थना सुन ली है।** उसने इसे सालबेग को जगन्नाथ पुरी ले जाने का सर्वोत्तम अवसर समझा। अगले ही दिन वह सालबेग को लेकर निकल पड़ी और पहरेदारों से कह दिया कि वह दो-तीन दिनों के लिए एक सहेली से मिलने जा रही है।

जब वे अंततः जगन्नाथ पुरी पहुँचे, तो सालबेग की खुशी का ठिकाना न रहा। विशाल मंदिर को देखकर वह अभिभूत हो गया—वह बिल्कुल वैसा ही था जैसा उसने अपनी माँ के वर्णन से कल्पना की थी। वह जगन्नाथ से मिलने के लिए अत्यंत उत्सुक था। ललिता भी भावुक और आनंदित थीं, क्योंकि इतने वर्षों बाद वे अपने प्रिय प्रभु के दर्शन करने जा रही थीं।

हरे कृष्ण हरे कृष्ण कृष्ण कृष्ण हरे हरे, हरे राम हरे राम राम राम हरे हरे॥

लेकिन जैसे ही वे भगवान जगन्नाथ के मंदिर के प्रवेश द्वार के पास पहुँचे, एक व्यक्ति ने ललिता को रोककर कहा,
"क्या तुम वही ललिता हो, वह ब्राह्मण विधवा, जिसने बाद में एक मुगल सूबेदार से विवाह कर अपना धर्म बदल लिया?"

उसके शब्दों ने ललिता को स्तब्ध कर दिया। उसकी आँखों से आँसू बहने लगे। वह व्यक्ति फिर पहरेदारों से बोला,
"इसे अंदर मत जाने दो। यह अब मुस्लिम है। नियमों के अनुसार अन्य धर्म के लोगों को इस मंदिर में प्रवेश की अनुमति नहीं है। ललिता, तुम्हारी यहाँ आने की हिम्मत कैसे हुई? अपने मुस्लिम पति के पास लौट जाओ।"

ललिता पहरेदारों को समझाने लगी,
"अगर मुझे अंदर जाने की अनुमति नहीं है, तो कम से कम मेरे छोटे बेटे को जाने दीजिए। वह केवल आठ वर्ष का है। वह जगन्नाथ जी के दर्शन करना चाहता है। क्या आपके नियम उस पर भी लागू होते हैं?"

पहरेदारों ने उत्तर दिया,*"बच्चे की उम्र से कोई फर्क नहीं पड़ता। वह भी मुस्लिम है, इसलिए उसे मंदिर में प्रवेश की अनुमति नहीं है।"*

ललिता ने अपने छोटे बेटे को सांत्वना देते हुए कहा,
"बेटा, चलो यहाँ से चलते हैं। ये पहरेदार हमें हमारे जगन्नाथ से मिलने के लिए मंदिर के अंदर नहीं जाने दे रहे हैं।"

छोटे सालबेग ने उत्तर दिया,*"अगर ये हमें अंदर नहीं जाने देंगे, तो मैं उन्हें यहीं से पुकारूँगा। वे ज़रूर बाहर आकर हमसे मिलेंगे।"*

अपने बेटे की ये बातें सुनकर ललिता को एहसास हुआ कि उसने उसे जगन्नाथ जी के बारे में हर बात बताई थी, लेकिन रथयात्रा के पर्व के बारे में बताना भूल गई थी। सालबेग ने फिर पूछा,
"माँ, बताओ ना, अगर मैं उन्हें पुकारूँगा तो क्या वे बाहर आएँगे?"

ललिता ने उत्तर दिया,
"अगर तुम उन्हें सच्ची भक्ति से पुकारोगे, तो वे निश्चित ही बाहर आएँगे।"

सालबेग जोर से पुकारने लगा,*"जगन्नाथ! ओ जगन्नाथ! कृपया बाहर आइए। मैं आपसे मिलने आया हूँ। कृपया बाहर आइए!"*

हरे कृष्ण हरे कृष्ण कृष्ण कृष्ण हरे हरे, हरे राम हरे राम राम राम हरे हरे॥

माँ की आँखें आँसुओं से भर गईं। फिर उसने बेटे से कहा,
"शायद वे अभी व्यस्त होंगे या घर पर नहीं होंगे। हम फिर किसी और समय आएँगे, तब वे ज़रूर बाहर आकर तुमसे मिलेंगे।"

इसके बाद वे दोनों कटक लौट आए।

दो सप्ताह बाद उसका पति लालबेग युद्ध से लौट आया। उसने परिवार को बताया कि उसने बहादुरी से युद्ध लड़ा और उसकी वीरता के कारण मुग़ल सेना ने वह युद्ध जीत लिया। जहाँगीर ने उसकी प्रशंसा की और उसे बंगाल का प्रधान सेनापति नियुक्त कर दिया। अब उन्हें कटक छोड़कर बंगाल में बसना होगा। प्रारंभ में वह अकेले ही वहाँ रहेगा, और कुछ समय बाद पूरी तरह व्यवस्थित होने पर परिवार को अपने साथ ले जाएगा।

परिवार इस बात से दुखी था, क्योंकि वे अपने जगन्नाथ से बहुत दूर जा रहे थे। अगले महीने **रथयात्रा** थी, और सौभाग्य से लालबेग उस समय बंगाल में था। ललिता ने सोचा कि बंगाल जाने से पहले उसके और सालबेग के लिए जगन्नाथ जी के दर्शन का यह अंतिम अवसर है।

रथयात्रा से दो दिन पहले उसने सालबेग से पूछा, ***"क्या तुम फिर से पुरी जाकर उनसे मिलना चाहते हो?"***

सालबेग ने उत्तर दिया, ***"नहीं, मैं उनसे नाराज़ हूँ। पिछली बार वे इतने व्यस्त थे कि मुझसे मिलने बाहर नहीं आए।"***

ललिता ने हल्के व्यंग्य से कहा, *"अच्छा, तो फिर मुझे लगता है कि हमें जगन्नाथ पुरी जाने का अपना विचार छोड़ देना चाहिए।"*

उसकी बात सुनकर सालबेग खुश हो गया और बोला,
"नहीं माँ, मैं तो वहाँ जाना चाहता हूँ, पर क्या इस बार वे हमसे मिलने आएँगे?"

ललिता ने उत्तर दिया, *"हाँ बेटा, यदि तुम उन्हें सच्चे मन से पुकारोगे तो वे अवश्य आएँगे।"*

अगले दिन वे जगन्नाथ पुरी के लिए निकल पड़े। रास्ते में उन्होंने बहुत भीड़ देखी, क्योंकि बहुत से लोग वहाँ जा रहे थे। छोटे सालबेग ने पूछा,
"माँ, ये लोग कौन हैं और कहाँ जा रहे हैं?"

हरे कृष्ण हरे कृष्ण कृष्ण कृष्ण हरे हरे, हरे राम हरे राम राम राम हरे हरे॥

ललिता ने कहा,*"ये सभी भगवान जगन्नाथ के भक्त हैं। ये भी उनके दर्शन के लिए जा रहे हैं। अगर हम सब मिलकर उन्हें पुकारेंगे, तो वे निश्चित ही बाहर आएँगे।"*

यह सुनकर सालबेग बहुत खुश हो गया।

जब वे जगन्नाथ पुरी पहुँचे, तो वहाँ का दृश्य पिछली बार से बिल्कुल अलग था। पूरा नगर फूलों से सजा हुआ था। हर किसी ने अपने घर सजाए थे। और जब वे मंदिर के बाहर पहुँचे, तो उन्होंने तीन विशाल रथ देखे।

सालबेग यह उत्सव देखकर अपनी माँ से बहुत कुछ पूछना चाहता था, पर उसने उसे दूसरी प्राथमिकता दी। जैसे ही वह मंदिर के पास पहुँचा, बिना कुछ सोचे वह जोर से चिल्लाया, *"ओ जगन्नाथ... देखो, मैं आपसे मिलने आया हूँ!"*

पर कोई बाहर नहीं आया।

उसने कुछ पल अपनी माँ की ओर देखा और फिर और भी जोर से पुकारा, ***"ओ जगन्नाथ, कृपया बाहर आइए!'***

फिर भी मंदिर से कोई बाहर नहीं आया।

उसकी आँखों में आँसू भर आए। उसे लगा कि इस बार भी जगन्नाथ उनसे मिलने नहीं आएँगे। फिर भी उसने अपनी पूरी ताकत से पुकारा,
"ओ जगन्नाथ... कृपया बाहर आइए, नहीं तो मैं आपसे मिलने फिर कभी नहीं आऊँगा!"

फिर भी कोई बाहर नहीं आया। सालबेग पूरी तरह निराश हो गया।

उसी क्षण अचानक शंख की तेज ध्वनि गूँजी, उसके बाद नगाड़ों और अन्य वाद्ययंत्रों की आवाज़ सुनाई दी।

सालबेग ने देखा—लोगों का एक समूह किसी को अपने कंधों पर उठाए हुए आ रहा है। उनके कदम नृत्य जैसे लग रहे थे। ऐसा प्रतीत हो रहा था मानो जिन्हें वे उठा कर ला रहे हैं, वे उनके कंधों पर झूल रहे हों।

उनके सिर पर फूलों का मुकुट सजा था। उनका श्यामवर्ण शरीर तारों की तरह चमक रहा था। उनकी दो बड़ी गोल और सुंदर आँखें **सूर्य और चंद्रमा** के समान

हरे कृष्ण हरे कृष्ण कृष्ण कृष्ण हरे हरे, हरे राम हरे राम राम राम हरे हरे॥

दिखाई दे रही थीं। उनके अधरों पर एक मधुर, विशाल मुस्कान थी—जो किसी के भी गहरे दुःख को दूर कर सके। उनके दोनों हाथ आगे की ओर थे, मानो वे अपने भक्त को प्रेम से गले लगाने के लिए उत्सुक हों।

सालबेग को एक क्षण भी नहीं लगा समझने में कि वे कोई और नहीं, स्वयं भगवान जगन्नाथ ही हैं।

उन्हें इस प्रकार आते देखकर सालबेग के रोंगटे खड़े हो गए। एक अद्भुत आनंद और ऊर्जा उसके पूरे शरीर में भर गई।

झूलते हुए उसी भाव में भगवान जगन्नाथ को एक विशाल रथ पर विराजमान किया गया।

उनके पीछे भगवान **बलभद्र और देवी सुभद्रा** भी आ रहे थे।

ललिता ने सालबेग से पूछा, *"जगन्नाथ कैसे लगे तुम्हें? क्या तुम्हें वे अच्छे लगे?"*

सालबेग ने उत्तर दिया, *"माँ, वे मेरी कल्पना से भी कहीं अधिक सुंदर और आकर्षक हैं।"*

सालबेग ने फिर पूछा, *"माँ, इस उत्सव को क्या कहते हैं? यह क्यों मनाया जाता है?"*

ललिता ने समझाते हुए कहा, *"इस उत्सव को **रथयात्रा** कहते हैं। वर्ष में एक बार भगवान जगन्नाथ अपने भाई बलदेव और बहन सुभद्रा के साथ मंदिर से बाहर निकलते हैं, ताकि वे उन भक्तों को दर्शन दे सकें जो किसी कारणवश मंदिर के अंदर नहीं जा पाते—जैसे वृद्धजन, बीमार लोग, या वे लोग जिन्हें मंदिर में प्रवेश की अनुमति नहीं है। उनके लिए सभी समान हैं। उन्हें पूरे विश्व का ध्यान रखना है, इसलिए उन्हें 'जगन्नाथ'—अर्थात् जगत के नाथ—कहा जाता है।*

*पहला रथ, जिसमें भगवान जगन्नाथ विराजमान होते हैं, **नंदीघोष** कहलाता है। यह रथ पीले और लाल रंग से सुसज्जित होता है, जो समृद्धि, करुणा और दिव्य ऐश्वर्य का प्रतीक है। यह भव्य रथ भगवान जगन्नाथ की समस्त सृष्टि पर सर्वोच्च प्रभुता का प्रतिनिधित्व करता है। इस रथ के सारथी परंपरागत रूप से **दारुक** माने जाते हैं।*

हरे कृष्ण हरे कृष्ण कृष्ण कृष्ण हरे हरे, हरे राम हरे राम राम राम हरे हरे॥

मध्य रथ, जिसमें सुभद्रा विराजती हैं, ***दर्पदलन*** *(जिसे* ***देवदलन*** *भी कहा जाता है) कहलाता है। यह काले और लाल रंग से अलंकृत होता है, जो देवी की दिव्य शक्ति और मातृसुलभ संरक्षण का प्रतीक है। यह रथ शक्ति का प्रतिनिधित्व करता है—वह करुणामयी ऊर्जा जो अहंकार (दर्प) का नाश करती है। इसके सारथी* ***अर्जुन*** *माने जाते हैं।*

अंतिम रथ बलभद्र का होता है, जिसे ***तालध्वज*** *कहा जाता है। यह हरे और लाल रंग से सजा होता है, जो शक्ति, उर्वरता और प्रकृति के साथ सामंजस्य का प्रतीक है। यह रथ सामर्थ्य, संरक्षण और धर्म का प्रतिनिधित्व करता है। इसके सारथी* ***मातलि*** *माने जाते हैं।*

इस पवित्र उत्सव में भगवान एक करुणामयी राजा के समान अपने मंदिर से बाहर आते हैं—केवल उन भक्तों को दर्शन देने के लिए जो मंदिर के भीतर प्रवेश नहीं कर सकते, बल्कि अपने भक्तों का कुशल-क्षेम जानने के लिए भी। यह उत्सव हमें स्मरण कराता है कि उनकी दृष्टि में सभी समान हैं।"

सालबेग ने रथयात्रा का भरपूर आनंद लिया। उसका हर्ष असीम था। अंततः उसका स्वप्न पूरा हुआ—वह अपने प्रिय जगन्नाथ से मिल चुका था।

कुछ समय बाद वे कट्टक लौट आए और फिर भारी मन से लालबेग के साथ बंगाल चले गए। परंतु रथयात्रा की वे स्मृतियाँ सालबेग के हृदय में एक सुंदर स्वप्न की तरह जीवित रहीं।

....

हरे कृष्ण हरे कृष्ण कृष्ण कृष्ण हरे हरे, हरे राम हरे राम राम राम हरे हरे॥

आस्था — वह एकमात्र बंधन जो भगवान को बाँधता है

वर्णाश्रमाचारवता पुरुषेण परः पुमान्।
*विष्णुराराध्यते पन्था नान्यत् तत्तोषकारणम्॥***(विष्णु पुराण 3.7.14)**

अर्थ :अपने वर्ण और आश्रम के अनुसार कर्तव्यों का श्रद्धापूर्वक पालन करने वाला मनुष्य भगवान विष्णु की आराधना करता है।
उन्हें प्रसन्न करने का इससे बढ़कर कोई दूसरा मार्ग नहीं है।

सालबेग अपने परिवार के साथ बंगाल में रह रहा था। समय ऋतुओं की तरह बीतता गया। वह छोटा सा सालबेग अब जवान हो चुका था। उसने बंगाल में अपनी शिक्षा पूरी की और अपने पिता के अधीन सेना का प्रशिक्षण लेना शुरू किया, क्योंकि उसके पिता चाहते थे कि वह भी उनकी तरह एक वीर योद्धा बने और मुगल सेना में शामिल हो।

व्यस्त जीवन के कारण सालबेग अपनी माँ को अधिक समय नहीं दे पाता था। उसका अधिकांश दिन सेना के प्रशिक्षण में बीतता और कई-कई महीनों तक उसे सेना के शिविरों में रहना पड़ता। उसे अपना **बाल्यकाल का मित्र जगन्नाथ** याद तो था, परंतु अब उसका भावुक भक्ति-भाव कर्तव्यों के बोझ तले दब गया था। वर्षों बीत गए, जब उसने अपनी माँ से जगन्नाथ की कोई कथा नहीं सुनी।

उसकी माँ भी उन दिनों को याद करती थी, जब वह बिना किसी रोक-टोक के जगन्नाथ के दर्शन किया करती थी; पर दुर्भाग्य से बाद में अपने ही लोगों ने उसके लिए मंदिर के द्वार बंद कर दिए।

सालबेग अब पूरी तरह प्रशिक्षित हो चुका था और मुगल सेना में मुख्य सैनिक के रूप में सम्मिलित हो गया। वह अपने पिता के साथ कई युद्धों में लड़ा।

जैसे-जैसे मुगल साम्राज्य का विस्तार हो रहा था, वैसे-वैसे उसके शत्रु भी बढ़ रहे थे। उनमें से एक अफ़ग़ान थे, जिन्होंने दिल्ली सल्तनत के विरुद्ध विद्रोह कर दिया था। सम्राट **जहाँगीर** ने लालबेग और उसके पुत्र को उनके विरुद्ध युद्ध के लिए बुलाया।

हरे कृष्ण हरे कृष्ण कृष्ण कृष्ण हरे हरे, हरे राम हरे राम राम राम हरे हरे॥

सालबेग पहले भी कुछ युद्ध लड़ चुका था, पर यह युद्ध अलग था। जब वह रणभूमि में पहुँचा, तो उसने अफ़ग़ानों की अत्यंत शक्तिशाली सेना देखी— असंख्य घोड़े और हाथी युद्धभूमि में गर्जना कर रहे थे। जैसे ही युद्ध आरंभ हुआ, अफ़ग़ान सेना मुगलों पर भारी पड़ने लगी। उनके सैनिक और हाथी मुगल सेना को मानो रेत की तरह रौंद रहे थे।

इसी भीषण युद्ध के बीच अचानक एक परिचित चीख उसके कानों में पड़ी। उसने देखा कि उसका पिता गंभीर रूप से घायल होकर घोड़े से गिर पड़ा है और भूमि पर असहाय पड़ा है। सालबेग तुरंत उसकी सहायता के लिए दौड़ा, परंतु उसी क्षण **एक अफ़ग़ान सैनिक ने तलवार से लालबेग के सीने पर वार कर दिया और वहीं उसका अंत कर दिया।**

यह दृश्य सालबेग सहन नहीं कर पाया। एक ही पल में उसने अपने पिता को खो दिया। उसका हृदय शोक से भर गया और वह अपने पिता के निर्जीव शरीर के पास रोने लगा। इसी अवसर का लाभ उठाकर एक अन्य अफ़ग़ान सैनिक ने सालबेग पर आक्रमण किया और उसे भी गंभीर रूप से घायल कर दिया। वह अचेत होकर गिर पड़ा।

सौभाग्य से एक मुगल सैनिक ने किसी तरह उसे बचाया और मुगल सेना के चिकित्सालय शिविर में सुरक्षित पहुँचा दिया।

इस युद्ध में मुगलों की आधी से अधिक सेना नष्ट हो चुकी थी, इसलिए सम्राट जहाँगीर ने अंततः अफ़ग़ानों के साथ समझौता करने का निर्णय लिया।

यह युद्ध सालबेग को शारीरिक और मानसिक रूप से असहनीय पीड़ा और गंभीर चोटें दे गया। अगले दिन उसे उसके पिता के शव के साथ उसके घर भेज दिया गया। जब ललिता ने यह समाचार सुना कि उसके पति अब इस संसार में नहीं रहे और उसका पुत्र गंभीर रूप से घायल है, तो वह गहरे शोक में डूब गई। जब उसे यह ज्ञात हुआ कि उसके पति की मृत्यु कैसे हुई, तो उसने उनके आत्मा की शांति के लिए प्रार्थना की और यह समझा कि यह सब उसके पति के पूर्व कर्मों का परिणाम है।

ललिता ने सालबेग को घर लाकर स्थानीय वैद्यों और चिकित्सकों से उसका उपचार करवाने की व्यवस्था की। सालेबेग की स्थिति इतनी गंभीर थी कि वह अपने पिता के अंतिम संस्कार में सम्मिलित होने की अवस्था में नहीं था। इसलिए ललिता ने कुछ परिचितों और सैनिकों के साथ मिलकर किसी तरह लालबेग का दफ़न मुस्लिम रीति-रिवाज़ों के अनुसार करवाया। (यद्यपि वह लालबेग को

हरे कृष्ण हरे कृष्ण कृष्ण कृष्ण हरे हरे, हरे राम हरे राम राम राम हरे हरे॥

बिल्कुल पसंद नहीं करती थीं, फिर भी उन्होंने अपने माता-पिता से सुना था कि जब मनुष्य इस शरीर को छोड़ देता है तो सारी शत्रुता समाप्त हो जानी चाहिए। किसी को भी आत्मा के साथ वैरभाव नहीं रखना चाहिए। इसलिए हमें आत्मा का सम्मान करना चाहिए और उसके मोक्ष में योगदान देना चाहिए।)

सालबेग की स्थिति दिन-प्रतिदिन और भी बिगड़ती जा रही थी। स्थानीय वैद्य ने ललिता से कहा कि उसके जीवित रहने की संभावना बहुत कम है, क्योंकि उसके घाव भर नहीं रहे थे और उनमें संक्रमण भी फैल गया था। यह सुनकर ललिता अत्यंत चिंतित हो गई। उसने प्रार्थना की—
"हे सर्वशक्तिमान जगन्नाथ, कृपया मेरे पुत्र पर दया करें।"

उसने एक हिंदू साधु, बाल मुकुंद, को बुलाया। उन्होंने सालेबेग के कान में महा मंत्र (**हरे कृष्ण हरे कृष्ण, कृष्ण कृष्ण हरे हरे; हरे राम हरे राम, राम राम हरे हरे)** का जप किया और उसके मस्तक पर पवित्र विभूति लगाई। उन्होंने सालेबेग को यथासंभव अधिक से अधिक इस मंत्र का जप करने की सलाह दी। उसकी माता ने उससे कहा कि वह उन सुंदर क्षणों को स्मरण करे जो उन्होंने साथ में जगन्नाथ पुरी में बिताए थे।

ललिता ने उस संत से पूछा, *"क्या मेरा पुत्र शीघ्र ही स्वस्थ हो जाएगा?"*

संत मुस्कुराए और बोले, *"मैं उसके स्वास्थ्य के बारे में निश्चित रूप से कुछ नहीं कह सकता, परंतु एक बात का मुझे पूर्ण विश्वास है—यदि तुम निरंतर इस महा मंत्र का जप करती रहो और यदि जगन्नाथ की इच्छा होगी, तो वह अवश्य स्वस्थ हो जाएगा। और यदि दुर्भाग्यवश उसका जीवन समाप्त भी हो जाए, तो उसे निश्चित रूप से वैकुंठ में स्थान प्राप्त होगा।"*

सालेबेग ने उस पवित्र महामंत्र का जप करना शुरू कर दिया और पूर्ण श्रद्धा के साथ भगवान जगन्नाथ की प्रार्थना करने लगे।

एक रात भगवान जगन्नाथ उनके स्वप्न में प्रकट हुए। उनका स्वरूप अत्यंत कोमल और करुणामय था। उन्होंने सालेबेग के सिर पर अपना हाथ फेरकर उन्हें आशीर्वाद दिया। अगले ही दिन से सालेबेग के घाव भरने लगे। दवाइयाँ असर करने लगीं और कुछ ही सप्ताहों में वे पूर्णतः स्वस्थ हो गए।

यद्यपि पहले भी उन्हें भगवान जगन्नाथ पर गहरा विश्वास था, पर इस चमत्कारिक घटना ने उनकी भक्ति को और भी गहरा कर दिया। उनका हृदय प्रेम और कृतज्ञता से भर गया।

हरे कृष्ण हरे कृष्ण कृष्ण कृष्ण हरे हरे, हरे राम हरे राम राम राम हरे हरे॥

इसके बाद सालेबेग ने भगवान जगन्नाथ की स्तुति में अनेक भजन और कविताएँ रचना प्रारम्भ कीं। एक दिन जब वे अपने जीवन की पुरानी घटनाओं को स्मरण कर रहे थे और भगवान का आभार व्यक्त करना चाहते थे, तब उन्होंने एक अत्यंत भावपूर्ण भजन की रचना की, जो आगे चलकर बहुत प्रसिद्ध हुआ — **"अहे नील शैल"**।

अहे नील शैल

अहे नील शैल; प्रबल मत्त बरन
मोरा अरता नलिनी बन कु करन दलन।

(हे नील पर्वत रूपी प्रभु! आप एक शक्तिशाली, मदमस्त हाथी के समान हैं। मेरे दुखों के कमलवन को उसी प्रकार नष्ट कर दीजिए, जैसे हाथी कमलों को रौंद देता है।)

गजेन्द्र गिरि नदी रे, ग्राह धरिथिला माड़ी रे
चक्र पेषि नक्र नाशी, उद्धारिला आपन।

(जब गजेन्द्र हाथी नदी में मगरमच्छ के द्वारा पकड़ लिया गया था, तब आपने सुदर्शन चक्र से उस मगर को मारकर अपने भक्त का उद्धार किया।)

कुरु सभा थारे हरि, द्रौपदी लज्जा चोरी
कोटि वस्त्र देइ हेले, सेठारे सम्बर्धन।

(कुरु सभा में जब द्रौपदी की लज्जा भंग की जा रही थी, तब आपने असीम वस्त्र प्रदान कर उसकी मर्यादा की रक्षा की।)

रावण रा भाई विभीषण, जपि तव श्री चरण
शरण पसिला दैनी, लंका कला प्रधान।

(रावण का भाई विभीषण जब आपके चरणों में शरण आया, तो आपने उसे स्वीकार कर लंका का राजा बना दिया।)

कहे सालेबेग हीन, जाति रे मु जवन
श्रीवस्त लक्षण चरणे, मागुचि मु शरण।

(हीन सालेबेग कहते हैं — "जन्म से मैं यवन (मुस्लिम) हूँ, परंतु मैं आपके श्रीवस्त्र-चिह्नित चरणों में शरण मांगता हूँ।")

हरे कृष्ण हरे कृष्ण कृष्ण कृष्ण हरे हरे, हरे राम हरे राम राम राम हरे हरे॥

ह भजन सालेबेग की निष्कपट भक्ति, विनम्रता और पूर्ण आत्मसमर्पण का प्रतीक है। इसमें वे भगवान की करुणा, उनके भक्तवत्सल स्वभाव और अपनी दीनता का अत्यंत मार्मिक वर्णन करते हैं।

सालबेग की बढ़ती हुई भक्ति धीरे-धीरे मुग़ल शिविर के कुछ वर्गों को अप्रिय लगने लगी। एक हिंदू देवता की खुलकर स्तुति करना उनके लिए अस्वीकार्य था। परिणामस्वरूप उन्हें मुग़ल सेना से निष्कासित कर दिया गया और अपने ही समुदाय से दूरी का सामना करना पड़ा। पद, आश्रय और सामाजिक स्वीकार्यता से वंचित होकर उन्होंने पूर्ण समर्पण का मार्ग चुना और पैदल ही पुरी की ओर यात्रा आरम्भ की।

किन्तु पुरी पहुँचने पर उन्हें एक और कटु सत्य का सामना करना पड़ा। मुस्लिम पिता से जन्म लेने के कारण उन्हें मंदिर में प्रवेश की अनुमति नहीं मिली। न तो मठों ने और न ही परंपरागत हिंदू परिवारों ने उन्हें आश्रय दिया। दोनों ओर से अस्वीकृत होकर सालबेग मंदिर के बाहर खड़े होकर अपने प्रिय प्रभु के सामने अश्रुपूर्ण नेत्रों से रोते रहे।

उसी क्षण एक सनातन सत्य प्रकट हुआ —
"जिसका कोई नहीं होता, उसका जगन्नाथ होता है।"
जब संसार अपने द्वार बंद कर देता है, तब विश्वनाथ अपने बाहु खोल देते हैं।

ऐसी ही दीन-भक्ति की अवस्था में उन्होंने यह हृदयस्पर्शी पद रचा—

पिता मो मुगल बेटा, माता मो ब्राह्मणी,
ए कुले जन्मिलि हिन्दू न छुंए मो पानी।
कहे सालबेग हीन जाति रे मुं जबाना,
श्रीरंग चरण तले करु आछि जनाना।

भावार्थ:

"मेरा पिता मुग़ल सैनिक है, मेरी माता ब्राह्मण है; ऐसे कुल में जन्म लेने से हिंदू मेरे जल को भी नहीं छूते।
हीन जाति का यह मुस्लिम सालबेग कहता है— मैं तो केवल श्रीरंग (जगन्नाथ) के चरणों को ही जानता हूँ, उन्हीं में अपना सर्वस्व अर्पित करता हूँ।"

इन पंक्तियों में सालबेग समाज से शिकायत नहीं करते, बल्कि अपनी पीड़ा प्रभु के चरणों में अर्पित करते हैं। वे अपने जन्म को स्वीकार करते हैं, पर उसे

हरे कृष्ण हरे कृष्ण कृष्ण कृष्ण हरे हरे, हरे राम हरे राम राम राम हरे हरे॥

अपनी भक्ति की सीमा नहीं बनने देते। उनके लिए पहचान जाति या मत से नहीं समर्पण से निर्धारित होती है।

सालबेग ने पुरी की **ग्रैंड रोड (बड़ा डांडा)** पर बालगंडी क्षेत्र में ताड़ (ताला) के पत्तों से एक छोटी-सी कुटिया बनाई। वहीं से वे भगवान जगन्नाथ के कीर्तन करते और रथयात्रा के दौरान रथों की प्रतीक्षा करते। वे प्रत्येक वर्ष रथयात्रा में भाग लेते और रथ की रस्सियाँ खींचते। उनके लिए रथयात्रा केवल एक पर्व नहीं, बल्कि वर्ष का सबसे महान उत्सव था, क्योंकि इन्हीं दिनों उन्हें अपने प्रिय प्रभु के दर्शन का सौभाग्य मिलता था।

जब कटक के सूबेदार मिर्ज़ा अहमद बेग ने जगन्नाथ मंदिर पर आक्रमण करने का विचार किया, तब वे लालबेग के मित्र थे और सालबेग को भी जानते थे। सालबेग ने उनसे विनती कर यह आक्रमण टलवा दिया।

उनकी इस महान सेवा से प्रसन्न होकर गजपति राजा नरसिम्हा देव प्रथम ने उन्हें स्थायी निवास बनाने की अनुमति प्रदान की। धीरे-धीरे देशभर से लोग उनके **मठ** के दर्शन हेतु आने लगे। उनकी माता ललिता भी पुरी आकर उनके साथ रहने लगीं और जीवन के अंतिम समय तक वहीं रहीं।

ललिता के देहांत के बाद, जब सालबेग उन्हें स्वर्गद्वार श्मशान में हिंदू रीति से अंतिम संस्कार करना चाहते थे, तब कुछ मंदिर पुरोहितों ने विरोध किया। उनका मत था कि ललिता मुस्लिम थीं, और श्मशान केवल हिंदुओं के लिए है। फिर भी, साहस और दृढ़ निश्चय का परिचय देते हुए सालबेग ने अपनी माता का अंतिम संस्कार हिंदू परंपरा के अनुसार संपन्न किया।

सालबेग की इच्छा हुई कि वे वृंदावन जाएँ — वही पवित्र धाम जहाँ भगवान ने अपना बाल्यकाल बिताया। वे उस भूमि को अनुभव करना चाहते थे, उस पावन यमुना में स्नान करना चाहते थे, जहाँ प्रभु स्वयं स्नान किया करते थे।

वे वृंदावन पहुँचे, वहाँ के अनेक मंदिरों के दर्शन किए, **गोवर्धन पर्वत** की परिक्रमा की, राधा कुंड और यमुना में स्नान किया। अपनी इस तीर्थयात्रा के दौरान उन्होंने अनेक भक्ति-प्रार्थनाएँ और पदों की रचना की। वृंदावन में उनका समय मानो पलक झपकते ही बीत गया।

उन्हें स्मरण हुआ कि रथयात्रा का पावन उत्सव निकट आ रहा है, और उन्हें शीघ्र ही पुरी लौटना होगा। हर वर्ष की भाँति वे इस स्वर्णिम अवसर को खोना नहीं

हरे कृष्ण हरे कृष्ण कृष्ण कृष्ण हरे हरे, हरे राम हरे राम राम राम हरे हरे॥

चाहते थे — प्रभु के दर्शन करने और उनके रथ की रस्सी खींचने का यह सौभाग्य वे किसी भी परिस्थिति में नहीं छोड़ सकते थे।

चूँकि पुरी, वृंदावन से लगभग **1600** किलोमीटर दूर है और उन्हें पूरी यात्रा पैदल ही तय करनी थी, इसलिए उन्होंने तुरंत वृंदावन से प्रस्थान किया और पुरी की ओर चल पड़े।

अनेक घने जंगलों से होकर उन्हें गुजरना पड़ा। कभी कहीं विश्राम करने का स्थान मिल जाता, तो कभी खुली धरती ही उनका आश्रय बनती। वे निरंतर चलते रहे, क्योंकि किसी भी परिस्थिति में उन्हें रथयात्रा से पहले पुरी पहुँचना था।

कई दिनों तक लगातार और बेचैनी में चलते रहने के कारण वे गंभीर रूप से बीमार पड़ गए। फिर भी वे रुकने को तैयार नहीं थे, जबकि पुरी अभी भी लगभग **750** मील दूर था। अंततः अत्यधिक थकान और दुर्बलता के कारण वे बेहोश होकर जंगल में गिर पड़े।

सौभाग्य से पास के गाँव का एक व्यक्ति उन्हें अचेत अवस्था में देखकर अपने घर ले गया। जब सालबेग को होश आया, तो उन्होंने अपने पूरे शरीर में भारीपन और असहनीय कमजोरी महसूस की। वे किसी भी प्रकार चलने की स्थिति में नहीं थे। तीन दिनों तक उन्होंने वहीं विश्राम किया। थोड़ा सा स्वस्थ महसूस होने पर उन्होंने उस ग्रामीण को धन्यवाद दिया और पुनः अपनी यात्रा आरंभ कर दी।

अब उन्हें यह एहसास हो गया था कि वे रथयात्रा के प्रारंभ होने से पहले पुरी नहीं पहुँच पाएँगे। उनकी एकमात्र आशा यह रह गई कि कम से कम रथयात्रा के लौटकर मंदिर में प्रवेश करने से पहले वे पहुँच जाएँ। चलते-चलते वे रोने लगे और करुण हृदय से प्रभु से प्रार्थना करने लगे। उसी वेदना में उन्होंने एक भावपूर्ण प्रार्थना रची, जिसमें वे भगवान से विनती करते हैं:

जगबन्धु हे गोसाईं
तुम्भ श्री चरण बिनु अन्य गति नाहीं

भावार्थ:हे जगत के मित्र, हे प्रभु! आपके श्रीचरणों के अतिरिक्त मेरे लिए कोई और आश्रय नहीं है।

रथ चारी पासे लम्बे मुकुतार झरा
झलमल दिसुथाई प्रभु चकाडोला

भावार्थ: रथ के चारों ओर लम्बी मोतियों की मालाएँ लटक रही हैं।हे प्रभु चकाडोला! आप उस रथ में अत्यंत तेजस्वी दिखाई दे रहे हैं।

हरे कृष्ण हरे कृष्ण कृष्ण कृष्ण हरे हरे, हरे राम हरे राम राम राम हरे हरे॥

आगे चले बलभद्र, मध्य चाँद मुखी रे
आसुचि कालिया पछे गहला लगाइ रे

भावार्थ:आगे बलभद्र चल रहे हैं, बीच में चन्द्रमुखी सुभद्रा विराजमान हैं,और पीछे श्यामवर्ण प्रभु जगन्नाथ आ रहे हैं, जिनके आने से अपार उल्लास हो रहा है।

सातस पचास कोस चाली न पारै
मो जीव जाऊँ नन्दिघोषे थिव रहि

भावार्थ:सात सौ पचास कोस चलकर आपके दर्शन करना मेरे लिए अत्यंत कठिन है।हे प्रभु! कृपा करके नन्दिघोष रथ पर तब तक विराजमान रहें, जब तक मेरा प्राण आप तक पहुँच न जाए।

कहे सालबेग हीन जातिरे यवन
एहि मते आज्ञा हेउ श्री वृन्दावन

भावार्थ: ऐसा कहता है यह हीन जाति में जन्मा यवन सालबेग —
हे प्रभु! कृपा करके मुझे ऐसी आज्ञा दें कि मैं किसी प्रकार आपकी शरण में स्थिर रह सकूँ।

दूसरी ओर सात दिनों का दिव्य रथयात्रा महोत्सव आरम्भ हो चुका था। भगवान जगन्नाथ का रथ मंदिर से निकलकर **गुंडिचा मंदिर** की ओर प्रस्थान कर गया, जहाँ वे सात दिनों तक विराजमान होकर भक्तों को दर्शन देते हैं।

पूरा वातावरण अत्यंत भव्य था। लाखों श्रद्धालुओं की भीड़ उमड़ पड़ी थी। ढोल-नगाड़ों की गूंज से आकाश गूंज रहा था। हजारों भक्त रथ की **दिव्य रस्सी** को खींच रहे थे। गाते-नाचते हुए भक्तों का यह विशाल समूह गुंडिचा मंदिर तक पहुँचा। सात दिन वहाँ निवास करने के बाद प्रभु पुनः अपने श्रीमंदिर की ओर प्रस्थान करते हैं। **नवें दिन रथयात्रा** का यह दिव्य समापन पुरी नगर में होता है।

इधर सालबेग अभी भी पुरी से कुछ दूर थे। उन्हें आभास हुआ कि वे बहुत देर कर चुके हैं। रथयात्रा समाप्त हो चुकी होगी। वे स्वयं को दोष देने लगे—*"मैं कितना लापरवाह हूँ!"* उनकी आँखों से आँसू बहने लगे। वे अत्यंत निराश हो गए, परन्तु हृदय में एक छोटी-सी आशा लेकर वे आगे बढ़ते रहे।

उधर जब भगवान जगन्नाथ का रथ पुरी पहुँच चुका था, तभी कुछ दूरी चलने के बाद अचानक रथ रुक गया। उसके पहिए **घूमना बंद हो गए।** भक्तों ने पूरी शक्ति से रथ खींचने का प्रयास किया, परंतु वह एक इंच भी नहीं हिला। लोगों की संख्या दोगुनी कर दी गई, फिर भी रथ स्थिर रहा। पुरी के राजा नरसिंह देव

ने हाथियों से रथ खिंचवाने का आदेश दिया, परंतु रथ तनिक भी नहीं हिला। सभी चिंतित हो गए और प्रभु से प्रार्थना करने लगे।

उसी रात भगवान जगन्नाथ राजा नरसिंह देव के स्वप्न में प्रकट हुए और बोले—

"मैं अपने एक प्रिय भक्त की प्रतीक्षा कर रहा हूँ। उससे मिले बिना मैं मंदिर के भीतर नहीं जाऊँगा।"

अगले दिन राजा ने घोषणा की कि प्रभु अपने एक विशेष भक्त की प्रतीक्षा कर रहे हैं, अतः सभी नित्य पूजा-पाठ और आरती इसी रथ पर संपन्न की जाएगी। यह सुनकर सभी चकित और उत्साहित हो उठे—*"कौन है वह भाग्यशाली भक्त जिसके लिए स्वयं भगवान प्रतीक्षा कर रहे हैं?"*

रथ तीन दिन तक वहीं स्थिर रहा।

चौथे दिन सालबेग पुरी पहुँचे। वे सोच रहे थे कि रथयात्रा समाप्त हो चुकी होगी, परंतु हृदय में आशा की एक किरण अभी भी थी। उन्होंने स्थानीय लोगों से पूछा,

"इस वर्ष की रथयात्रा कैसी रही? प्रभु इस बार कैसे सजे हैं?"

एक व्यक्ति ने उत्तर दिया—*"आप स्वयं जाकर देख लीजिए। हमारे दयालु प्रभु अपने एक प्रिय भक्त की प्रतीक्षा में रथ पर ही विराजमान हैं।"*

यह सुनकर सालबेग का हृदय धड़क उठा। वे उत्साह से आगे बढ़े। जब वे **बलगंडी स्थित अपने मठ** के सामने पहुँचे, तो उनकी आँखें अश्रुओं से भर गईं। प्रभु का रथ ठीक उनके मठ के सामने खड़ा था—मानो वे सचमुच उन्हीं की प्रतीक्षा कर रहे हों।

उस क्षण ऐसा लगा मानो उनकी आत्मा शरीर से निकल गई हो। शरीर काँप उठा, रोमांच छा गया, आनंद की लहरें उनके भीतर दौड़ने लगीं। उन्होंने प्रभु की ओर देखा—वे दो विशाल, करुणामयी नेत्र मानो उन्हीं को निहार रहे थे।

सालबेग ने रथ की रस्सी को स्पर्श किया। उसी क्षण रथ एक इंच आगे बढ़ गया। मानो प्रभु संकेत दे रहे हों—*"अब मैं चलने को तैयार हूँ।"*

अत्यंत भावविभोर होकर सालबेग ने कहा—*"मैं पापी हूँ, फिर भी आप मेरी प्रतीक्षा करते हैं। आप सचमुच पतितपावन प्रभु हैं।"*

हरे कृष्ण हरे कृष्ण कृष्ण कृष्ण हरे हरे, हरे राम हरे राम राम राम हरे हरे॥

सालबेग के रथ खींचते ही रथ आगे बढ़ने लगा। लोग आश्चर्यचकित रह गए—वे विश्वास नहीं कर पा रहे थे कि प्रभु एक मुस्लिम जन्मे भक्त के लिए प्रतीक्षा कर रहे थे। तीन दिनों की प्रतीक्षा के बाद भगवान जगन्नाथ अपने मंदिर में प्रवेश कर गए।

उस दिन के बाद सालबेग पूर्ण रूप से प्रभु की भक्ति में लीन हो गए। उन्हें न भोजन का ध्यान रहता, न किसी अन्य कार्य का। उनका अधिकांश समय भजन, कीर्तन और रचनाओं में बीतने लगा।

अगले वर्ष की रथयात्रा से कुछ समय पूर्व वह दिव्य आत्मा इस नश्वर संसार को छोड़कर वैकुंठ में प्रभु से पुनः मिल गई।

आज भी परंपरा है कि रथयात्रा के दौरान भगवान जगन्नाथ का रथ कुछ क्षणों के लिए सालबेग की समाधि के सामने रुकता है। यही उनकी भक्ति को सच्ची श्रद्धांजलि है।

(देखिए प्रभु की करुणा—जिस भक्त को मंदिर में प्रवेश की अनुमति नहीं थी, उसी के भजन आज भी मंदिर के गर्भगृह में प्रभु को जगाने के लिए गाए जाते हैं। सालबेग की कथा यह सिखाती है कि प्रभु के लिए न जाति महत्वपूर्ण है, न जन्म—केवल भक्ति ही सर्वोपरि है,)

(सालबेग समाधि पीठ, जग्गनाथ पुरी)

....

हरे कृष्ण हरे कृष्ण कृष्ण कृष्ण हरे हरे, हरे राम हरे राम राम राम हरे हरे॥

अध्याय – 6

भक्ति जिसने निराकार को साकार कर दिया: गोपाल भट्ट गोस्वामी

मुक्ति जगाने वाला सत्संग

मया ततमिदं सर्वं जगदव्यक्तमूर्तिना ।
*मत्स्थानि सर्वभूतानि न चाहं तेष्ववस्थितः ॥***(भगवद्गीता 9. 4)**

अर्थ:मेरे अव्यक्त (अदृश्य) स्वरूप से यह समस्त जगत व्याप्त है, सभी प्राणी मुझमें स्थित हैं, किन्तु मैं उनमें स्थित नहीं हूँ।

गोपाल भट्ट गोस्वामी का जन्म दक्षिण भारत के श्रीरंगम् में एक प्रतिष्ठित वैष्णव परिवार में हुआ था। उनके पिता **वेंकट भट्ट** श्री रंगनाथस्वामी मंदिर के पुजारी थे, जो भगवान रंगनाथ (विष्णु) के प्रमुख और प्राचीन मंदिरों में से एक है।

जब गोपाल भट्ट लगभग ग्यारह वर्ष के थे, तब **चैतन्य महाप्रभु** भारत-भ्रमण के दौरान श्रीरंगम पधारे। वे कीर्तन और प्रेममय नृत्य के द्वारा भगवान के पवित्र नामों के संकीर्तन का प्रचार कर रहे थे। जब महाप्रभु ने श्री रंगनाथस्वामी मंदिर में दर्शन किया, तब उनकी भेंट वेंकट भट्ट से हुई। महाप्रभु की गहन भक्ति, उन्मुक्त कीर्तन और दिव्य व्यक्तित्व से वेंकट भट्ट अत्यंत प्रभावित हुए। उस समय परंपरागत पूजा-पद्धतियाँ और व्यक्तिगत भजन अधिक प्रचलित थे, जबकि महाप्रभु का सार्वजनिक संकीर्तन आंदोलन अत्यंत विलक्षण और आध्यात्मिक रूप से मनोहर था।

चातुर्मास का पवित्र समय आरंभ होने वाला था—वे चार महीने जिनमें परंपरा के अनुसार भगवान विष्णु योगनिद्रा में विश्राम करते हैं। इस काल में संत और संन्यासी एक ही स्थान पर रहकर भक्ति, शास्त्र-चर्चा और साधना में समय व्यतीत करते हैं। दक्षिण भारत में इस समय वर्षा भी अधिक होती है, जिससे यात्रा कठिन हो जाती है। अतः वेंकट भट्ट ने अत्यंत विनम्रता से महाप्रभु को अपने घर पधारने और चातुर्मास वहीं व्यतीत करने का निवेदन किया, जिससे उनका परिवार सेवा और सत्संग का सौभाग्य प्राप्त कर सके।

हरे कृष्ण हरे कृष्ण कृष्ण कृष्ण हरे हरे, हरे राम हरे राम राम राम हरे हरे॥

चैतन्य महाप्रभु ने उनका निमंत्रण स्वीकार किया और चातुर्मास के पवित्र समय में श्रीरंगम में उनके घर पर निवास किया। वहीं उनकी पहली भेंट बालक गोपाल भट्ट से हुई।

वेंकट भट्ट के भाई **प्रबोधनन्द सरस्वती** भी उसी घर में रहते थे। वे अत्यंत विद्वान और प्रतिष्ठित वैष्णव आचार्य थे। उन्होंने बालक गोपाल भट्ट को संस्कृत व्याकरण, काव्य-रचना, दर्शन और वैदिक ज्ञान की शिक्षा दी। वे उनके शिक्षा-गुरु और दीक्षा-गुरु दोनों बने। उनके मार्गदर्शन में गोपाल भट्ट ने गहन शास्त्रीय ज्ञान और दृढ़ भक्ति दोनों प्राप्त की।

महाप्रभु के निवास के दौरान बालक गोपाल भट्ट अत्यंत प्रेम और विनम्रता से उनकी सेवा करते थे। प्रत्येक संध्या वेंकट भट्ट के घर पर वैष्णवों की बड़ी सभा होती, जहाँ महाप्रभु की हरिकथा और आनंदमय कीर्तन का आयोजन होता था। वे संध्याएँ भक्ति, संगीत, दर्शन और आध्यात्मिक आनंद से परिपूर्ण होती थीं। इन दिव्य सत्संगों ने बालक गोपाल भट्ट के हृदय पर अमिट छाप छोड़ी और उनके भावी आध्यात्मिक जीवन की दिशा निर्धारित की।

जब चैतन्य महाप्रभु हरिकथा सुनाते, तब बालक गोपाल भट्ट अत्यंत ध्यान और प्रेम से सुनते। एक दिन दिव्य कथा सुनने के पश्चात् वे आँसुओं से भरी आँखों से महाप्रभु के समीप गए और विनम्रतापूर्वक बोले—*"मुझे भगवान हरि के दर्शन कब होंगे? कृपया मुझे बताइए।"*

उनकी निष्कपटता और तीव्र लालसा देखकर महाप्रभु ने मुस्कुराकर उन्हें स्नेहपूर्वक अपने हृदय से लगा लिया।

दैनिक कीर्तन, प्रवचन और हरि-कथा निरंतर चलते रहे, और किसी को भी यह अनुभव नहीं हुआ कि चातुर्मास के चार महीने कब बीत गए। शीघ्र ही वह समय आ पहुँचा जब चैतन्य महाप्रभु को श्रीरंगम से प्रस्थान करना था। पूरा परिवार अत्यंत भाव-विह्वल हो उठा और सबकी आँखों से अश्रुधारा बहने लगी।

बालक गोपाल भट्ट गोस्वामी ने महाप्रभु को कसकर आलिंगन कर लिया और आग्रह किया कि वे जहाँ भी जाएँ, उसे अपने साथ ले जाएँ। बालक की गहन भक्ति से पहले ही अत्यंत प्रसन्न हो चुके महाप्रभु ने स्नेहपूर्वक उसे उपदेश दिया कि जब तक उसके माता-पिता जीवित हैं, तब तक वह ब्रह्मचारी रहकर पूर्ण निष्ठा से उनकी सेवा करे और साथ ही भगवान हरि की उपासना में निरंतर लगा रहे।

हरे कृष्ण हरे कृष्ण कृष्ण कृष्ण हरे हरे, हरे राम हरे राम राम राम हरे हरे॥

उन्होंने आगे यह भी निर्देश दिया कि माता-पिता के देहावसान के पश्चात् वह संन्यास स्वीकार करे और वृन्दावन चले जाए। वहाँ वह महाप्रभु के प्रिय शिष्यों **रूप गोस्वामी और सनातन गोस्वामी** से मिले और पवित्र धाम वृन्दावन में जीवन भर भक्ति और सेवा में तल्लीन रहे।

इन दिव्य उपदेशों और आशीर्वादों के साथ महाप्रभु श्रीरंगम से प्रस्थान कर गए, किंतु वे बालक गोपाल भट्ट के हृदय में भक्ति का वह बीज रोप गए, जो आगे चलकर अद्भुत आध्यात्मिक महानता में विकसित हुआ।

चैतन्य महाप्रभु की आज्ञा का पालन करते हुए गोपाल भट्ट गोस्वामी ने अत्यंत समर्पण और विनम्रता के साथ अपने माता-पिता की सेवा की। वे एक आदर्श पुत्र और सच्चे ब्रह्मचारी के रूप में जीवन व्यतीत करते रहे, अपने आध्यात्मिक साधना और पारिवारिक कर्तव्यों में संतुलन बनाए रखते हुए।

जब उनके माता-पिता इस संसार से प्रस्थान कर गए, तब गोपाल भट्ट ने महाप्रभु की आज्ञा का पालन करते हुए श्रीरंगम त्याग दिया और वृन्दावन की ओर प्रस्थान किया।

वृंदावन में उन्होंने रूप गोस्वामी और सनातन गोस्वामी से भेंट की। चैतन्य महाप्रभु ने पहले ही उन्हें सूचित कर दिया था कि गोपाल भट्ट उनसे आकर जुड़ेंगे। उनके स्नेहपूर्ण मार्गदर्शन में गोपाल भट्ट ने वैष्णव शास्त्रों का गहन अध्ययन किया और महत्वपूर्ण भक्तिमय ग्रंथों के संकलन एवं व्यवस्था में उनकी सहायता की। उन्होंने वृंदावन की पावन भूमि में तीर्थस्थलों की परिक्रमा की और गोवर्धन पर्वत की परिक्रमा भी गोस्वामियों के साथ की।

कुछ समय वृंदावन में व्यतीत करने के बाद गोपाल भट्ट के हृदय में **मुक्तिनाथ मंदिर (मुक्तिधाम)** की तीर्थयात्रा करने की प्रेरणा जागृत हुई। यह नेपाल के हिमालय क्षेत्र में स्थित एक प्रसिद्ध वैष्णव तीर्थ है। यात्रा अत्यंत कठिन और श्रमसाध्य थी, परंतु उन्होंने इसे आध्यात्मिक तपस्या मानकर दृढ़ निश्चय और भक्ति के साथ प्रस्थान किया।

मुक्तिधाम पवित्र **गंडकी** नदी के तट पर स्थित है। यही वह एकमात्र नदी है जहाँ से दिव्य **शालिग्राम शिलाएँ** प्राप्त होती हैं। ये काले रंग की प्राकृतिक पवित्र शिलाएँ भगवान विष्णु के प्रत्यक्ष स्वरूप मानी जाती हैं और इनके पूजन के लिए किसी औपचारिक प्राण-प्रतिष्ठा की आवश्यकता नहीं होती।

हरे कृष्ण हरे कृष्ण कृष्ण कृष्ण हरे हरे, हरे राम हरे राम राम राम हरे हरे॥

जब गोपाल भट्ट गोस्वामी ने गंडकी नदी में स्नान किया, तब उन्होंने अपने कमंडल में जल भरा। किंतु जब उन्होंने भीतर देखा, तो पाया कि जल के साथ कई शालिग्राम शिलाएँ भी कमंडल में आ गई हैं। इसे संयोग समझकर उन्होंने कमंडल खाली कर शिलाओं को पुनः नदी में प्रवाहित कर दिया।

उन्होंने पुनः कमंडल में जल भरा—और फिर वही घटना घटी। शालिग्राम शिलाएँ पुनः उसमें आ गईं। आश्चर्यचकित होकर उन्होंने तीसरी बार भी ऐसा ही किया, परंतु परिणाम वही रहा। तब उन्होंने समझ लिया कि यह कोई संयोग नहीं, बल्कि ईश्वरीय इच्छा है। उन्होंने निष्कर्ष निकाला कि स्वयं **भगवान विष्णु** चाहते हैं कि वे इन पवित्र शालिग्रामों को अपने साथ ले जाएँ।

उनके कमंडल में कुल **ग्यारह** शालिग्राम शिलाएँ थीं। अत्यंत श्रद्धा और भक्ति के साथ गोपाल भट्ट ने उन्हें एक स्वच्छ श्वेत वस्त्र पर रखकर सावधानीपूर्वक बाँधा और अपने गले में धारण किया। मुक्तिनाथ मंदिर में दर्शन करने के पश्चात वे उन पवित्र शिलाओं को लेकर पुनः वृंदावन लौट आए

वृन्दावन लौटकर वे अपने भजन और कीर्तन के साथ-साथ प्रतिदिन अत्यंत श्रद्धा और नियमपूर्वक शालिग्राम शिलाओं की पूजा करने लगे। वे उन शिलाओं को अपने जीवन में स्वयं भगवान विष्णु की प्रत्यक्ष उपस्थिति मानते थे।

एक दिन एक धनी व्यापारी ने यह संकल्प किया कि वह वृन्दावन के प्रमुख ठाकुरों— ***बाँके बिहारी, राधा वल्लभ, राधा दामोदर*** आदि— को सुन्दर सिले हुए वस्त्र अर्पित करेगा। वह उनके मंदिरों में गया, विग्रहों का नाप लिया और उसी अनुसार अत्यंत सुंदर परिधान बनवाकर उनकी सेवा में अर्पित किए।

इसी दौरान उसने गोपाल भट्ट गोस्वामी और उनकी अनन्य भक्ति के विषय में भी सुना। वह उनसे मिलने पहुँचा और विनम्रता से बोला, ***"मैंने वृन्दावन के सभी ठाकुरों को वस्त्र अर्पित करने का निश्चय किया है। कृपया अपने ठाकुर का आकार बता दीजिए ताकि मैं उनके लिए भी पोशाक तैयार कर सकूँ।"***

यह सुनकर गोपाल भट्ट कुछ क्षण मौन हो गए। उनके ठाकुर शालिग्राम शिला के रूप में थे— स्वाभाविक रूप से गोल और निराकार— जिनके लिए सिले हुए वस्त्रों की आवश्यकता नहीं होती। परंतु वे इस प्रकार बात प्रकट भी नहीं करना चाहते थे कि कहीं किसी के मन में भ्रांति उत्पन्न हो।

हरे कृष्ण हरे कृष्ण कृष्ण कृष्ण हरे हरे, हरे राम हरे राम राम राम हरे हरे॥

उन्होंने अत्यंत विनम्रता से उत्तर दिया,
"वर्तमान में हमारे ठाकुर को किसी वस्त्र की आवश्यकता नहीं है। यदि आवश्यकता होगी तो मैं आपको अवश्य सूचित करूँगा।"

किन्तु व्यापारी आग्रह करता रहा। अंत में उसने कहा,
"यदि आप वस्त्र स्वीकार नहीं करना चाहते तो कोई बात नहीं। कम से कम मुझे आपके ठाकुर के दर्शन तो करा दीजिए।"

यह निवेदन गोपाल भट्ट के लिए एक धर्मसंकट बन गया। एक वैष्णव के रूप में वे किसी को भगवान के दर्शन से वंचित नहीं कर सकते थे। अतः वे उस व्यापारी को आदरपूर्वक अपने **शालिग्राम ठाकुर** के समक्ष ले आए।

जब व्यापारी ने छोटी सी शालिग्राम शिला को देखा तो वह आश्चर्यचकित रह गया। उसके **मुख पर एक सूक्ष्म करुणा-सी झलक आई**— मानो कुछ कमी हो, मानो यह विग्रह वृन्दावन के अन्य सुसज्जित ठाकुरों की तुलना में अधूरा हो।

यही वह भाव था जिससे गोपाल भट्ट को भय था...

गोपाल भट्ट गोस्वामी को उस व्यापारी की सहानुभूतिपूर्ण दृष्टि बिल्कुल अच्छी नहीं लगी। उनके लिए उनके ठाकुर पूर्ण, परिपूर्ण और सर्वोच्च थे। एक भक्त अपने बारे में कुछ भी सह सकता है, परंतु जब बात उसके प्रभु की हो, तो वह तिरस्कार की छाया भी सहन नहीं कर सकता।

व्यापारी का उद्देश्य बुरा नहीं था, परंतु उसके मन में यह विचार अवश्य आया कि गोपाल भट्ट के ठाकुर निराकार हैं और उनमें अन्य विग्रहों जैसी भव्यता नहीं है।

वह विचार गोपाल भट्ट के हृदय को भेद गया।

वे मन ही मन सोचने लगे—
"काश! मेरे ठाकुर भी बाँके बिहारी या राधा वल्लभ की तरह सुंदर साकार रूप में प्रकट हो जाते। तब मैं भी उन्हें प्रेम से वस्त्र पहनाता, उनका श्रृंगार करता, उनकी आँखों में काजल लगाता और आभूषणों से सजाता।"

जब भी वे देखते कि रूप **गोस्वामी अपने ठाकुर श्री गोविंद देव जी** की प्रेमपूर्वक सेवा कर रहे हैं, **सनातन गोस्वामी श्री मदनमोहन जी** की सेवा में

लीन हैं, और **मधु पंडित श्री गोपीनाथ जी** की सेवा कर रहे हैं— तो उनके हृदय में भी एक मधुर लालसा जाग उठती थी।

वे स्वयं को समझाने का प्रयास करते, परंतु उनके हृदय में एक कोमल उदासी बनी रहती— अपने लिए नहीं, बल्कि इस आकांक्षा के लिए कि वे अपने प्रभु की और भी अधिक स्नेहपूर्ण तथा साकार रूप में सेवा कर सकें।

कुछ महीनों पश्चात् झूला उत्सव प्रारंभ हुआ।

झूला उत्सव एक अत्यंत मनोहर भक्ति पर्व है, जिसमें भगवान श्रीकृष्ण और श्रीराधारानी को सुसज्जित झूले पर विराजमान कर भक्त प्रेमपूर्वक झुलाते हैं। यह विशेष रूप से **श्रावण मास** (जुलाई–अगस्त) में मनाया जाता है, जब वर्षा ऋतु के आगमन से प्रकृति हरित और सजीव हो उठती है। यह उत्सव सामान्यतः **हरियाली तीज** से प्रारंभ होकर **रक्षाबंधन** तक चलता है।

इस उत्सव के समय सभी मंदिरों में ठाकुरों को सुंदर वस्त्रों और आभूषणों से सजाया गया तथा झूलों पर विराजमान किया गया। भक्त और संत एक-दूसरे के मंदिरों में जाकर वृन्दावन के ठाकुरों के दर्शन करते थे।

उन दिनों **हरिराम व्यास** भी वृन्दावन में थे। वे महान कवि और भक्त थे तथा **हित हरिवंश महाप्रभु** के शिष्य थे, जिन्होंने **श्री राधा वल्लभ जी लाल** की उपासना परंपरा का प्रचार किया।

हरिराम व्यास अपनी अद्‌भुत रचनाओं के लिए प्रसिद्ध थे। वे जब भी किसी विग्रह के दर्शन करते, उसी क्षण भगवान की सुंदर वेशभूषा, आकर्षक श्रृंगार और दिव्य रूप का गुणगान करते हुए मधुर पदों की रचना कर देते। सभी लोग उन्हें आमंत्रित करते कि वे आकर अपने पदों से उनके ठाकुर को प्रसन्न करें।

गोपाल भट्ट गोस्वामी ने भी हरिराम व्यास को आमंत्रित किया कि वे उनके ठाकुर के समक्ष कोई सुंदर पद गाकर स्तुति करें।

हरिराम व्यास अत्यंत सरल और स्पष्ट स्वभाव के थे। वे बातों को मीठा बनाकर प्रस्तुत नहीं करते थे। जो कुछ वे देखते, उसे सीधे और निष्कपट भाव से व्यक्त कर देते।

उन्होंने पद की रचना की और गाना आरम्भ किया।

हरे कृष्ण हरे कृष्ण कृष्ण कृष्ण हरे हरे, हरे राम हरे राम राम राम हरे हरे॥

जब हरिराम व्यास ने देखा कि गोपाल भट्ट गोस्वामी के अंडाकार शालिग्राम ठाकुर झूले पर विराजमान हैं, तो वे कुछ क्षण के लिए चकित रह गए। उनके मन में हल्का सा संकोच उत्पन्न हुआ— *वे ऐसे स्वरूप की स्तुति कैसे करें जिसमें आँखें, नाक, हाथ या चरण स्पष्ट रूप से दिखाई ही नहीं देते? वे किस रूप-वर्णन का आधार लें?*

परंतु गोपाल भट्ट गोस्वामी ने अत्यंत प्रेमपूर्वक आग्रह किया—
"कृपया मेरे ठाकुर के लिए कुछ गाइए।"

उनकी आज्ञा का पालन करते हुए हरिराम व्यास ने गाना आरम्भ किया...

झूले रे झूले रे
मेरे गंडकी नंदन।

झूले रे झूले रे
मेरे गंडकी नंदन।

जैसे भट्टा कढ़ी में भोर्यो,
ऐसे लिपट्यो चंदन-चंदन।।

झूले रे झूले रे
मेरे गंडकी नंदन।

हाथ न पांव, नैन नहीं नासा,
ध्यानहिं होत आनंदन।।

झूले रे झूले रे
मेरे गंडकी नंदन।

जालंधर अरु वृंदावल्लभ,
करत कोटि हौं वंदन-वंदन।।

अर्थ: "हे मेरे गंडकी नंदन (गंडकी नदी से प्रकट हुए शालिग्राम भगवान), आप झूला झूलिए, झूला झूलिए।

जैसे छोटे बैंगन कढ़ी में डुबोकर लिपटे रहते हैं, वैसे ही आपके श्रीविग्रह पर चंदन प्रेमपूर्वक लिपटा हुआ है।

हरे कृष्ण हरे कृष्ण कृष्ण कृष्ण हरे हरे, हरे राम हरे राम राम राम हरे हरे॥

आपके ना हाथ हैं, ना पैर हैं, ना आंखें या ना ही नाक है फिर भी आपका ध्यान करने से अपार आनंद की प्राप्ति होती

हे प्रभु! जालंधर और उनकी पतिव्रता पत्नी वृंदा भी आपको कोटि-कोटि प्रणाम करते हैं।"

यद्यपि उन शब्दों में शालिग्राम के निराकार स्वरूप का कोमल वर्णन था, वे उपहास में नहीं कहे गए थे — वे एक काव्यात्मक सत्य की अभिव्यक्ति थे। फिर भी प्रत्येक पंक्ति गोपाल भट्ट गोस्वामी के **हृदय को भेद** रही थी। उनकी तड़प और भी गहरी हो गई। वे अपने लिए वैभव नहीं चाहते थे — वे चाहते थे कि उनके ठाकुर की भी वैसे ही महिमा गाई जाए जैसे वृंदावन के सुंदर सुसज्जित विग्रहों की होती है।

भजन सुनते-सुनते गोपाल भट्ट गोस्वामी अत्यंत व्यथित हो उठे। व्यापारी की सहानुभूतिपूर्ण दृष्टि से जो घाव पहले ही उनके हृदय को स्पर्श कर चुका था, वह अभी भरा भी न था कि यह घटना उसे और गहरा कर गई। उनका कोमल हृदय अब और सहन नहीं कर सका।

क्रोध और वेदना से काँपती वाणी में उन्होंने हरिराम व्यास से कहा—

"आप क्या गा रहे हैं? आप उन्हें यशोदानंदन या देवकीनंदन कहने के स्थान पर गंडकीनंदन कह रहे हैं! और आपने यह क्या कहा कि मेरे ठाकुर कढ़ी में डूबे बैंगन जैसे दिखते हैं? आपको ऐसा कहने का साहस कैसे हुआ? यदि यही गाना था तो इससे अच्छा था कि आप कुछ भी न गाते।"

हरिराम व्यास ने हाथ जोड़कर विनम्रता से उत्तर दिया—
"गोसाईं जी, कृपया मुझे क्षमा करें। मैं जो देखता हूँ, वही अपने पदों में व्यक्त करता हूँ। उसमें न कुछ जोड़ता हूँ, न घटाता हूँ।"

गोसाईं जी की आँखों में उठते भावों के तूफ़ान को देखकर हरिराम व्यास ने समझा कि वहाँ से शांतिपूर्वक विदा लेना ही उचित है। हाथ जोड़कर वे चुपचाप वहाँ से चले गए।

अब गोपाल भट्ट गोस्वामी अपने विचारों के साथ अकेले रह गए।

हरे कृष्ण हरे कृष्ण कृष्ण कृष्ण हरे हरे, हरे राम हरे राम राम राम हरे हरे॥

व्यापारी की सहानुभूतिपूर्ण दृष्टि से लगा घाव अभी भरा भी न था, और यह नई घटना उससे भी अधिक तीव्र होकर हृदय में उतर गई। पूरी रात उन्हें नींद नहीं आई। वे अपने शालिग्राम को हृदय से लगाकर फूट-फूटकर रोते रहे।

वे स्वयं को दोष देने लगे—
"यह सब मेरी ही त्रुटि है। शायद मेरी भक्ति अपूर्ण है। शायद मेरे प्रेम में कहीं कोई अशुद्धि है। तभी तो मेरे प्रभु मुझे अपना दिव्य स्वरूप प्रकट नहीं करते, जैसे उन्होंने रूप गोस्वामी और सनातन गोस्वामी को किया।"

उनका दुःख अहंकार से उत्पन्न नहीं था — वह विरह और सेवा की उत्कट आकांक्षा से जन्मा था। वे प्रतिष्ठा या मान-सम्मान नहीं चाहते थे। वे केवल इतना चाहते थे कि उनके ठाकुर भी एक सुंदर स्वरूप धारण करें, ताकि वे उन्हें सजा सकें, उनका श्रृंगार कर सकें, उनकी *आँखों में काजल* लगा सकें, *सिर पर मोरपंख* सजा सकें, और जैसे वृंदावन के अन्य भक्त अपने प्रिय विग्रहों की सेवा करते हैं, वैसे ही वे भी अपने ठाकुर की प्रेमपूर्वक सेवा कर सकें।

उस रात, वृंदावन के शांत आकाश के नीचे, एक भक्त रो रहा था — अपने लिए नहीं, बल्कि अपने प्रेम को और पूर्ण रूप से अर्पित करने के अवसर के लिए।

....

हरे कृष्ण हरे कृष्ण कृष्ण कृष्ण हरे हरे, हरे राम हरे राम राम राम हरे हरे॥

जिस दिन शालिग्राम मुस्कुराए

ततः सभायां नृहरिं प्रह्लादस्य महात्मनः ।
स्तम्भे सभायां दृष्ट्वाऽभूद् विस्मयो दानवर्षभः ॥ *(श्रीमद्भागवत -7.8.17)*

अर्थ: राजसभा के मध्य, एक स्तम्भ से भगवान ने नृहरि (अर्ध-मानव, अर्ध-सिंह) रूप में प्रकट होकर महान भक्त प्रह्लाद की रक्षा की। यह अद्भुत दृश्य देखकर दैत्यराज हिरण्यकशिपु आश्चर्य से स्तब्ध रह गया।

गोपाल भट्ट गोस्वामी ने अंततः सब कुछ अपने भाग्य और प्रभु की दिव्य इच्छा मानकर स्वीकार कर लिया। उन्होंने अपने हृदय को समझाने का प्रयास किया कि जो कुछ भी होता है, वह भगवान की इच्छा से ही होता है।

शीघ्र ही पवित्र दिन **नरसिंह चतुर्दशी** आ पहुँचा, जो भगवान नरसिंह के प्राकट्य का दिवस है। उस दिन **वृंदावन** में उत्सव बड़े धूमधाम से मनाया जा रहा था। गोपाल भट्ट उस दिन **श्रीमद्भागवत** से नरसिंह कथा का पाठ कर रहे थे।

आँखों में आँसू भरकर उन्होंने भगवान श्रीकृष्ण से अत्यंत भावपूर्ण प्रार्थना की—

*" अपने भक्त प्रह्लाद के लिए आप एक **साधारण स्तंभ** से प्रकट हुए — एक सामान्य पत्थर से। तो फिर मेरे लिए आप इस **शालिग्राम शिला** से क्यों प्रकट नहीं होंगे, जो पवित्र है और जिसे आपका साक्षात् स्वरूप माना जाता है?"*

पूर्व की घटनाओं के घाव — उस व्यापारी की सहानुभूतिपूर्ण दृष्टि और हरिराम व्यास के स्पष्ट भजनों की वेदना — अभी भी उनके हृदय में ताज़ा थे। गहरे दुःख में डूबे हुए वे आगे प्रार्थना करने लगे—

*"**रूप गोस्वामी के लिए आप गोविंद देव रूप में प्रकट हुए, सनातन गोस्वामी के लिए मदन मोहन बने, और मधु पंडित के लिए गोपीनाथ के रूप में प्रकट हुए। हे नाथ! मेरे लिए आप क्यों प्रकट नहीं होंगे?** मेरी भक्ति में क्या कमी है? मैं कहाँ अपूर्ण हूँ? कृपया मुझे क्षमा करें और मुझ पर कृपा करें।"*

लगातार रोते-रोते उन्हें पता ही नहीं चला कि कब नींद ने उन्हें घेर लिया।

हरे कृष्ण हरे कृष्ण कृष्ण कृष्ण हरे हरे, हरे राम हरे राम राम राम हरे हरे॥

प्रतिदिन प्रातःकाल गोपाल भट्ट पवित्र **यमुना नदी** में स्नान करने जाते थे। जाने से पहले वे अपने सभी **शालिग्राम शिलाओं को स्वच्छ श्वेत वस्त्र में सावधानीपूर्वक लपेटकर नीम के वृक्ष की एक डाली पर टाँग देते थे।**

अगली सुबह, हमेशा की तरह, वे यमुना में स्नान कर लौटे। किंतु जब उनकी दृष्टि उस वस्त्र-गाँठ पर पड़ी, तो उन्हें कुछ विचित्र प्रतीत हुआ। वस्त्र का **आकार बदल** चुका था। वह पहले की तरह गोल न दिखकर अब लंबवत दिखाई दे रहा था। साथ ही उसका भार भी कुछ हल्का प्रतीत हो रहा था।

जब गोपाल भट्ट गोस्वामी ने वह श्वेत वस्त्र खोला, तो वे स्तब्ध रह गए। उनके हाथ काँपने लगे, श्वास थम सी गई — ***एक चमत्कार घटित हुआ ,शालिग्राम शिलाओं में से सबसे बड़ी शिला एक अत्यंत सुंदर श्रीकृष्ण विग्रह में परिवर्तित हो चुकी थी।***

आरंभ में उन्होंने सोचा कि संभवतः किसी ने उनके वस्त्र में कोई अन्य विग्रह रख दिया होगा — शायद यह कोई दूसरा ठाकुर हो। उनकी बुद्धि तत्काल उस दृश्य को स्वीकार नहीं कर पा रही थी जो उनकी आँखें देख रही थीं। परंतु जब उन्होंने उस विग्रह को सावधानी से उठाकर पीछे की ओर ध्यानपूर्वक देखा, तो वे पुनः आश्चर्यचकित रह गए। *विग्रह के पीछे का भाग उसी शालिग्राम शिला के स्वाभाविक चिन्हों और स्वरूप को धारण किए हुए था, जिसे उन्होंने कुछ ही घंटे पहले लपेटा था।* उसी क्षण उन्हें अनुभव हुआ — ***यह कोई अन्य नहीं, उनके अपने प्रिय प्रभु ही थे, जो उनके समक्ष प्रकट हो गए थे।***

नील कमल और दमकते हुए नीलम मणि के समान वे उनके समक्ष त्रिभंगी मुद्रा में खड़े थे—तीन स्थानों से कोमलता से मुड़े हुए। अपने कोमल हाथों में वे बांसुरी धारण किए हुए थे, और उनकी मनोहर दृष्टि अपने भक्त पर स्नेहपूर्ण कृपा बरसा रही थी। ऐसा प्रतीत हो रहा था मानो स्वयं प्रभु कह रहे हों, "अब मुझे वस्त्र और आभूषणों से सजाओ। मेरा सुंदर श्रृंगार करो।"

आनंदाश्रुओं से अभिभूत होकर गोपाल भट्ट समझ गए कि प्रभु ने उनकी प्रार्थना सुन ली है। वही शालिग्राम शिला, जिसमें वे इतने समय से दिव्य स्वरूप के दर्शन की आकांक्षा कर रहे थे, अब पूर्णतः सुंदर श्रीकृष्ण विग्रह के रूप में प्रकट हो चुकी थी।

कंपित भक्ति-भाव से भट्ट जी ने प्रभु को उत्कृष्ट वस्त्र और आभूषण पहनाए, अत्यंत प्रेम से उनकी पूजा-अर्चना की और उन्हें सुसज्जित झूले पर विराजमान

किया। उसी दिव्य दिन से प्रभु "***श्री राधारमण देव***" के नाम से विख्यात हुए—वे जो ***श्रीमती राधारानी*** और अपने भक्तों को आनंद प्रदान करते हैं।

यह विग्रह लगभग बारह अंगुल (लगभग बारह उँगलियों की चौड़ाई) ऊँचा है। उनकी तीक्ष्ण और सुंदर आँखें हैं; छोटे-छोटे कोमल हाथ, नन्हीं उँगलियाँ; सुंदर, सुकुमार चरण; पतली कमर; और वे बांसुरी वादन की मनमोहक मुद्रा में खड़े हैं। उनकी मुस्कान को संसार की सर्वाधिक मोहक मुस्कान माना जाता है, और उनके छोटे से मुख में बीस नन्हे दाँत स्पष्ट दिखाई देते हैं। सूक्ष्मता इतनी अद्‌भुत है कि कोई भी मानव शिल्पकार इतनी बारीकी से यह स्वरूप तराश ही नहीं सकता—विशेषकर शालिग्राम शिला से, जो अन्य पत्थरों की अपेक्षा अपेक्षाकृत कोमल होती है और तराशते समय टूट भी सकती है। इसलिए भक्त दृढ़ विश्वास रखते हैं कि इस विग्रह को किसी ने गढ़ा नहीं; वे स्वयं प्रकट हुए हैं।

एक पावन कथा के अनुसार, भगवान श्रीकृष्ण के प्रपौत्र **वज्रनाभ** ने एक बार अपने दिव्य पूर्वज के वास्तविक स्वरूप को देखने की इच्छा व्यक्त की। उस समय **उत्तरा—अभिमन्यु** की पत्नी और पांडवों की पुत्रवधू—जीवित थीं। उन्होंने अनेक बार भगवान श्रीकृष्ण के दर्शन किए थे और उनके अंग-प्रत्यंग, वर्ण, मुद्रा तथा दिव्य आकर्षण का विस्तार से वर्णन किया।

उत्तरा के वर्णन के आधार पर वज्रनाभ ने श्रीकृष्ण के तीन विग्रहों का निर्माण करवाया। ऐसा कहा जाता है कि स्वयं विश्वकर्मा ने वेश बदलकर उन दिव्य विग्रहों को निर्मित किया। जब विग्रह तैयार हो गए, तब उत्तरा को बुलाकर उनकी समानता की पुष्टि करने के लिए कहा गया।

जब उन्होंने **प्रथम विग्रह** को देखा और ध्यानपूर्वक स्पर्श किया, तो उन्होंने कहा कि उसके चरणकमल ठीक भगवान **श्रीकृष्ण के चरणों** जैसे हैं। उनका स्पर्श इतना स्वाभाविक और कोमल था मानो पत्थर नहीं, जीवंत त्वचा हो। वह विग्रह आगे चलकर "**श्री मदन मोहन जी**" के नाम से विख्यात हुआ।

जब उन्होंने **दूसरे विग्रह** का परीक्षण किया, तो उन्होंने कहा कि उसका **वक्षस्थल** (छाती से कमर तक का भाग) श्रीकृष्ण के दिव्य अंगों से अत्यंत साम्य रखता है। वह विग्रह "**श्री गोपीनाथ जी**" के नाम से प्रसिद्ध हुआ।

परंतु जब उन्होंने **तीसरे विग्रह** को देखा, तो उनकी आँखें आँसुओं से भर गईं। भाव-विभोर होकर उन्होंने उसे आलिंगन में भर लिया और कहा कि उसका **मुखमंडल** ठीक भगवान श्रीकृष्ण के मनोहर मुख के समान है। वह विग्रह "**श्री गोविंद देव जी**" के नाम से प्रसिद्ध हुआ।

हरे कृष्ण हरे कृष्ण कृष्ण कृष्ण हरे हरे, हरे राम हरे राम राम राम हरे हरे॥

(प्रारंभ में इन तीनों विग्रहों के मंदिर **वृंदावन** में स्थित थे। किंतु औरंगज़ेब के शासनकाल में जब मंदिरों के विनाश की घटनाएँ बढ़ने लगीं, तब इन विग्रहों की रक्षा के लिए उन्हें राजस्थान ले जाया गया, जिसमें **राजा मानसिंह प्रथम** तथा बाद के राजपूत शासकों का सहयोग रहा। आज श्री गोविंद देव जी और श्री गोपीनाथ जी **जयपुर** में दर्शन देते हैं, जबकि श्री मदन मोहन जी की सेवा **करौली** में होती है।)

श्री राधारमण जी को वृंदावन के तीन प्रमुख ठाकुरों — श्री गोविंद देव जी, श्री गोपीनाथ जी और श्री मदन मोहन जी — के संयुक्त सारस्वरूप के रूप में प्रेमपूर्वक माना जाता है। भक्त कहते हैं कि उनका मुख श्री गोविंद देव जी के समान है, उनका वक्षस्थल श्री गोपीनाथ जी की झलक देता है, और उनके चरणकमल श्री मदन मोहन जी जैसे प्रतीत होते हैं — इस प्रकार वे श्रीकृष्ण की पूर्ण सौंदर्य-माधुरी को धारण किए हुए हैं।

अद्भुत बात यह है कि आज भी पीछे की ओर से श्री राधारमण जी ठीक शालिग्राम शिला के समान ही दिखाई देते हैं, जिसे उनके प्रतिदिन होने वाले प्रातःकालीन अभिषेक के समय स्पष्ट रूप से देखा जा सकता है — यह उनके चमत्कारिक प्राकट्य की दिव्य स्मृति है।

जब अन्य गोस्वामी और संतों ने श्री राधारमण के दिव्य प्राकट्य का समाचार सुना, तो वे सभी उनके दर्शन के लिए उत्सुकता से पहुँच गए। **हरिराम व्यास जी** भी उनके साथ आए।

जैसे ही गोपाल भट्ट गोस्वामी ने उन्हें देखा, वे उन्हें प्रेमपूर्वक गले लगा बैठे। उन्हें अनुभव हुआ कि व्यास जी का श्री राधारमण जी के प्राकट्य में अप्रत्यक्ष किंतु अत्यंत महत्वपूर्ण योगदान रहा है। यदि व्यास जी ने वे **हृदय** को चीर देने वाले, किंतु सत्य से पूर्ण भजन न गाए होते, तो शायद उनके हृदय में वह गहन विरह-भाव इतनी तीव्रता से जागृत न होता।

जब हरिराम व्यास जी ने श्री राधारमण जी के दर्शन किए, तो उनका आनंद अपार हो उठा। उन्होंने इससे पूर्व कभी भी ठाकुर का इतना मनोहर, सुकुमार और अनुपम स्वरूप नहीं देखा था — सुंदर पीताम्बर धारण किए, देदीप्यमान आभूषणों से अलंकृत, त्रिभंगी मुद्रा में सुशोभित। दिव्य भावावेश में डूबकर वे गाने लगे —

"श्री राधारमण हमारे मीत।
ललित त्रिभंगी श्याम सलोने, कटि पहिरे पट पीत।
मुरलीधर मनहरन छबीले, छाके प्रिय की प्रीत।

हरे कृष्ण हरे कृष्ण कृष्ण कृष्ण हरे हरे, हरे राम हरे राम राम राम हरे हरे॥

गुन मंजरी विदित नगरवर, जानत रस की रीत।
तिरछे नयन कटाक्ष करें, चित चोरन के चीत।
कोमल अंग अरु अरुण अधर, मुस्कान अमृत-सी प्रीत।
कुंज-बिहारी रूप मनोहर, लाजत कोटि मनित।
व्यास कहे यह रूप निराला, जीवन-धन हरि-जीत।'

यह पद श्री राधारमण को भक्त का परम प्रिय सखा और जीवन-संगिनी के रूप में चित्रित करता है, जो त्रिभंगी मुद्रा में मनोहर ढंग से खड़े हैं और पीताम्बर से अलंकृत हैं।

वे मनोहर मुरलीधर हैं, जो अपनी छवि से सबका मन हर लेते हैं और अपनी प्रिया के प्रेम में सदा अनुरक्त रहते हैं।

वे दिव्य रस के परम ज्ञाता हैं, जिनकी तिरछी चितवन हृदय को चुरा लेती है और आत्मा को मोह लेती है।

उनके अंग अत्यंत कोमल हैं, उनके अरुण अधर मधुरता से दमकते हैं, और उनकी मुस्कान अमृतधारा की भाँति रस बरसाती है।

कुंज-बिहारी के रूप में उनकी सुंदरता करोड़ों कामदेवों को भी लज्जित कर देती है।

अंत में व्यास जी कहते हैं कि यह अनुपम दिव्य स्वरूप ही जीवन का सच्चा धन है — वही हरि हैं, जो प्रेम से सबके हृदयों को जीत लेते हैं।

यह भजन व्यास जी के अंतर्मन के रूपांतरण को दर्शाता है — जहाँ उन्होंने पहले निराकार शालिग्राम का काव्यात्मक वर्णन किया था, वहीं अब वे पूर्णतः प्रकट, परम आकर्षक और साकार श्री राधारमण स्वरूप की महिमा का गान कर रहे थे।

गोपाल भट्ट गोस्वामी श्री राधारमण जी की सेवा **निधिवन** के निकट एक खुले उपवन में किया करते थे। उनकी भक्ति अत्यंत गहन और निर्मल थी, किंतु उनके हृदय में एक कोमल अभिलाषा निरंतर जागती रहती थी — कि उनके प्रिय राधारमण के लिए एक छोटा-सा मंदिर हो, एक ऐसा पावन स्थान जो उनके दिव्य सौंदर्य के अनुरूप हो।

हरे कृष्ण हरे कृष्ण कृष्ण कृष्ण हरे हरे, हरे राम हरे राम राम राम हरे हरे॥

इसी भावना से प्रेरित होकर गोपाल भट्ट एक धनी साहूकार के पास गए। उन्होंने उससे धन उधार लिया और यह आश्वासन दिया कि वे संपूर्ण राशि ब्याज सहित लौटा देंगे। उनके मन में पूर्ण विश्वास था कि श्री राधारमण की कृपा से मंदिर में जो भी दान आएगा, उससे वे धीरे-धीरे ऋण चुका देंगे।

साहूकार ने सहमति दी और उन्हें धन प्रदान कर दिया।

उस धन से गोपाल भट्ट ने श्री राधारमण के लिए एक छोटा-सा सुंदर मंदिर निर्मित कराया। उन्होंने प्रभु के लिए मनोहर वस्त्र और आभूषणों की व्यवस्था की तथा अत्यंत प्रेम और सावधानी से प्रतिदिन पाँच बार भोग अर्पित करना आरंभ किया। उनके दिन पूर्णतः सेवा में निमग्न हो गए — ठाकुर जी को सजाना, भोग बनाना, पूजा-अर्चना करना — यही उनका जीवन बन गया।

इसी गहन सेवा-भाव में वे ऋण चुकाने की तिथि को पूरी तरह भूल गए।

जब नियत समय बीत गया और गोपाल भट्ट की ओर से कोई संदेश नहीं आया, तो साहूकार क्रोधित हो उठा। उसने सोचा, "***वे अभी तक धन चुकाने क्यों नहीं आए? क्या उन्होंने अपना वचन भुला दिया?***" क्रोध में उसने स्वयं उनके पास जाने का निश्चय किया। उसने मन में ठान लिया कि यदि धन वापस न मिला, तो वह उनकी उपलब्ध वस्तुओं को जब्त कर लेगा — आवश्यकता पड़ी तो भूमि भी ले लेगा।

उसी संध्या गोपाल भट्ट को अचानक अंतिम तिथि का स्मरण हुआ। उनका हृदय काँप उठा। जब उन्होंने दान-पात्र की राशि देखी, तो वह ऋण चुकाने के लिए बहुत कम थी।

फिर भी उन्होंने निश्चय किया, "*जो भी थोड़ा-बहुत है, वही लेकर साहूकार के पास जाऊँगा और विनम्रतापूर्वक कुछ और समय की प्रार्थना करूँगा।*"

अगली सुबह...

गोपाल भट्ट गोस्वामी अपने पास की थोड़ी-सी राशि एक कपड़े में बाँधकर साहूकार के घर पहुँचे।

पर वहाँ जो दृश्य उन्होंने देखा, उसने उन्हें स्तब्ध कर दिया।

क्रोध के स्थान पर साहूकार ने उनका अत्यंत आदर और स्नेह से स्वागत किया।

हरे कृष्ण हरे कृष्ण कृष्ण कृष्ण हरे हरे, हरे राम हरे राम राम राम हरे हरे॥

"गोस्वामी जी! आप स्वयं आ गए? आपको कष्ट करने की क्या आवश्यकता थी? यदि कोई आवश्यक बात थी, तो मुझे बुला लेते।"

गोपाल भट्ट आश्चर्यचकित रह गए। अभी एक दिन पहले तक वे सोच रहे थे कि साहूकार अत्यंत क्रोधित होगा। उन्हें तो यह भी लगा कि कहीं यह विनम्रता व्यंग्य तो नहीं।

हाथ जोड़कर उन्होंने धन की पोटली आगे बढ़ाई और विनम्र स्वर में कहा,
"साहूकार जी, मुझे क्षमा करें। पर्याप्त दान प्राप्त नहीं हुआ। इस समय मेरे पास केवल इतना ही है। कृपा करके मुझे कुछ और समय दें; शेष राशि शीघ्र ही चुका दूँगा।"

साहूकार ने आश्चर्य से उनकी ओर देखा।

"कौन-सा धन, गोस्वामी जी? कल ही आपके एक शिष्य ने आकर पूरा ऋण ब्याज सहित चुका दिया।"

गोपाल भट्ट का हृदय मानो रुक गया।

"मेरा शिष्य? मैंने तो किसी को नहीं भेजा। आप किसकी बात कर रहे हैं?"

साहूकार ने गंभीरता से उत्तर दिया,
*"गोस्वामी जी, आप मुझसे परिहास क्यों कर रहे हैं? आपने एक युवा शिष्य भेजा था — श्यामवर्ण, पीताम्बर धारण किए हुए। वह अत्यंत सुंदर और आकर्षक था। उसके शरीर से दिव्य सुगंध आ रही थी — वही सुगंध जो आपके मंदिर से आती है। मैंने सोचा, वह अवश्य **श्री राधारमण** की सेवा करता होगा और वही सुगंध उन पर चढ़ाता होगा, इसलिए वह उसके शरीर पर भी थी।"*

यह सुनकर गोपाल भट्ट जड़वत् खड़े रह गए।

कुछ क्षण वे मौन रहे। फिर उनकी आँखों से अश्रुधारा बहने लगी।

कंपित स्वर में उन्होंने साहूकार के हाथ थामते हुए कहा,
*"आप मुझसे भी अधिक भाग्यशाली हैं। आपके द्वार पर जो आए थे, वे कोई और नहीं, स्वयं **श्री राधारमण** थे। यह देखकर कि मैं ऋण चुकाने में असमर्थ हूँ, उन्होंने अपने सेवक को अपमान या कष्ट से बचाने के लिए स्वयं आकर मेरा ऋण चुका दिया।"*

हरे कृष्ण हरे कृष्ण कृष्ण कृष्ण हरे हरे, हरे राम हरे राम राम राम हरे हरे॥

उन्होंने आगे कहा,
"उस धन का उपयोग मत कीजिए। उसे अपने घर में श्रद्धापूर्वक सुरक्षित रखिए। वह स्वयं लक्ष्मीपति — माँ लक्ष्मी के स्वामी — के हाथों से आया है।"

यह सुनकर साहूकार की आँखें भी आँसुओं से भर गईं। उसका अहंकार उसी क्षण पिघल गया। वह भावविभोर होकर गोपाल भट्ट के चरणों में गिर पड़ा।

उस दिन से वह श्री राधारमण लाल जी का सच्चा और समर्पित भक्त बन गया।

केवल अपने भक्त के लिए प्रकट होकर ही नहीं, बल्कि राधारमण ने गोपाल भट्ट के साथ अनेक अंतरंग लीलाएँ भी कीं, और उनके प्रेम व भक्ति का व्यक्तिगत रूप से प्रत्युत्तर दिया।

सन् 1578 में, गोपाल भट्ट जी ने मंदिर की सम्पूर्ण जिम्मेदारी अपने प्रिय शिष्य **श्रीनिवास आचार्य को सौंप दी।** पचहत्तर वर्ष की आयु में उन्होंने समाधि ग्रहण की और इस नश्वर संसार से विदा ली। अपने गुरुदेव की पावन स्मृति में उनके शिष्यों ने श्रद्धापूर्वक एक भव्य समाधि-मंदिर का निर्माण कराया।

औरंगज़ेब के शासनकाल में, जब अनेक विग्रहों को संरक्षण हेतु वृन्दावन से राजस्थान ले जाया गया, तब भी राधारमण लाल जी वृन्दावन में ही विराजमान रहे। उनके छोटे और कोमल स्वरूप के कारण गोस्वामियों ने अत्यंत सावधानी से उन्हें नगर के भीतर ही सुरक्षित रखा और उनकी रक्षा की।

(श्री राधारमण लालजी-वृन्दावन)

हरे कृष्ण हरे कृष्ण कृष्ण कृष्ण हरे हरे, हरे राम हरे राम राम राम हरे हरे॥

श्री राधारमण लाल जी को वृन्दावन के सबसे छोटे और अत्यंत मनोहर ठाकुरों में गिना जाता है। उनका मंदिर निधिवन के समीप स्थित है। भक्तगण आज भी एक अद्भुत अनुभूति का अनुभव करते हैं—कभी दर्शन में उनका मुख हल्का-सा बंद प्रतीत होता है, कभी ***उनके छोटे-छोटे दाँत झलकते*** हैं, और कभी ***उनकी मुस्कान और भी विस्तृत दिखाई देती है,*** मानो वे बार-बार अपनी चंचल, सजीव उपस्थिति का संकेत दे रहे हों।

मंदिर की एक और विलक्षण विशेषता है उसकी पवित्र अखंड अग्नि। सन् 1542 ईस्वी में मंदिर की स्थापना के समय जो दिव्य ज्योति प्रज्वलित की गई थी, वह आज तक निरंतर जल रही है। इसे स्वयं गोपाल भट्ट गोस्वामी ने प्रज्वलित किया था और तब से यह कभी बुझी नहीं। इसी पवित्र अग्नि से प्रतिदिन प्रभु के भोग की रसोई तैयार की जाती है और मंदिर के दीप प्रज्वलित किए जाते हैं—वह भी बिना किसी माचिस के प्रयोग के। लगभग पाँच शताब्दियों से निरंतर जलती यह ज्योति अखंड भक्ति और ईश्वरीय कृपा की सजीव साक्षी बनी हुई है।

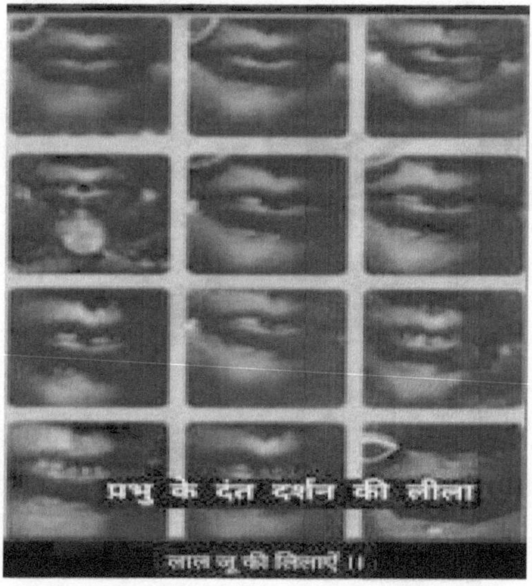

हरे कृष्ण हरे कृष्ण कृष्ण कृष्ण हरे हरे, हरे राम हरे राम राम राम हरे हरे॥

अध्याय – 7

जिस भक्ति को रस्सियाँ भी बाँध न सकीं: शकुबाई

उसका दुःख, उनका वचन

समाश्रिता ये पदपल्लव-प्लवं, महत्पदं पुण्ययशो मुरारेः।
भवाम्बुधिर्वत्सपदं परं पदं,पदं पदं यद् विपदां न तेषाम्॥ (**श्रीमद्भागवत (10.14.58)**

अर्थ: जो भक्त भगवान मुरारी (श्रीकृष्ण) के चरणकमलों का आश्रय लेते हैं—जो एक नाव के समान हैं—उनके लिए यह संसाररूपी दुःखों का समुद्र बछड़े के खुर के छोटे से गड्ढे के समान हो जाता है। ऐसे भक्तों के लिए जीवन के प्रत्येक कदम पर आने वाली विपत्तियाँ भी उनका कुछ नहीं बिगाड़ पातीं।

शाकुबाई का जन्म **14वीं** शताब्दी में पंढरपुर के निकट एक गाँव में हुआ था। वे भगवान **विठ्ठल** के अत्यंत भक्तिमय परिवार में जन्मीं, जहाँ जीवन का हर क्षण भक्ति के इर्द-गिर्द ही घूमता था। उनके जन्म से पहले ही भक्ति ने उनके जीवन की दिशा तय कर दी थी—जब वे अपनी माता के गर्भ में थीं, तब उनकी माता प्रतिदिन श्रीमद्भागवतम् की कथा सुना करती थीं। एक दिन ऐसी ही कथा के मध्य उन्हें प्रसव पीड़ा हुई और कुछ ही समय में शाकुबाई का जन्म हुआ। उनका जन्म कोई साधारण घटना नहीं, बल्कि एक दिव्य आशीर्वाद माना गया। परिवार की प्रसन्नता का ठिकाना न रहा, मानो स्वयं भगवान विठ्ठल इस बालिका के रूप में उनके घर पधारे हों।

उनका संपूर्ण बचपन भगवान विठ्ठल की भक्ति में ही डूबा रहा, मानो भक्ति उनके रक्त में ही प्रवाहित हो रही हो। साधारण लोरियों के स्थान पर उनकी माता उन्हें प्रभु के मधुर भजन सुनाकर सुलाती थीं, जिससे जीवन के प्रारंभ से ही उनके कानों में **हरिनाम** गूँजता रहा। वे शोर या व्यर्थ बातों से नहीं, बल्कि मंगला आरती और कीर्तन की पवित्र ध्वनियों से जागती थीं, जो उनके जीवन की दिनचर्या बन गई थी। ऐसे वातावरण में भक्ति उन्हें सिखाई नहीं गई, बल्कि स्वयं ही उनके भीतर सहज रूप से खिल उठी।

हरे कृष्ण हरे कृष्ण कृष्ण कृष्ण हरे हरे, हरे राम हरे राम राम राम हरे हरे॥

एक दिन, जब वे अपने मित्रों के साथ मासूमियत से खेल रही थीं, तभी एक संत उनके घर के बाहर भिक्षा माँगने आए। उनकी माता ने विनम्रता और श्रद्धा से बाहर आकर उन्हें भोजन अर्पित किया। छोटी शाकुबाई ने संत के गले में पड़ी **तुलसी माला** को देखा और तुरंत उसकी ओर आकर्षित हो गईं।

हाथ जोड़कर, चमकती आँखों से उन्होंने पूछा, ***"बाबा, यह माला क्या है जो आपने पहनी है?"***

संत ने स्नेहपूर्वक उत्तर दिया, ***"यह पवित्र तुलसी माला है। जो भी इसे धारण करता है, वह भगवान विठ्ठल को अत्यंत प्रिय हो जाता है। मृत्यु के बाद ऐसे व्यक्ति को यमदूत स्पर्श भी नहीं करते, बल्कि स्वयं भगवान के दूत वैकुण्ठ से आकर उसे अपने साथ ले जाते हैं।"***

उनके शब्द सरल थे, परंतु उनमें गहरा आध्यात्मिक सत्य छिपा था। यह सुनते ही शाकुबाई के हृदय में एक दिव्य भाव जाग उठा—एक ऐसी भक्ति की चिंगारी, जो उनकी आयु से कहीं अधिक गहरी थी। उनके निष्कपट मन में न तो **सोने** का मोह था, न ही किसी सांसारिक वस्तु का आकर्षण; वे केवल प्रभु के समीप होना चाहती थीं। बाल-सुलभ सरलता

और अटूट विश्वास के साथ उन्होंने कहा, ***"महाराज जी, कृपया यह माला मुझे दे दीजिए। इसके बदले मैं अपनी सोने की माला दे दूँगी। मैं भी भगवान विठ्ठल की प्रिय बनना चाहती हूँ।"***

एक छोटी बालिका की इतनी निर्मल और निस्वार्थ भक्ति देखकर संत अत्यंत भाव-विभोर हो गए। उन्होंने अनुभव किया कि यह कोई साधारण बालिका नहीं, बल्कि एक दिव्य आत्मा है, जिसका संबंध पहले से ही ईश्वर से जुड़ा हुआ है। उन्होंने प्रेमपूर्वक उसके सिर पर हाथ रखकर आशीर्वाद दिया।

मुस्कुराते हुए बोले, ***"यह सोने की माला मेरे लिए किसी काम की नहीं है,"*** क्योंकि वे समझ चुके थे कि सच्चा रत्न तो उसकी भक्ति है। बिना किसी संकोच के उन्होंने अपनी तुलसी माला उतारकर शाकुबाई के गले में पहना दी, मानो भक्त और भगवान के बीच एक पवित्र संबंध स्थापित कर दिया हो। इसके बाद वे शांतिपूर्वक वहाँ से चले गए, पीछे छोड़ गए केवल एक माला नहीं, बल्कि शाकुबाई और भगवान विठ्ठल के बीच एक अटूट संबंध—जो समय के साथ और भी गहरा होता गया। ऐसे भक्तिमय वातावरण में जन्म लेने के कारण शाकुबाई बचपन से ही विठ्ठल की अनन्य भक्त बन गईं। उनकी सेवा करना, उनकी पूजा करना और प्रेमपूर्वक उनके लिए भोग तैयार करना उनका दैनिक कार्य बन

हरे कृष्ण हरे कृष्ण कृष्ण कृष्ण हरे हरे, हरे राम हरे राम राम राम हरे हरे॥

गया—जितना स्वाभाविक ***साँस लेना होता है,*** उतना ही स्वाभाविक उनके लिए भक्ति थी। उनके लिए भक्ति कोई विशेष समय का कर्म नहीं, बल्कि जीवन जीने का तरीका थी—हर क्षण की साथी। चाहे वे खा रही हों, विश्राम कर रही हों या खेल रही हों, उनका मन सदैव अपने प्रिय प्रभु के स्मरण में लीन रहता था। उनके निष्कलंक हृदय को संसारिक सुखों में नहीं, बल्कि प्रभु की सेवा और स्मरण में ही आनंद मिलता था, और यह निर्मल भक्ति समय के साथ और अधिक गहरी होती चली गई।

जैसे-जैसे समय बीतता गया, सखूबाई बड़ी होती गईं और उनके **विवाह** का समय आ पहुँचा। वे अपने माता-पिता की इकलौती संतान थीं, इसलिए उनके माता-पिता उनकी शादी को पूरे आनंद, वैभव और बिना किसी कमी के सम्पन्न करना चाहते थे—जैसा हर माता-पिता अपनी प्रिय बेटी के लिए सपना देखते हैं। वे चाहते थे कि वे अपने नए जीवन में खुशियों और आशीर्वादों के साथ प्रवेश करें और अपने साथ वही भक्ति भी लेकर जाएँ जो उनके माता-पिता ने बचपन से उनमें संजोई थी।

उसी समय, एक अन्य परिवार अपने इकलौते बेटे के लिए योग्य वधू की तलाश में था। वे सखूबाई के घर उनसे और उनके परिवार से मिलने आए। वे बाहर से बड़े विनम्र और सुसंस्कृत प्रतीत हो रहे थे—मधुर वाणी, सौम्य व्यवहार और बार-बार मुस्कुराना, मानो वे बहुत ही अच्छे स्वभाव के लोग हों। परंतु इस विनम्रता के पीछे उनके मन में लालच और स्वार्थ छिपा हुआ था, जिसे उन्होंने अपनी मीठी बातों के पीछे सावधानी से छुपा रखा था।

जब सखूबाई के पिता ने विनम्रता और सच्चाई के साथ उनसे विवाह की अपेक्षाओं के बारे में पूछा, तो दूल्हे की माँ ने शांत और उदार स्वर में उत्तर दिया, ***"कृपया हमें ऐसी बात पूछकर शर्मिंदा न करें। हमें कोई भी माँग नहीं है। आप जो भी देना चाहें, अपनी बेटी को दें—हमें तो केवल वही चाहिए।"***

उनके शब्दों में सादगी और उदारता झलक रही थी, जिससे एक निस्वार्थ भाव का आभास होता था। किंतु भीतर ही भीतर वह जानती थी कि सखूबाई अपने माता-पिता की इकलौती वारिस हैं और उनके पिता आर्थिक रूप से संपन्न हैं। विवाह के बाद सारी संपत्ति स्वाभाविक रूप से सखूबाई के नाम आएगी—और अप्रत्यक्ष रूप से उनके बेटे के अधिकार में चली जाएगी। इस प्रकार जो विनम्रता दिखाई दे रही थी, वह वास्तव में धन और सुरक्षा की छिपी हुई इच्छा थी।

ऐसी बिना माँग की बात सुनकर सखूबाई के पिता को गहरा संतोष और कृतज्ञता का अनुभव हुआ। उन्हें लगा कि उन्होंने अपनी बेटी के लिए सबसे उत्तम परिवार

ढूँढ लिया है—जो उन्हें धन से अधिक महत्व देता है। उनका हृदय विश्वास और संतोष से भर गया, क्योंकि उन्हें लगा कि उनकी बेटी को अपने नए घर में प्रेम और सम्मान मिलेगा।

इसी संतोष के भाव से उन्होंने अपनी एक इच्छा प्रकट करते हुए कहा, *"हम अपनी बेटी के विवाह के बाद **वानप्रस्थ आश्रम** में प्रवेश करना चाहते हैं और शेष जीवन **भगवान विठ्ठल** की भक्ति में बिताना चाहते हैं।"*

ये शब्द उनके वैराग्य और गहरी भक्ति को दर्शाते थे, क्योंकि वे अपना शेष जीवन भगवान की सेवा और स्मरण में बिताना चाहते थे।

यह सुनकर दूल्हे का परिवार भीतर ही भीतर प्रसन्न हो गया, क्योंकि इससे उनकी आशाएँ और भी मजबूत हो गईं। यद्यपि बाहर से वे शांत और विनम्र बने रहे, परंतु मन ही मन वे इस बात से खुश थे कि सब कुछ शीघ्र ही उनके अनुकूल हो जाएगा। दूल्हे के पिता ने भी मीठे और आश्वस्त करने वाले शब्दों में कहा कि *उन्हें बिल्कुल चिंता करने की आवश्यकता नहीं है—माता-पिता के बाद वे सखूबाई का अपनी बेटी की तरह ध्यान रखेंगे।*

उनकी वाणी में मधुरता और भरोसा था, जो पूर्ण विश्वास उत्पन्न करने के लिए कहा गया था। लेकिन इन कोमल शब्दों के पीछे उनके इरादे शुद्ध नहीं थे; उनका उद्देश्य स्नेह नहीं, बल्कि संपत्ति और नियंत्रण प्राप्त करना था।

जब दोनों परिवारों को कोई आपत्ति नहीं रही, तो आपसी सहमति से एक पुजारी को बुलाकर विवाह की शुभ तिथि निर्धारित की गई। शीघ्र ही घर में तैयारियों, रस्मों और आनंद का वातावरण छा गया, और पवित्र रीति-रिवाजों के साथ सखूबाई का विवाह सम्पन्न हुआ। यह उनके जीवन के एक नए अध्याय की शुरुआत थी।

उनके माता-पिता के लिए यह क्षण खुशी और विदाई दोनों का संगम था। उन्होंने अपनी इकलौती बेटी को प्रेमपूर्वक विदा किया। कुछ समय बाद, शास्त्रों के अनुसार, उन्होंने अपनी सारी संपत्ति सखूबाई को सौंप दी और शांत मन से **वानप्रस्थ** के लिए प्रस्थान कर गए, संसारिक मोह का त्याग कर भक्ति और साधना के मार्ग को अपनाते हुए।

लेकिन उनके जाते ही सखूबाई के ससुराल वालों का व्यवहार पूरी तरह बदल गया, मानो उनका असली चेहरा सामने आ गया हो। जो लोग पहले मधुर वाणी

में बात करते थे, अब उनका स्वभाव कठोर और निर्दयी हो गया। उनके शब्दों की मिठास समाप्त हो गई और उसकी जगह **उपेक्षा और क्रूरता** ने ले ली।

उनकी सास ने सखूबाई को **प्रताड़ित** करना शुरू कर दिया। सुबह से रात तक उन्हें लगातार घर के कामों में लगाए रखा जाता। **न विश्राम**, न स्नेह, न सराहना—केवल अंतहीन परिश्रम और मौन पीड़ा। जो घर पहले स्वागतपूर्ण लगता था, धीरे-धीरे वही पीड़ा और कष्ट का स्थान बन गया।

जब सखूबाई पूरे मन से आँगन या बगीचे की सफाई करतीं, तो उनकी सास जानबूझकर वहाँ फिर से कूड़ा फैला देती, केवल उन्हें ताना देने और अपमानित करने के लिए। जब वे बर्तन **चमका-चमकाकर** साफ करतीं, तो उन्हें फिर से गंदा कर दिया जाता और कभी-कभी क्रोध में उन पर फेंक भी दिया जाता।

ये सब कार्य आवश्यकता के कारण नहीं, बल्कि जानबूझकर उन्हें तोड़ने के लिए किए जाते थे। यदि सखूबाई कभी अपना पक्ष रखने का प्रयास करतीं, तो उनकी सास और उनके पति दोनों उन्हें **डाँटते-फटकारते** और **मारते-पीटते**।

फिर भी, इतने अत्याचार और कष्ट के बीच, सखूबाई सब कुछ चुपचाप सहती रहीं। वे अपनी आंतरिक शक्ति और अटूट भक्ति को थामे रहीं—जो उनके लिए एकमात्र सहारा थी।

समय के साथ उनका दुःख और भी गहराता गया, और हर बीतते दिन के साथ अधिक तीव्र होता चला गया। सखूबाई के पति, जो अक्सर **नशे** में रहते और अपने व्यवहार पर नियंत्रण नहीं रख पाते थे, उन्हें निर्दयता से मारते-पीटते थे, बिना किसी दया या जिम्मेदारी के भाव के। उनके **ससुर** लगातार उन्हें अपशब्द कहते और उन पर दबाव डालते कि वे अपने माता-पिता द्वारा छोड़ी गई संपत्ति को बेच दें—जो केवल लालच और स्वार्थ से प्रेरित था। वहीं उनकी सास उन्हें इतना ही भोजन देतीं कि वे किसी तरह जीवित रह सकें, उनकी मूलभूत आवश्यकताओं की भी उपेक्षा की जाती थी।

एक ऐसे घर में, जहाँ किसी के भीतर **श्रद्धा** नहीं थी, वहाँ केवल सखूबाई ही भगवान विठ्ठल की भक्ति में अडिग रहीं। इतने दर्द, अपमान और अन्याय के बावजूद, उन्होंने सब कुछ चुपचाप सहा—बिना किसी शिकायत या द्वेष के—और स्वयं को पूरी तरह अटूट भक्ति में समर्पित कर दिया। उनके लिए भक्ति ही एकमात्र आश्रय बन गई।

हरे कृष्ण हरे कृष्ण कृष्ण कृष्ण हरे हरे, हरे राम हरे राम राम राम हरे हरे॥

उन्हें घर से बाहर जाने की अनुमति केवल सुबह-सुबह नदी से पानी लाने के लिए मिलती थी, और वह भी कड़े नियमों के साथ। उसी थोड़े से समय में वे किसी तरह कुछ क्षण निकालकर भगवान विठ्ठल के दर्शन कर लेतीं, मंदिर जाकर प्रार्थना करतीं, क्योंकि उनके अपने घर में पूजा के लिए कोई स्थान नहीं था।

एक दिन वे थोड़ा देर से लौटीं, और उनके पति ने निराधार संदेह के वशीभूत होकर उन पर गलत आरोप लगा दिया। **संदेह, क्रोध और अज्ञानता** से अंधे होकर उन्होंने सखूबाई को बुरी तरह पीटा और चेतावनी दी कि अब से उन्हें एक निश्चित समय सीमा के भीतर ही लौटना होगा। इस कठोर प्रतिबंध के कारण वे मंदिर जाना और स्वतंत्र रूप से पूजा करना भी नहीं कर सकीं—और इस प्रकार उनके जीवन के एकमात्र शांति के स्रोत से भी उन्हें दूर कर दिया गया।

एक रात, जब वे अपने भाग्य पर रोते-रोते पूरी तरह टूट चुकी थीं, तब उनके हृदय में आशा की एक किरण जगी। उन्हें अपने मायके का स्मरण हुआ, जहाँ भगवान विठ्ठल की वह पवित्र मूर्ति अभी भी विराजमान थी, जिसकी वे पहले पूजा करती थीं। साहस और दृढ़ संकल्प जुटाकर वे रात के अंधकार और सन्नाटे में चुपचाप वहाँ पहुँचीं और उस दिव्य मूर्ति को अपने साथ ससुराल ले आईं।

वे जानती थीं कि उन्हें खुले रूप से पूजा करने की अनुमति कभी नहीं मिलेगी, इसलिए उन्होंने **उस मूर्ति को बगीचे में एक पुराने पेड़ के खोखले तने के भीतर सावधानी से छुपा दिया**। वहीं, गुप्त रूप से और गहरी भक्ति के साथ, उन्होंने अपने प्रिय भगवान की पूजा आरंभ की—उन लोगों की नजरों से बचकर, जो उन्हें भगवान से दूर रखना चाहते थे।

भगवान विठ्ठल के ससुराल में आगमन के बाद, सखूबाई के हृदय में एक शांत किंतु गहरा परिवर्तन आने लगा। वही घर, जो पहले उनके लिए पीड़ा का कारागार प्रतीत होता था, अब एक छिपे हुए दिव्य आश्रय का स्थान बन गया। जब भी वे टूट जातीं, अपमानित होतीं या दुःख से भर जातीं, वे उस पवित्र स्थान पर जाकर अपने प्रिय भगवान के दर्शन करतीं, और तुरंत ही उनके भीतर शांति की एक लहर दौड़ जाती। ऐसा लगता था मानो उनका सारा दुःख और पीड़ा भगवान की उपस्थिति में विलीन हो जाती हो, और उसकी जगह आंतरिक शक्ति और शांति भर जाती हो।

बगीचे की सफाई करते समय वे घंटों उनसे प्रेमपूर्वक बात करतीं, जैसे कोई अपने सबसे प्रिय साथी से करता है। पूर्ण समर्पण और अटूट श्रद्धा के साथ वे कहतीं,

"मुझे आपसे कोई शिकायत नहीं है। मैं जानती हूँ कि यह सब मेरे पिछले कर्मों

हरे कृष्ण हरे कृष्ण कृष्ण कृष्ण हरे हरे, हरे राम हरे राम राम राम हरे हरे॥

का फल है, और आप मुझे शुद्ध कर रहे हैं तथा अपने दिव्य धाम की ओर ले जा रहे हैं।"

उनके ये शब्द सच्ची भक्ति का सार प्रकट करते थे—एक ऐसी अवस्था, जहाँ भक्त कठिनाइयों में भगवान से प्रश्न नहीं करता, बल्कि उन पर और अधिक विश्वास और समर्पण विकसित करता है। पीड़ा के बीच भी उनकी आस्था अडिग और निर्मल बनी रही।

एक दिन उनकी सास ने उन्हें बगीचे में पेड़ से लगातार बातें करते हुए देखा और तुरंत यह मान लिया कि उनके मन में कोई विकार आ गया है। लेकिन जब उन्होंने सखूबाई से सीधे बात की, तो सब कुछ बिल्कुल सामान्य प्रतीत हुआ, जिससे उनकी उलझन और संदेह और बढ़ गया।

अगले कुछ दिनों तक वे उन्हें छिपकर देखने लगीं, और हर बार उन्होंने सखूबाई को उसी पेड़ के सामने गहरे भाव और समर्पण के साथ बात करते हुए देखा—मानो वास्तव में वहाँ कोई उपस्थित हो।

वास्तव में, सखूबाई उसी पेड़ के खोखले तने में छिपी भगवान विठ्ठल की मूर्ति से संवाद कर रही थीं। यहं कोई पागलपन नहीं था, बल्कि उनकी गहन भक्ति और भगवान से उनके दिव्य संबंध का प्रमाण था। किंतु उनकी सास इस पवित्र आध्यात्मिक भाव को समझ नहीं सकीं और उन्होंने यह निष्कर्ष निकाल लिया कि सखूबाई पर किसी दुष्ट आत्मा का साया है। भय, अज्ञान और अंधविश्वास से प्रेरित होकर उन्होंने एक तांत्रिक को बुलाने का निर्णय लिया, ताकि वह उन्हें ठीक कर सके।

तांत्रिक ने थोड़ी देर तक देखने के बाद झूठे अधिकार और आत्मविश्वास के साथ घोषणा कर दी कि सखूबाई पर एक शक्तिशाली और जिद्दी प्रेत का प्रभाव है। बिना किसी दया या समझ के, उसने इलाज के नाम पर कठोर और पीड़ादायक क्रियाएँ शुरू कर दीं। उसने उनकी आँखों में गरम राख डाल दी, जिससे उन्हें असहनीय जलन और पीड़ा होने लगी। सखूबाई दर्द से कराहते हुए बार-बार विनती करती रहीं, ***"मैं बिल्कुल ठीक हूँ, कृपया मुझे छोड़ दीजिए।"*** *लेकिन उनकी मासूम और पीड़ाभरी आवाज़ उन लोगों के हृदय तक नहीं पहुँची, जो अज्ञान और अंधविश्वास से अंधे हो चुके थे।* उनकी पुकार को निर्ममता से अनसुना कर दिया गया। तांत्रिक बार-बार चिल्लाता, ***"इस लड़की के शरीर से निकल जा, दुष्ट आत्मा!"*** और कोड़े से उन्हें बेरहमी से मारने लगा। हर प्रहार उनके शारीरिक दर्द और मानसिक पीड़ा को और गहरा करता गया। फिर भी उस असहनीय कष्ट के बीच, उन्होंने केवल अपने सच्चे आश्रय—**भगवान विठ्ठल—**

की शरण ली। उनके होंठों पर केवल उनका नाम था और उनका हृदय अडिग विश्वास के साथ उन्हीं से जुड़ा रहा। अत्यधिक यातना और थकान से उनका नाजुक शरीर अब और सहन नहीं कर सका, और अंततः वे बेहोश होकर निःशब्द गिर पड़ीं, जबकि उनके भीतर भक्ति की ज्योति अब भी प्रज्वलित थी।

जब उनके पति ने उन्हें निःचेत अवस्था में देखा, तब उन्होंने हस्तक्षेप कर इस क्रूर कर्म को रोक दिया। लेकिन उनका यह कदम करुणा या पश्चाताप से प्रेरित नहीं था, बल्कि परिणामों के भय से था। उन्होंने अपने माता-पिता से कहा कि ,"***यदि सखूबाई को कुछ हो गया, तो राजा उन्हें कठोर दंड देगा।***" यह सखूबाई का दर्द नहीं, बल्कि दंड का भय था जिसने उन्हें रोका। परिस्थिति की गंभीरता को समझते हुए उन्होंने तुरंत यह सब बंद कर दिया—दयाभाव से नहीं, बल्कि डर और स्वार्थ के कारण।

कुछ दिनों तक उनका व्यवहार थोड़ा नरम रहा, पर यह परिवर्तन भी प्रेम या पछतावे से नहीं, बल्कि उस भय के कारण था जो उनके मन में बना हुआ था। फिर भी, इस थोड़ी सी राहत के बीच भी सखूबाई की भक्ति में कोई परिवर्तन नहीं आया। भगवान विठ्ठल के प्रति उनका विश्वास अटल, अडिग और अछूता रहा—मानो एक ऐसी लौ, जिसे कोई भी तूफ़ान बुझा नहीं सकता। उन्होंने जितना भी दुःख, अपमान और अत्याचार सहा, उनके हृदय की भक्ति उतनी ही शुद्ध और दृढ़ होती गई।

उन गहरे पीड़ा के क्षणों में, सखूबाई अपने भाग्य के बारे में सोचने लगीं और मन ही मन यह विचार करने लगीं कि उन्होंने अपने पिछले जन्म में ऐसे कौन से कर्म किए होंगे, जिनका फल उन्हें इस जन्म में इतना कष्ट सहकर भोगना पड़ रहा है। फिर भी, इतना सोचने के बाद भी उन्होंने भगवान से कोई शिकायत नहीं की। उन्होंने विनम्र हृदय से केवल उनकी कृपा की याचना की, यह विश्वास रखते हुए कि जो कुछ भी हो रहा है, वह उनकी दिव्य योजना का ही एक भाग है। उनकी आस्था कठिन परिस्थितियों में भी अडिग और स्थिर बनी रही।

धीरे-धीरे जब उनकी आँखों से आँसू बहने लगे, तो उन्हें अपने बचपन के वे दिन याद आने लगे, जब वे अपने माता-पिता के साथ शांति और प्रेम से रहती थीं। उनका घर भगवान विठ्ठल की भक्ति से भरा हुआ था, जहाँ हर दिन की शुरुआत प्रार्थना और भजनों से होती थी। वे क्षण प्रेम, शांति और आनंद से परिपूर्ण थे, और उन्हें याद करके उनके मन को कुछ सांत्वना मिलती थी।यद्यपि उनका वर्तमान जीवन दुःख से भरा हुआ था, फिर भी ये स्मृतियाँ उन्हें आगे बढ़ने की शक्ति देती रहीं। वे निरंतर भगवान का नाम लेती रहीं—पूर्ण श्रद्धा और समर्पण के साथ।

हरे कृष्ण हरे कृष्ण कृष्ण कृष्ण हरे हरे, हरे राम हरे राम राम राम हरे हरे॥

जब भगवान ने अपने भक्त का स्थान ले लिया

यो न हृष्यति न द्वेष्टि, न शोचति न काङ्क्षति।
शुभाशुभ-परित्यागी, भक्तिमान् यः स मे प्रियः॥ (भगवद गीता 12.17)

अर्थः जो व्यक्ति न तो अत्यधिक प्रसन्न होता है, न ही दुख में व्याकुल होता है; जो न किसी से द्वेष करता है, न किसी वस्तु की इच्छा करता है, और जो शुभ-अशुभ दोनों का त्याग कर समभाव में स्थित रहता है—ऐसा भक्त मुझे अत्यंत प्रिय है।

जैसा प्रतिदिन होता था, उसी प्रकार साखुबाई जल भरने के लिए बाहर गईं—वही एक समय था जब उन्हें घर से निकलने की अनुमति मिलती थी। नदी के किनारे घड़ा भरते समय उन्होंने देखा कि संतों और भक्तों की एक विशाल टोली पंढरपुर की ओर जा रही है। वे नाचते-गाते, "**श्री हरि विट्ठल!**" का संकीर्तन करते आगे बढ़ रहे थे। ढोल, मृदंग, मंजीरा और बांसुरी की मधुर ध्वनि से पूरा वातावरण भक्ति और दिव्य ऊर्जा से भर गया था।

साखुबाई उस भक्ति-रस में पूरी तरह डूब गईं और स्वयं को ही भूल गईं—वे कौन हैं, उनका कर्तव्य क्या है, वे वहाँ क्यों आई थीं, यहाँ तक कि ससुराल वालों का भय भी उनके मन से मिट गया। उस दिव्य क्षण में वे संकीर्तन का आनंद लेने लगीं और शीघ्र ही स्वयं को रोक न सकीं। वे भी उस समूह में शामिल होकर नाचने और हरिनाम का गान करने लगीं।

उन संतों में से एक ने साखुबाई को देखा और प्रेमपूर्वक उन्हें पंढरपुर चलने का निमंत्रण दिया, ताकि वे भगवान विट्ठल के दर्शन कर सकें। यह सुनकर साखुबाई की आँखें भर आईं। वे कांपती हुई आवाज़ में बोलीं, *"मैं आपके साथ नहीं जा सकती... मेरे ससुराल वाले मुझे जाने नहीं देंगे। यदि उन्हें पता चल गया, तो वे बहुत क्रोधित होंगे।"* उनके शब्दों में भय के साथ-साथ गहरी व्यथा और दबी हुई इच्छा स्पष्ट झलक रही थी।

संत ने शांत और करुणामय स्वर में उत्तर दिया, *"सच्चे भक्त को अपने प्रभु से मिलने से कोई नहीं रोक सकता। पूर्ण विश्वास रखो और हमारे साथ चलो।"* उनके ये सरल किन्तु प्रभावशाली वचन साखुबाई के हृदय में एक चिंगारी की तरह जाग उठे। उनके भीतर एक तीव्र आकांक्षा जागी, जो केवल भगवान विट्ठल के दर्शन से ही शांत हो सकती थी।

हरे कृष्ण हरे कृष्ण कृष्ण कृष्ण हरे हरे, हरे राम हरे राम राम राम हरे हरे॥

पूर्ण विश्वास और समर्पण के साथ, परिणामों की चिंता किए बिना, उन्होंने अपने सभी भय और संकोच को त्याग दिया। विठ्ठल पर अटूट भरोसा करते हुए वे उस समूह के साथ पंढरपुर की ओर चल पड़ीं—उनका हृदय भक्ति, आशा और दिव्य विरह से भर गया था।

साखुबाई, उस दिव्य आनंद में खोकर, भक्तों के साथ नाचने-गाने लगीं। उस क्षण में वे संसार को पूरी तरह भूल गईं। यहाँ तक कि उन्होंने अपने खाली जल के घड़े भी नदी किनारे ही छोड़ दिए, क्योंकि उनका मन पूर्णतः विठ्ठल नाम में लीन हो चुका था।

उसी समय, उनके गाँव की एक स्त्री ने उन घड़ों को देखा। पहचानकर कि ये साखुबाई के हैं, वह उन्हें लेकर उनके ससुराल पहुँची। घड़े सौंपते हुए सास ने पूछा, *"साखू कहाँ है? तुम ये घड़े क्यों लौटा रही हो?"* उस स्त्री ने सहजता से उत्तर दिया, *"माताजी, आपकी बहू तो पंढरपुर जाने वाले भक्तों के साथ नाच-गान कर रही है। वह उनके साथ चली गई है—मुझे लगा आपको पता होगा।"*

यह सुनते ही उनकी सास का क्रोध सीमा पार कर गया। उनका चेहरा क्रोध से लाल हो उठा। उन्हें यह भक्ति नहीं, बल्कि अवज्ञा और विद्रोह प्रतीत हुआ। उन्होंने तुरंत अपने पुत्र को बुलाकर सारी बात बताई और आदेश दिया कि वह साखुबाई को तुरंत वापस लाए।

क्रोध से भरे उनके पति तुरंत वहाँ पहुँचे। भक्तों की टोली अभी अधिक दूर नहीं गई थी। बिना किसी संकोच और मर्यादा के उन्होंने साखुबाई के बाल पकड़कर उन्हें सबके सामने घसीटा और बार-बार थप्पड़ मारे। क्रोधित स्वर में बोले, *"हमारी आज्ञा के विरुद्ध जाने की हिम्मत कैसे हुई? चलो घर—आज तुम्हें ऐसा सबक सिखाएँगे कि कभी भूल नहीं पाओगी।"*

साखुबाई की आँखों से आँसू बहने लगे। अभी-अभी जो भक्ति का आनंद उन्होंने अनुभव किया था, वह पल भर में टूट गया। उस दिव्य सुख को पूरी तरह जी भी नहीं पाई थीं कि फिर से उसी कष्टमय जीवन में खींच ली गईं। फिर भी, उस अपमान और पीड़ा के क्षण में उनका हृदय केवल भगवान विठ्ठल को ही पुकार रहा था—वही उनका एकमात्र सहारा थे।

घर पहुँचते ही सास, ससुर और पति—तीनों ने उन्हें घेर लिया और कठोर शब्दों में डाँटना शुरू कर दिया। वहाँ न कोई समझ थी, न करुणा—केवल क्रोध और नियंत्रण की भावना थी। उनकी सास ने कहा, *"इसे खुला मत छोड़ो, नहीं तो*

हरे कृष्ण हरे कृष्ण कृष्ण कृष्ण हरे हरे, हरे राम हरे राम राम राम हरे हरे॥

फिर भाग जाएगी। इसे इतनी कसकर बाँधो कि अगली बार ऐसा करने का विचार भी न आए।"

वे साखुबाई को खींचकर एक खंभे के पास ले गए, मोटी रस्सियों से कसकर बाँध दिया और डंडों से बेरहमी से मारने लगे। हर प्रहार असहनीय पीड़ा दे रहा था, फिर भी भीतर कुछ दिव्य घट रहा था। जहाँ शरीर कष्ट सह रहा था, वहीं उनके चेहरे पर एक हल्की मुस्कान थी। उनके मन में श्रीकृष्ण की वह लीला चल रही थी, जब यशोदा माँ ने उन्हें रस्सी से बाँधा था और वे '**दामोदर**' बने थे।

(ऐसी थी उनकी भक्ति की गहराई—कि असहनीय पीड़ा में भी उन्हें अपने प्रभु का स्मरण हो रहा था।)

फिर भी उनकी सास का क्रोध शांत नहीं हुआ। उन्होंने अपने पुत्र से कहा, *"इसे ऐसे ही दो-तीन दिन बाँधे रखो। इसे पानी की एक बूँद और भोजन का एक कण भी मत देना। तभी इसे सबक मिलेगा।"*

निर्दयता की सीमा पार करते हुए वे लोग तब तक मारते रहे, जब तक स्वयं थक नहीं गए। अंततः वे साखुबाई को उसी अवस्था में बाँधकर छोड़कर सोने चले गए—उन्हें पीड़ा में छोड़कर, परंतु उनकी भक्ति को बाँध न सके।

रात की नीरवता में, जब सब लोग गहरी नींद में सो चुके थे, साखुबाई उसी खंभे से बंधी हुई थीं। उनका शरीर पीड़ा से कराह रहा था, परंतु उनका मन पूरी तरह जागृत था। उन्हें वे सुंदर क्षण याद आने लगे, जब वे भक्तों के साथ नाच-गान कर रही थीं, जब "**विठ्ठल**" नाम में डूबकर उन्होंने अपार आनंद अनुभव किया था। आँसू उनकी आँखों से बहने लगे और वे मन ही मन सोचने लगीं, ***"मैं भी पंढरपुर जाना चाहती हूँ... मैं भी प्रभु के दर्शन करना चाहती हूँ।"***

अपनी सरलता में उन्होंने स्वयं को ही दोष देने लगीं—***"शायद विठ्ठल मुझसे प्रसन्न नहीं हैं, तभी उन्होंने मेरे पति को मुझे वापस लाने के लिए भेजा।"*** भरे हुए हृदय और अश्रुपूर्ण नेत्रों से उन्होंने प्रार्थना की, ***"हे विठ्ठल, मुझे क्षमा कर दीजिए... मुझे अपने मंदिर बुला लीजिए। अब मैं आपके दर्शन के बिना नहीं रह सकती।"***

ऐसी निष्कलंक, निस्वार्थ और अटूट भक्ति को देखकर प्रभु स्वयं भी अधिक देर तक दूर नहीं रह सके। वैकुंठ से भगवान श्रीकृष्ण स्वयं अपने भक्त के लिए प्रकट हुए। एक साधारण ग्रामवधू का रूप धारण कर वे चुपचाप साखुबाई के घर के बाहर आकर खड़े हो गए।

हरे कृष्ण हरे कृष्ण कृष्ण कृष्ण हरे हरे, हरे राम हरे राम राम राम हरे हरे॥

जैसे ही वह दिव्य स्त्री घर के भीतर आई, बंद दरवाज़ा अपने आप खुल गया—मानो ईश्वरीय इच्छा के आगे कोई भी बाधा टिक न सके। यह देखकर साखुबाई आश्चर्यचकित रह गईं। भय और जिज्ञासा के मिश्रित भाव से उन्होंने पूछा, *"आप कौन हैं? आप अंदर कैसे आईं? मुख्य द्वार तो बंद था..."*

वह स्त्री मधुर मुस्कान के साथ बोली, *"मेरा नाम कमला है। मैं भी उसी भक्तों की टोली में थी, जहाँ से तुम्हारे पति तुम्हें खींचकर ले आए। हम सबको उनका व्यवहार बिल्कुल अच्छा नहीं लगा। संतों ने मुझे तुम्हें वापस ले जाने के लिए भेजा है। चलो मेरे साथ—हम सब मिलकर पंढरपुर चलेंगे, विठ्ठल का नाम गाते हुए।"*

यह सुनकर साखुबाई की आँखें भर आईं। वे भारी मन से बोलीं, *"काश मैं आपके साथ जा पाती... लेकिन देखिए, मैं इन रस्सियों से बंधी हूँ। मेरे ससुराल वाले मुझे कभी जाने नहीं देंगे।"*

वह स्त्री उनके पास आई और शांत स्वर में बोली, *"चिंता मत करो। मैं तुम्हें मुक्त कर देती हूँ। तुम जाकर भक्तों के साथ मिल जाओ। यहाँ सब मैं संभाल लूँगी। गाँव के बाहर तुम्हारा इंतज़ार हो रहा है।"*

अपने कोमल हाथों से उसने साखुबाई के शरीर में धँसी हुई रस्सियों को खोल दिया। जैसे ही वे मुक्त हुईं, उन्हें ऐसा लगा मानो केवल शरीर ही नहीं, उनकी आत्मा भी बंधन से मुक्त हो गई हो। कृतज्ञता और भाव-विभोर होकर उन्होंने उस स्त्री को गले से लगा लिया। बिना एक क्षण गंवाए वे दौड़ पड़ीं—भक्तों की टोली से मिलने और पंढरपुर की ओर बढ़ने के लिए।

और तभी... एक अद्‌भुत लीला प्रकट हुई।

जैसे ही साखुबाई वहाँ से गईं, वह स्त्री—जो वास्तव में स्वयं विठ्ठल रूप में **श्रीकृष्ण** थे—ठीक साखुबाई का रूप धारण कर उसी खंभे के पास गए और उन्हीं रस्सियों से उसी प्रकार स्वयं को बाँध लिया, जैसे साखुबाई को बाँधा गया था।

संपूर्ण सृष्टि के स्वामी ने अपने भक्त का स्थान ले लिया—उसकी पीड़ा को स्वयं सहने के लिए, ताकि वह निर्भय होकर अपने प्रभु की ओर बढ़ सके।

अगली सुबह जब साखुबाई के पति और ससुराल वाले जागे, तो सब कुछ सामान्य प्रतीत हो रहा था—परंतु उसी घर के भीतर एक दिव्य रहस्य छिपा था। उनकी सास ने कठोर स्वर में पूछा, *"अब भी पंढरपुर जाना चाहती हो, या सबक मिल गया?"*

हरे कृष्ण हरे कृष्ण कृष्ण कृष्ण हरे हरे, हरे राम हरे राम राम राम हरे हरे॥

उस समय उत्तर साखुबाई ने नहीं दिया—स्वयं विठ्ठल ने, जो उनके रूप में थे। शांत और दृढ़ स्वर में उन्होंने कहा, ***"पंढरपुर मेरे हृदय में बसता है। कोई मुझे उससे अलग नहीं कर सकता।"***

यह सुनकर सास और पति क्रोध से भर उठे। अज्ञानवश उन्होंने फिर से मारना शुरू कर दिया—उन्हें यह ज्ञात ही नहीं था कि जिस पर वे प्रहार कर रहे हैं, वह साखुबाई नहीं, स्वयं भगवान हैं।

यह कैसी अद्भुत लीला है—जहाँ स्वयं प्रभु अपने भक्त के लिए पीड़ा सहते हैं। यह दर्शाता है कि सच्चे भक्त के लिए भगवान दूर नहीं रहते; वे उसके रक्षक, उसके साथी, यहाँ तक कि उसके दुःख के सहभागी बन जाते हैं।

उधर पंढरपुर की ओर जाते मार्ग में साखुबाई भक्तों के साथ नाचते-गाते आगे बढ़ रही थीं। पर अचानक उनके मन में एक अजीब-सी बेचैनी उत्पन्न हुई। उन्हें समझ नहीं आ रहा था, परंतु उनका अंतर्मन जान रहा था कि उनके प्रिय प्रभु उनके लिए कुछ सह रहे हैं।

इधर घर में, बार-बार मार खाने के बाद भी "साखुबाई" के चेहरे पर शांति और मुस्कान बनी रही। यह देखकर ससुराल वालों को लगा कि शायद वह पागल हो गई हैं। कुछ समय बाद उन्होंने उन्हें खोल दिया—दया से नहीं, बल्कि इसलिए कि घर का काम बाकी था।

और फिर एक और दिव्य लीला प्रकट हुई।

जिन प्रभु के लिए भक्त प्रेम से भोग बनाते हैं, वही प्रभु आज स्वयं भोजन बना रहे थे—उन लोगों के लिए, जिन्होंने उनके प्रिय भक्त को कष्ट दिया था। साखुबाई के रूप में वे झाड़ू लगाते, बर्तन धोते, कपड़े साफ करते और भोजन बनाते—पूर्ण विनम्रता के साथ।

शास्त्र कहते हैं कि सच्चे भक्त का एक क्षण का संग भी मनुष्य को ईश्वर की ओर ले जाता है। यहाँ तो स्वयं भगवान ही उनकी सेवा कर रहे थे—यह उनका अदृश्य सौभाग्य था।

और फिर, चमत्कार प्रकट हुआ।

जैसे ही साखुबाई के पति और ससुराल वालों ने उस भोजन का एक कौर खाया, उनके भीतर कुछ बदलने लगा। उनके हृदय, जो पहले कठोरता और क्रूरता से

भरे थे, धीरे-धीरे कोमल होने लगे। उनमें करुणा, प्रेम और मानवता का संचार होने लगा।

उनका क्रोध शांत हो गया, व्यवहार बदलने लगा, और वे साखुबाई के प्रति स्नेह और सम्मान से पेश आने लगे।

कुछ दिनों तक विठ्ठल उसी रूप में साखुबाई बनकर रहे—चुपचाप उनके सभी कार्य करते हुए, सेवा करते हुए, और उन लोगों की देखभाल करते हुए, जिन्होंने कभी उन्हें कष्ट दिया था।

यही है ईश्वर के प्रेम की गहराई—जहाँ भगवान स्वयं अपने भक्त के जीवन का भार उठा लेते हैं।

दूसरी ओर, साखुबाई अंततः भक्तों की उस टोली के साथ पंढरपुर पहुँच गईं। जैसे ही उन्होंने मंदिर में प्रवेश किया और अपने सामने साक्षात पांडुरंग (विठ्ठल) को खड़े देखा—स्वर्ण आभूषणों से अलंकृत, दोनों हाथ कमर पर टिकाए हुए—उनकी खुशी की कोई सीमा न रही। उनका पूरा शरीर भक्ति से कांप उठा, रोम-रोम खड़ा हो गया, और आँखों से आँसू निरंतर बहने लगे।

भावविभोर होकर वे प्रभु के चरणों में गिर पड़ीं और रोते हुए बोलीं, *"अब मैं कहीं और नहीं जाना चाहती। मुझे यहीं अपने चरणों में स्थान दे दीजिए। मुझे उस दुःख भरे जीवन में वापस मत भेजिए। अपने दिव्य चरणों में मुझे सदा के लिए शरण दीजिए।"*

उस पूर्ण समर्पण के क्षण में उनका शरीर उस भक्ति की तीव्रता को सहन नहीं कर सका। वे मूर्छित होकर गिर पड़ीं... और कुछ ही क्षणों में उनकी आत्मा मुक्त हो गई, शरीर वहीं छूट गया।

पास खड़े संत और भक्त यह देखकर चौंक गए। उन्होंने तुरंत एक वैद्य को बुलाया, जिसने परीक्षण के बाद घोषणा की कि साखुबाई का देहांत हो चुका है। भक्तों को उनके ससुराल में झेले गए कष्टों का पूरा ज्ञान था, इसलिए वे उनके शरीर को वहाँ वापस भेजना नहीं चाहते थे। सभी ने मिलकर निर्णय लिया कि पंढरपुर में ही पूरे सम्मान और श्रद्धा के साथ उनका अंतिम संस्कार किया जाएगा।

इधर उनके घर में, भगवान विठ्ठल, जो अब भी साखुबाई के रूप में थे, यह जान गए कि उनकी सांसारिक लीला समाप्त हो चुकी है। अब एक दिव्य स्थिति उत्पन्न हुई—यदि साखुबाई वापस न लौटीं, तो उन्हें सदा के लिए उसी रूप में रहना

पड़ता। इस समस्या के समाधान के लिए उन्होंने अपनी अर्धांगिनी देवी रुक्मिणी को इस लीला में हस्तक्षेप करने के लिए प्रेरित किया।

उधर पंढरपुर में, भक्तों ने साखुबाई के शरीर को चिता पर रख दिया और अग्नि संस्कार की तैयारी करने लगे। जैसे ही वे अग्नि प्रज्वलित करने वाले थे, अचानक एक भयंकर तूफ़ान उठ खड़ा हुआ। बिजली गरजने लगी, तेज़ हवाएँ चलने लगीं, और स्थिति इतनी विकट हो गई कि सभी को कुछ समय के लिए वहाँ से हटना पड़ा।

यह कोई साधारण तूफ़ान नहीं था—यह स्वयं ईश्वरीय हस्तक्षेप था।

उसी अवसर का लाभ उठाकर देवी रुक्मिणी प्रकट हुईं। उन्होंने साखुबाई के शरीर को चिता से हटाकर सुरक्षित स्थान पर ले गईं और उसके स्थान पर केवल लकड़ियों को उसी प्रकार सजा दिया।

कुछ समय बाद जब तूफ़ान शांत हुआ, तो भक्त पुनः वहाँ लौटे और अनजाने में उसी खाली चिता का दाह संस्कार कर दिया, यह मानकर कि वही साखुबाई का शरीर है।

उधर एक एकांत स्थान पर, देवी रुक्मिणी ने स्नेहपूर्वक साखुबाई के सिर पर अपना हाथ रखा। उस दिव्य स्पर्श से एक अद्भुत चमत्कार हुआ—उनके शरीर में पुनः प्राणों का संचार हो गया।

साखुबाई ने धीरे-धीरे अपनी आँखें खोलीं... सामने देवी रुक्मिणी को देखकर वे तुरंत हाथ जोड़कर प्रणाम करने लगीं। करुणा और मधुर मुस्कान के साथ देवी रुक्मिणी ने उन्हें संपूर्ण लीला का रहस्य बताया—कैसे विठ्ठल ने उनका रूप धारण किया, उनके घर में रहकर उनके ससुराल वालों की सेवा की, और उनके स्थान पर कष्ट सहा।

यह सुनकर साखुबाई की आँखें आँसुओं से भर गईं। वे भाव-विह्वल होकर सोचने लगीं, *"मेरे प्रभु कितने दयालु हैं... वे मुझसे कहीं अधिक मुझसे प्रेम करते हैं, जितना मैं उनसे कर सकती हूँ।"*

एक क्षण भी विलंब न करते हुए वे अपने घर की ओर दौड़ पड़ीं। वहाँ पहुँचकर जो दृश्य उन्होंने देखा, वह उनके हृदय को हिला देने वाला था—संपूर्ण सृष्टि के स्वामी स्वयं उनके रूप में खड़े होकर बर्तन धो रहे थे और घर के कार्य कर रहे थे।

हरे कृष्ण हरे कृष्ण कृष्ण कृष्ण हरे हरे, हरे राम हरे राम राम राम हरे हरे॥

उनका हृदय पिघल गया। आँसू उनकी आँखों से बहने लगे और वे मौन होकर उस दिव्य प्रेम को निहारती रहीं। उसी क्षण जब **पांडुरंग** ने उन्हें देखा, वे हल्के से मुस्कुराए... और तुरंत अदृश्य हो गए, मानो उनका उद्देश्य पूर्ण हो चुका हो।

साखुबाई ने फिर अपने ससुराल वालों और पति की ओर देखा—और वे आश्चर्यचकित रह गईं। उनका व्यवहार पूरी तरह बदल चुका था। जो पहले कठोरता, क्रूरता और क्रोध से भरे थे, अब उनमें कोमलता, करुणा और सम्मान था। साखुबाई तुरंत समझ गईं—यह सब प्रभु विठ्ठल की कृपा है।

कुछ समय बाद, वही संत जो उनका अंतिम संस्कार कर चुके थे, अस्थियों का कलश लेकर उनके घर पहुँचे। उन्होंने दुःख भरे स्वर में सास को बताया कि साखुबाई अब इस संसार में नहीं रहीं।

यह सुनकर उनकी सास क्रोधित हो उठीं और बोलीं, *"क्या कह रहे हो? मेरी बहू जीवित है!"* उन्होंने तुरंत साखुबाई को पुकारा।

जब साखुबाई उनके सामने आईं, तो संत भयभीत हो गए। वे पीछे हटने लगे, यह सोचकर कि वे किसी प्रेत को देख रहे हैं—क्योंकि उन्होंने स्वयं अपने नेत्रों से उनका अंतिम संस्कार देखा था।
तब साखुबाई ने शांत भाव से उन्हें पूरी दिव्य लीला सुनाई—कैसे प्रभु ने उनका स्थान लिया, कैसे देवी रुक्मिणी ने उन्हें पुनर्जीवित किया, और यह सब प्रभु की कृपा से हुआ।

यह सुनकर उनके ससुराल वाले भाव-विभोर हो गए। उनके हृदय में अपार आनंद के साथ-साथ गहरा पश्चाताप भी उत्पन्न हुआ—क्योंकि उन्होंने न केवल साखुबाई के साथ, बल्कि अनजाने में स्वयं प्रभु के साथ भी कठोर व्यवहार किया था। उस क्षण ने सब कुछ बदल दिया। उस दिन के बाद से उनके पति और ससुराल वाले भी सच्चे अर्थों में विठ्ठल के भक्त बन गए। जिनके हृदय पहले अज्ञान से भरे थे, वे अब भक्ति से परिपूर्ण हो गए।

साखुबाई, जिनकी श्रद्धा कठिनतम परिस्थितियों में भी कभी डगमगाई नहीं, आगे चलकर "संत साखुबाई" के नाम से विख्यात हुईं। उन्होंने सांसारिक बंधनों को त्याग दिया, और पूरा परिवार पंढरपुर जाकर प्रभु की सेवा और भक्ति में जीवन व्यतीत करने लगा।और यह भी मान्यता है कि साखुबाई ने सामान्य मनुष्यों की भाँति मृत्यु का अनुभव नहीं किया। एक दिन, अत्यंत उच्च भक्ति-भाव में लीन होकर वे सीधे विठ्ठल की मूर्ति में विलीन हो गईं—अपने प्रिय प्रभु में सदा के लिए एकाकार हो गईं।...

हरे कृष्ण हरे कृष्ण कृष्ण कृष्ण हरे हरे, हरे राम हरे राम राम राम हरे हरे॥

अध्याय–8

जब संसार ने ठुकराया, तब राम ने अपनाया: तुलसीदास

अडिग विश्वास और अमर आस्था

सर्वधर्मान् परित्यज्य मामेकं शरणं व्रज।
अहं त्वां सर्वपापेभ्यो मोक्षयिष्यामि मा शुचः॥ ***(भगवद गीता (18.66)***

अर्थ:*सभी प्रकार के धर्मों और कर्तव्यों के जटिल बंधनों को त्यागकर केवल मेरी शरण में आओ। मैं तुम्हें सभी पापों, भय और बंधनों से मुक्त कर दूँगा—तुम शोक मत करो।)*

तुलसीदास का जन्म 1511 ईस्वी में **राजापुर** (प्रयागराज के निकट) एक ब्राह्मण परिवार में हुआ था। उनके पिता **आत्माराम** और माता **हुलसी देवी** थीं। संतान प्राप्ति के लिए उनके माता-पिता ने अनेक व्रत और प्रार्थनाएँ की थीं।

किन्तु जब बालक का जन्म हुआ, तो सब कुछ सामान्य नहीं था। वह जन्म से ही कई दाँतों के साथ पैदा हुआ और उसका शरीर अत्यंत भारी था—मानो दो-तीन वर्ष के बालक जैसा। ज्योतिषीय स्थितियाँ भी प्रतिकूल मानी जा रही थीं। गाँव के लोगों ने इसे **अशुभ** संकेत मान लिया और कहने लगे कि यह पूर्व जन्म के कर्मों का फल है, मानो किसी राक्षस का जन्म हुआ हो।

इन बातों से प्रभावित होकर आत्माराम भी विचलित हो गए। कुछ तथाकथित बुद्धिमान ग्रामीणों ने उन्हें समझाया कि ऐसे बालक को जीवित रखना समाज के लिए उचित नहीं है, और उसे नदी में प्रवाहित कर देना ही बेहतर होगा।

यह सब सुनकर **चुनिया**, जो हुलसी देवी की अत्यंत विश्वासपात्र दासी थीं, तुरंत उनके पास पहुँचीं और सारी बात बता दीं। उस समय हुलसी देवी प्रसव के बाद अत्यंत पीड़ा में थीं, उनके घाव भी ठीक नहीं हो रहे थे।

यह सुनते ही वे अत्यंत व्यथित हो गईं। उन्होंने गहरी पीड़ा के साथ चुनिया का हाथ थामकर कहा—

हरे कृष्ण हरे कृष्ण कृष्ण कृष्ण हरे हरे, हरे राम हरे राम राम राम हरे हरे॥

"मुझे लगता है कि अब मेरा समय निकट है... तुम मेरी सबसे प्रिय हो। यदि मेरे साथ कुछ अनहोनी हो जाए, तो इस बच्चे को अपने साथ अपने गाँव ले जाना... और उसे अपने पुत्र की तरह पालना। इसे मेरी अंतिम इच्छा समझना।"

इसके साथ ही उन्होंने अपने सभी आभूषण और जीवनभर की जमा पूँजी चुनिया को सौंप दी, ताकि बच्चे के पालन-पोषण में कोई कठिनाई न आए।

चुनिया की आँखें भर आईं। उन्होंने तुरंत उत्तर दिया—

" आप ऐसी अशुभ बातें क्यों कह रही हैं? आपको कुछ नहीं होगा। लेकिन यदि भगवान न करे कुछ हो भी जाए... तो मैं वचन देती हूँ, मैं आपके पुत्र को अपने बच्चे की तरह ही पालूँगी।"

हुलसी देवी ने कृतज्ञता और विश्वास से भरे स्वर में कहा—

" मुझे अपने प्रभु पर पूर्ण विश्वास है। वह मुझे राक्षस की संतान नहीं दे सकते। यह बालक साधारण नहीं है... यह अवश्य एक महान भक्त बनेगा, जैसा मैंने प्रभु से प्रार्थना की थी।"

थोड़ा रुककर, दर्द और आश्चर्य से भरे स्वर में उन्होंने आगे कहा—

" मैं समझ नहीं पा रही हूँ कि उसके पिता इन निरर्थक संकेतों और बातों पर कैसे विश्वास कर बैठे... कि यह बालक राक्षस है। तुमने जो मेरे लिए किया है, उसके लिए मैं सदा तुम्हारी आभारी रहूँगी।"

दुर्भाग्यवश, जन्म के केवल **चार दिन** बाद ही हुलसी देवी का **देहांत** हो गया।

इस घटना ने आत्माराम के मन में संदेह को पूर्ण विश्वास में बदल दिया। अब उन्हें लगने लगा कि यह बालक अत्यंत अपशकुनी है—जिसके जन्म के चार दिन बाद ही उसकी माँ का निधन हो गया।

उन्होंने निश्चय कर लिया कि अपनी पत्नी के अंतिम संस्कार के बाद वे इस बालक को नदी में प्रवाहित कर देंगे।

आँखों में दुःख और हृदय में क्रोध लिए उन्होंने अपनी पत्नी के सभी अंतिम संस्कार पूरे किए। जब वे घर लौटे, तो उन्होंने देखा कि बालक वहाँ नहीं है।

हरे कृष्ण हरे कृष्ण कृष्ण कृष्ण हरे हरे, हरे राम हरे राम राम राम हरे हरे॥

बाद में उन्हें ज्ञात हुआ कि चुनिया बालक को लेकर वहाँ से चली गई है।

यह सुनकर वे विचलित नहीं हुए। उनके मन में तो पहले ही यह विचार था कि इस बालक को जीवन से मुक्त कर देना चाहिए। उन्होंने सोचा—

"अच्छा ही हुआ... वह उसे अपने साथ ले गई।
अब वही उसके भाग्य का भार उठाएगी।"

उधर, चुनिया उस बालक को अपने गाँव ले गई और उसे अपने पुत्र की तरह पालने लगी।

उसने हुलसी देवी की अंतिम इच्छा को अपना जीवन-धर्म बना लिया। उसने विवाह नहीं किया और अपना सम्पूर्ण जीवन उस बालक के पालन-पोषण में समर्पित कर दिया।

वह स्वयं भगवान राम की महान भक्त थी। अधिकांश समय वह उस बालक को राम के भजन सुनाती, और उसी वातावरण में उसका लालन-पालन करती।

जब वह बालक एक वर्ष का हुआ, तो उसके मुख से जो पहला शब्द निकला, वह था—**"राम..."**

यह सुनकर चुनिया की खुशी का ठिकाना नहीं रहा। उसकी आँखें आनंद से भर आईं। उसी क्षण उसने उसका नाम रख दिया—**"रामबोला।"**

रामबोला, जो अभी यह भी नहीं जानता था कि राम कौन हैं, अपनी माँ के साथ भजन गाने लगा। उसका जीवन धीरे-धीरे भक्ति के रंग में रंगने लगा।
परन्तु जब रामबोला मात्र पाँच वर्ष का हुआ, तब एक और दुःखद घटना घटी—उसकी एकमात्र सहारा, उसकी पालन करने वाली माँ चुनिया भी इस संसार को छोड़कर चली गई।
अब रामबोला पूर्णतः अनाथ हो गया।

किसी ने उसे सलाह दी—**"तुम वाराणसी चले जाओ और काशी विश्वनाथ मंदिर के भगवान की शरण लो। 'वाराणसीनाथ अनाथनाथ'—अर्थात जो अनाथ है, उसका भी नाथ स्वयं भगवान शिव होते हैं।"**

यह भी मान्यता है कि काशी नगरी स्वयं माता अन्नपूर्णा की कृपा से सुरक्षित है—यहाँ कोई भी भूखा नहीं सोता।

हरे कृष्ण हरे कृष्ण कृष्ण कृष्ण हरे हरे, हरे राम हरे राम राम राम हरे हरे॥

रामबोला काशी पहुँचा और माता अन्नपूर्णा की कृपा से उसे भोजन मिलने लगा, जिससे उसका जीवन चलता रहा।

(ऐसा माना जाता है कि भगवान शिव सबसे बड़े वैष्णव हैं, और उनकी कृपा के बिना श्रीहरि की भक्ति प्राप्त नहीं होती।)

उसी समय काशी में एक महान **संत नरहरिदास निवास** कर रहे थे। भगवान शिव ने उन्हें स्वप्न में आदेश दिया और एक दिव्य बालक के बारे में संकेत दिया, जिसकी उन्हें देखभाल करनी थी।

भगवान की कृपा से रामबोला की भेंट नरहरिदास से हुई। उन्होंने उस छोटे बालक से उसके जीवन के बारे में पूछा।
रामबोला ने सरलता से अपनी पूरी कहानी सुना दी—कैसे उसने अपनी माता को खोया और कैसे वह भगवान शिव पर पूर्ण विश्वास करके काशी आया।

एक पाँच वर्षीय बालक के मुख से इतनी गहरी और परिपक्व बातें सुनकर नरहरिदास समझ गए कि यही वही बालक है, जिसके बारे में उन्हें स्वप्न में संकेत मिला था।

उन्होंने तुरंत उसे अपने साथ रख लिया, उसे गायत्री मंत्र की दीक्षा दी और अपना शिष्य बना लिया।

दीक्षा के बाद गुरु द्वारा नया नाम दिया जाता है—इस परंपरा के अनुसार नरहरिदास ने रामबोला का नाम रखा: "**तुलसीदास**"

नरहरिदास के मार्गदर्शन में तुलसीदास ने **प्रारंभिक शिक्षा** प्राप्त की। उन्होंने वेद, शास्त्र और अनेक ग्रंथों का अध्ययन किया। वे अत्यंत तेजस्वी और मेधावी शिष्य थे।

हालाँकि उनकी प्रारंभिक शिक्षा पूर्ण हो गई थी, परंतु हृदय में गहन भक्ति का उदय होना अभी शेष था। नरहरिदास ऐसे **गुरु** की खोज में थे, जो उनके भीतर उस दिव्य भक्ति को जागृत कर सके।

नरहरिदास एक महान **संत शेष सनातन** के साथ मिलकर कथा और प्रवचन किया करते थे। तुलसीदास भी उनके साथ बैठकर पूरी एकाग्रता से भगवतकथा और हरि-चर्चा सुनते थे।

हरे कृष्ण हरे कृष्ण कृष्ण कृष्ण हरे हरे, हरे राम हरे राम राम राम हरे हरे॥

एक दिन शेष सनातन ने मुस्कराते हुए तुलसीदास से पूछा—

"क्या तुम्हें वास्तव में समझ आता है कि हम क्या चर्चा कर रहे हैं, या तुम केवल ध्यान लगाने का अभिनय कर रहे हो?"

तभी छोटे तुलसीदास ने तुरंत पूरी चर्चा का सार संक्षेप में सुना दिया।

यह सुनकर शेष सनातन अत्यंत प्रभावित हुए ,उन्होंने नरहरिदास से कहा—
" महाराज जी, आपको एक असाधारण और अत्यंत तीव्र बुद्धि वाला शिष्य मिला है।"

नरहरिदास ने उत्तर दिया,
" यदि आप वास्तव में इस बालक से प्रभावित हैं, तो कृपया इसे अपना शिष्य स्वीकार करें। मैं लंबे समय से इसके लिए एक आदर्श गुरु की खोज में था। मैंने मन ही मन आपको ही इसके योग्य गुरु मान लिया है, पर मैं चाहता था कि आप भी स्वयं इसे स्वीकार करें और इसके हृदय में भक्ति का बीज बोएँ।"

शेष सनातन ने उनकी बात स्वीकार की और तुलसीदास को अपना शिष्य बना लिया। इसके बाद नरहरिदास तीर्थयात्रा पर निकल गए।

तुलसीदास ने अगले कई वर्षों तक शेष सनातन के सान्निध्य में रहकर शिक्षा ग्रहण की। वहाँ उन्होंने वेदों और शास्त्रों का गहन अध्ययन किया, साथ ही हरि कथा और हरि-चर्चा का भी अभ्यास किया। धीरे-धीरे उनके हृदय में भगवान के प्रति गहरी भक्ति जागृत होने लगी।

अब उनके मन में एक तीव्र इच्छा उत्पन्न हुई कि वे भगवान की सेवा में कुछ करें, परंतु क्या करें—यह प्रश्न अभी भी उनके मन में बना हुआ था।

इसका उत्तर खोजने के लिए उन्होंने अपने दूसरे गुरु से अनुमति ली और तीर्थयात्रा के लिए **जगन्नाथ पुरी** की ओर प्रस्थान किया।

जब तुलसीदास अपनी तीर्थयात्रा से लौटकर जगन्नाथ मंदिर में भगवान जगन्नाथ के दर्शन कर वापस आए, तब उन्हें यह ज्ञात हुआ कि उनके अत्यंत प्रिय शिक्षा गुरु शेष सनातन अब इस संसार में नहीं रहे। यह समाचार सुनकर वे अत्यंत दुःखी हो गए, क्योंकि उनके जीवन में शेष सनातन जी का बहुत बड़ा योगदान था। उन्होंने सोचा कि अब वे अपने दीक्षा गुरु नरहरिदास के पास जाएँगे। किंतु दुर्भाग्यवश, उन्हें अपने गुरु भाइयों से पता चला कि उनके दीक्षा गुरु भी इस

हरे कृष्ण हरे कृष्ण कृष्ण कृष्ण हरे हरे, हरे राम हरे राम राम राम हरे हरे॥

भौतिक संसार को त्यागकर भगवान श्रीराम की सेवा हेतु साकेत धाम प्रस्थान कर चुके हैं।
यह समाचार तुलसीदास के लिए अत्यंत आघातकारी था। वे एक बार फिर स्वयं को अनाथ महसूस करने लगे। उनके गुरुजनों के जाने के बाद अब कोई भी ऐसा नहीं बचा था जिसे वे अपना कह सकें।

किसी प्रकार उन्होंने स्वयं को संभाला और विचार किया कि अब उन्हें अपने जन्मस्थान **राजापुर** लौट जाना चाहिए। उन्होंने सोचा—शायद उनके पिता जीवित हों और भगवान राम की कृपा से वे उन्हें स्वीकार कर लें।

चूँकि वे जन्म के कुछ ही दिनों बाद उस स्थान से दूर हो गए थे, इसलिए वह गाँव उनके लिए बिल्कुल नया था। जब वे वहाँ पहुँचे और अपने पिता **आत्माराम** के बारे में पूछताछ की, तो एक ग्रामीण ने बताया कि उनके पिता का भी पिछले वर्ष देहांत हो चुका है।

उस ग्रामीण ने यह भी बताया कि अपने अंतिम समय में आत्माराम को अपने किए पर गहरा पश्चाताप हुआ था। उसने तुलसीदास को उनके पिता का वह घर दिखाया, जो अब पूरी तरह उजड़ा और वीरान पड़ा था, और उन्हें वहीं रहने की सलाह दी। साथ ही उसने कहा कि वे अपने पिता और पूर्वजों का तर्पण भी वहीं करें।
अंततः तुलसीदास को रहने के लिए एक स्थान मिल गया। वे अपने पिता के घर में रहने लगे और विधिपूर्वक सभी आवश्यक संस्कारों के साथ अपने पिता का तर्पण किया।

घर के पास ही एक मंदिर के बाहर, एक वृक्ष के नीचे बैठकर तुलसीदास ने **रामकथा** कहना आरंभ किया। उनकी वाणी में गहरी भक्ति और आकर्षण था, इसलिए जो भी व्यक्ति मंदिर में दर्शन के लिए आता, वह वहीं रुककर उनकी रामकथा सुनने लगता। लोग उन्हें भोजन देते या कुछ धन दान में देते, जिससे उनका जीवनयापन चलता रहा।

कुछ ही समय में तुलसीदास की ख्याति फैलने लगी और आस-पास के गाँवों से भी लोग उनकी रामकथा सुनने आने लगे।

एक बार **दीनबंधु पाठक** नामक एक ब्राह्मण ने उनकी रामकथा सुनी। वे उनकी भक्ति से अत्यंत प्रभावित हुए। उन्होंने युवा तुलसीदास से उनके जीवन के बारे में पूछा।

हरे कृष्ण हरे कृष्ण कृष्ण कृष्ण हरे हरे, हरे राम हरे राम राम राम हरे हरे॥

तुलसीदास ने उन्हें सब कुछ विस्तार से बताया—कैसे उनके परिवार ने उन्हें त्याग दिया, कैसे उनकी देखभाल करने वाली चुनिया और उनके गुरु नरहरिदास ने उनका पालन-पोषण किया।

यह जानकर कि वे नरहरिदास जैसे महान संत के शिष्य हैं, दीनबंधु पाठक ने सोचा कि उन्हें अपनी पुत्री के लिए इससे योग्य वर नहीं मिल सकता।

उन्होंने विनम्रता से प्रस्ताव रखते हुए कहा—
"मैं अपनी पुत्री के लिए एक योग्य वर की खोज में हूँ, और मुझे लगता है कि आप ही उसके लिए उपयुक्त हैं—जो केवल भक्त ही नहीं, बल्कि महान संत नरहरिदास के शिष्य भी हैं।"

लेकिन तुलसीदास ने यह प्रस्ताव अस्वीकार कर दिया और दृढ़ता से कहा—
"मैं विवाह नहीं करना चाहता। मेरे जीवन का एकमात्र उद्देश्य भगवान श्रीराम की प्राप्ति है। मैं स्वयं को इन सांसारिक बंधनों में नहीं बाँधना चाहता, क्योंकि भगवान की माया मनुष्य को घेर लेती है और उसे उस मार्ग से भटका देती है, जो भगवान राम तक ले जाता है।"

उस ब्राह्मण ने उन्हें बहुत समझाया और आग्रह किया, लेकिन तुलसीदास ने उनकी बात नहीं मानी और यह कहते हुए मना कर दिया कि—
"मैं गृहस्थ जीवन में प्रवेश नहीं करना चाहता।"
यह कहकर वे अपने घर लौट आए।

अगले दिन वह ब्राह्मण गाँव के एक प्रतिष्ठित संत के पास गया और उनसे विनती की कि किसी प्रकार तुलसीदास को विवाह के लिए राजी करें।
वह संत तुलसीदास के घर पहुँचे। तुलसीदास ने उनका आदरपूर्वक स्वागत किया। संत ने उनसे पूछा—"तुम इस विवाह के प्रस्ताव को क्यों अस्वीकार कर रहे हो?"

तुलसीदास ने विनम्रता से उत्तर दिया—***"मुझे भय है कि विवाह के बाद माया मुझ पर हावी हो जाएगी और मैं अपने जीवन के लक्ष्य को भूल जाऊँगा।"***

संत मुस्कराए और बोले— ***"क्या तुम्हें लगता है कि तुम भगवान राम की रची हुई माया से स्वयं लड़ने में सक्षम हो? यदि प्रभु चाहेंगे, तो जीवन के किसी भी चरण में माया तुम्हें घेर सकती है—चाहे तुम विवाहित हो या नहीं। माया तो स्वयं भगवान राम की इच्छा के अनुसार ही कार्य करती है।"***

हरे कृष्ण हरे कृष्ण कृष्ण कृष्ण हरे हरे, हरे राम हरे राम राम राम हरे हरे॥

उनकी ये बातें तुलसीदास के हृदय को गहराई से स्पर्श कर गईं। वे कुछ क्षणों के लिए मौन हो गए और स्वयं को असमंजस में पाया। धीरे-धीरे वे संत के तर्क से प्रभावित होने लगे।

कुछ समय बाद वही ब्राह्मण, दीनबंधु पाठक, तुलसीदास के घर के बाहर आकर बैठ गए और दृढ़ निश्चय के साथ कहने लगे—
*"जब तक आप मेरी पुत्री **रत्नावली** से विवाह के लिए सहमत नहीं होते, तब तक मैं यहीं आपके द्वार पर बिना अन्न-जल ग्रहण किए बैठा रहूँगा।"*

तुलसीदास, जो पहले ही संत की बातों से कुछ प्रभावित हो चुके थे, यह देखकर चिंतित हो उठे। उन्होंने मन ही मन सोचा—*"यह उचित नहीं है कि कोई ब्राह्मण मेरे द्वार पर बिना अन्न-जल के बैठा रहे। शायद यह भी मेरे प्रभु की ही इच्छा है, इसलिए मुझे इस प्रस्ताव को स्वीकार कर लेना चाहिए।"*

अंततः तुलसीदास ने उस प्रस्ताव को स्वीकार कर लिया और दीनबंधु पाठक की पुत्री **रत्नावली** से उनका विवाह सम्पन्न हो गया।

रत्नावली एक अत्यंत सद्गुणी और सहायक पत्नी थीं। विवाह के बाद उन्होंने तुलसीदास का जीवन बहुत सरल बना दिया। वे उनका पूरा ध्यान रखतीं, स्वादिष्ट भोजन बनातीं, घर की सफाई करतीं—हर कार्य में निपुण थीं। उनके मन में एक ही उद्देश्य था कि तुलसीदास को किसी भी प्रकार की चिंता न रहे, ताकि वे पूरी तरह रामकथा में मन लगा सकें।

उन्होंने कभी भी अपने लिए कुछ नहीं माँगा, बल्कि निःस्वार्थ भाव से तुलसीदास की सेवा करती रहीं। उनकी ऐसी निष्कपट सेवा और प्रेम को देखकर तुलसीदास अत्यंत प्रसन्न और प्रभावित हुए।

किन्तु कुछ समय बाद वही होने लगा, जिसका उन्हें पहले से भय था। तुलसीदास **अपनी पत्नी के प्रति अत्यधिक आसक्त हो गए**। अधिकांश समय उनका मन रत्नावली के विचारों में ही डूबा रहता। यहाँ तक कि रामकथा कहते समय भी कई बार वे बीच में ही कथा भूल जाते, क्योंकि उनके मन में पत्नी के विचार उमड़ने लगते। कई बार वे कथा समाप्त होने के बाद प्रसाद बाँटना भी भूल जाते।

अक्सर उनके मन में यह विचार आता कि आज कथा में न जाएँ और कुछ समय अपनी पत्नी के साथ ही बिताएँ। इस प्रकार वे धीरे-धीरे माया के जाल में फँसते चले गए।

हरे कृष्ण हरे कृष्ण कृष्ण कृष्ण हरे हरे, हरे राम हरे राम राम राम हरे हरे॥

जब भी रत्नावली का भाई उन्हें कुछ दिनों के लिए अपने घर ले जाने आता, तो तुलसीदास किसी न किसी बहाने से उन्हें रोक लेते। कभी कहते कि मुहूर्त ठीक नहीं है, तो कभी स्वयं को अस्वस्थ दिखाते, जिससे रत्नावली को अपना जाना टालना पड़ता। वे अपनी पत्नी के बिना एक दिन भी नहीं रह पाते थे।

उनके एक पुत्र भी हुआ था, जिसका नाम **तारक** रखा गया, लेकिन दुर्भाग्यवश वह बाल्यावस्था में ही चल बसा।

एक दिन तुलसीदास रामकथा के बाद हनुमान मंदिर गए। उस दिन मौसम भी अत्यंत खराब था—भारी वर्षा हो रही थी, जिसके कारण उन्हें घर लौटने में देर हो गई।

जब वे घर पहुँचे, तो उन्होंने देखा कि रत्नावली वहाँ नहीं थीं। उन्हें एक पत्र मिला, जिसमें रत्नावली ने लिखा था—***"स्वामी, मुझे क्षमा करें कि मैं बिना आपकी अनुमति के इस प्रकार चली गई। मेरे पिता का स्वास्थ्य अत्यंत खराब है। कोई अनहोनी न हो जाए, इस कारण उन्होंने मुझे तुरंत बुलाया है। मुझे हर हाल में जाना पड़ा। मैं शीघ्र ही लौट आऊँगी।"***

यह पढ़कर तुलसीदास अत्यंत व्याकुल हो उठे। वे सोचने लगे कि वे इतने दिनों तक उनके बिना कैसे रह पाएँगे। उस रात उन्होंने भोजन भी नहीं किया और सोने का प्रयास किया, परंतु नींद उनकी आँखों से कोसों दूर थी। जैसे ही वे आँखें बंद करते, रत्नावली के विचार उनके मन में उमड़ने लगते।

आधी रात के समय उनका मन पूरी तरह अस्थिर हो गया और उन्होंने निर्णय लिया कि वे अपनी पत्नी के पास जाएँगे।

वे घर से बाहर निकले। चारों ओर घोर अंधकार था। **तेज वर्षा, भीषण तूफ़ान और चमकती बिजली**—सब कुछ भयावह था। लेकिन बिना कुछ सोचे-समझे वे अपनी पत्नी के घर की ओर चल पड़े।

रत्नावली का घर नदी के उस पार था। जब वे नदी के किनारे पहुँचे, तो वहाँ कोई नाविक नहीं मिला, जो उन्हें पार ले जा सके। नदी की स्थिति अत्यंत भयावह थी—तेज़ धार और ऊँची-ऊँची लहरें।

परंतु बिना एक क्षण सोचे, पत्नी के मोह में उन्होंने अपने प्राणों की भी परवाह नहीं की और नदी में कूद पड़े। वे उन भयानक लहरों से संघर्ष करते हुए तैरने लगे। तभी उन्हें एक **मृत शरीर** नदी में बहता हुआ मिला। उन्होंने उसी का सहारा

लेकर किसी प्रकार नदी पार की और जल्दी-जल्दी अपनी पत्नी के घर की ओर बढ़े।

वहाँ पहुँचकर उन्होंने दरवाज़ा खटखटाया और बार-बार अपनी पत्नी का नाम पुकारा, पर भीतर से कोई उत्तर नहीं आया।
तब उन्होंने देखा कि एक पेड़ की शाखा रत्नावली के कक्ष की खिड़की तक पहुँच रही है। लेकिन वर्षा के कारण पेड़ की सतह बहुत फिसलन भरी थी, जिससे उस पर चढ़ना असंभव था।
तभी तुलसीदास को एक **रस्सी** दिखाई दी। उन्होंने उसे पकड़कर ऊपर चढ़ना शुरू किया। बाद में उन्हें ज्ञात हुआ कि वह रस्सी नहीं, बल्कि एक **साँप** था—जो सौभाग्यवश मृत था, अन्यथा वह उन्हें डस सकता था।

किसी प्रकार वे उस शाखा तक पहुँचे और पूरी शक्ति लगाकर खिड़की की ओर छलांग लगाई, और अंततः अपनी पत्नी के कक्ष में प्रवेश कर गए।

रत्नावली, जो सो रही थीं, उस आवाज़ से अचानक जाग गईं। उन्होंने सोचा कि कोई चोर घर में घुस आया है और वे शोर मचाने ही वाली थीं, लेकिन उससे पहले तुलसीदास ने उन्हें शांत करते हुए कहा—
" मैं तुलसीदास हूँ, तुम्हारा पति।"

ऐसे भयानक मौसम और आधी रात में तुलसीदास को अपने सामने देखकर वे आश्चर्यचकित रह गईं। उन्होंने पूछा—***" स्वामी, यदि आपको आना ही था, तो सुबह आ सकते थे। आपने आधी रात में इस तरह अपने आप को क्यों कष्ट दिया?"***

तुलसीदास ने उनके चरण पकड़ लिए और भावुक होकर कहा—*"मैं अपने आप को रोक नहीं पाया। मैं तुम्हें बहुत याद कर रहा था और तुम्हारे बिना एक दिन भी नहीं रह सकता।"*

उन्होंने यह भी बताया कि कैसे उन्होंने अपने प्राणों की परवाह किए बिना उफनती नदी को पार किया और साँप का सहारा लेकर यहाँ तक पहुँचे।

यह सब सुनकर रत्नावली को क्रोध आया और उन्हें यह व्यवहार अत्यंत अनुचित और विचलित करने वाला लगा। उन्होंने तुलसीदास को कठोर शब्दों में कहा—

हरे कृष्ण हरे कृष्ण कृष्ण कृष्ण हरे हरे, हरे राम हरे राम राम राम हरे हरे॥

"अस्थि चर्ममय देह यह, ता सों ऐसी प्रीति।
नेकु जो होती राम से, तो काहे भव-भीत॥"

अर्थात— ***"यदि इस हड्डी और मांस से बने नश्वर शरीर के प्रति तुम्हारा जो प्रेम है, उसका थोड़ा-सा अंश भी यदि भगवान राम के प्रति होता, तो तुम जन्म-मृत्यु के भय से मुक्त हो जाते।"***

रत्नावली के ये वचन तुलसीदास के लिए एक गहरा झटका और जागरण बन गए। ऐसा लगा मानो किसी ने एक पत्थर फेंककर उस **मोह के काँच को तोड़ दिया** हो, जो उनकी भक्ति को ढँक रहा था।

उन्हें अपने जीवन का वास्तविक लक्ष्य—भगवान राम की प्राप्ति—स्मरण हो आया। वे स्वयं को धिक्कारने लगे कि सब कुछ जानते हुए भी वे कैसे माया के जाल में फँस गए।

तुलसीदास ने रत्नावली के चरण स्पर्श किए और कहा—
"तुम एक सच्ची धर्मपत्नी हो, जिसने मुझे धर्म का मार्ग दिखाया। मैं तुम्हारा सदैव आभारी रहूँगा, और जो कुछ मैंने अब तक माया के प्रभाव में किया, उसके लिए लज्जित भी हूँ। तुमने मेरी आँखें खोल दीं—मुझे अपने जीवन का अंतिम लक्ष्य स्मरण हो गया है। अब मैं जा रहा हूँ... और फिर कभी लौटकर तुम्हें कष्ट नहीं दूँगा।"

उनकी ये बातें सुनकर रत्नावली की आँखें नम हो गईं। वे उन्हें रोकना चाहती थीं, लेकिन रोक नहीं पाईं—क्योंकि अब उनके पति सही मार्ग पर, अर्थात् भगवान राम की भक्ति की ओर अग्रसर हो चुके थे।

तुलसीदास उन्हें रोता हुआ छोड़कर प्रयागराज की ओर भगवान राम की खोज में निकल पड़े, और रत्नावली ने भी अपने शेष जीवन को विरक्त भाव से भगवान की भक्ति में बिताने का संकल्प कर लिया।

....

हरे कृष्ण हरे कृष्ण कृष्ण कृष्ण हरे हरे, हरे राम हरे राम राम राम हरे हरे॥

राम के प्रिय कवि: गोस्वामी तुलसीदास की आत्मबोध की यात्रा

स वै पुंसां परो धर्मो, यतो भक्तिरधोक्षजे।
अहैतुकी अप्रतिहता, ययाऽत्मा सुप्रसीदति॥" *(श्रीमद्भागवत महापुराण)*

<u>अर्थ</u>:सबसे श्रेष्ठ धर्म वही है, जो भगवान के प्रति निष्काम और निरंतर भक्ति उत्पन्न करे। ऐसी भक्ति से ही आत्मा को सच्ची शांति प्राप्त होती है।)

गोस्वामी तुलसीदास प्रयागराज पहुँचने के बाद अनेक संतों और भक्तों के सान्निध्य में आए। धीरे-धीरे उन्होंने समस्त सांसारिक आसक्तियों और भोगों का त्याग कर संन्यास जीवन को स्वीकार किया और स्वयं को पूर्णतः भगवान राम की भक्ति में समर्पित कर दिया।

संन्यासी बनने के पश्चात् तुलसीदास ने भगवान राम की खोज में अपनी कठोर साधना-यात्रा आरंभ की। वे **अयोध्या, चित्रकूट, नासिक** तथा अन्य अनेक पवित्र तीर्थस्थलों की यात्रा करते रहे और निरंतर "**राम**" नाम का जप करते रहे।

उनकी यह खोज अंततः **मानसरोवर** तक पहुँची, जहाँ उन्होंने एक योगी को गहन ध्यान में लीन देखा। जैसे ही तुलसीदास उनके समीप पहुँचे, योगी ने अपनी आँखें खोल दीं।
हाथ जोड़कर तुलसीदास ने विनम्रतापूर्वक उनका अभिवादन किया। योगी ने पूछा—*"तुम कौन हो, और यहाँ किस उद्देश्य से आए हो?"*

तुलसीदास ने विनम्रता से उत्तर दिया—*" महाराज, मैं तुलसीदास हूँ, और मैं श्रीराम की खोज में निकला हूँ।"*

यह सुनकर योगी मुस्कुराए और बोले— *" तुम्हें राम यहाँ नहीं मिलेंगे। वे तुम्हें वहीं मिलेंगे, जहाँ से तुम्हारी यात्रा वास्तव में प्रारंभ हुई थी।"*

इतना कहकर योगी पुनः ध्यान में लीन हो गए। उनके वचनों पर पूर्ण विश्वास करते हुए तुलसीदास पुनः काशी **(वाराणसी)** लौट आए—वही स्थान, जहाँ से उनकी आध्यात्मिक यात्रा आरंभ हुई थी।

वास्तव में, **वह योगी स्वयं भगवान शिव ही थे**, जिन्होंने तुलसीदास का मार्गदर्शन करने के लिए यह रूप धारण किया था। यही कारण है कि महादेव

हरे कृष्ण हरे कृष्ण कृष्ण कृष्ण हरे हरे, हरे राम हरे राम राम राम हरे हरे॥

को 'परम वैष्णव' कहा जाता है—क्योंकि उनकी कृपा के बिना भगवान हरि की प्राप्ति संभव नहीं है।

काशी लौटकर तुलसीदास ने पुनः रामकथा का वाचन आरंभ किया, इस आशा के साथ कि एक दिन स्वयं भगवान राम उन्हें दर्शन देंगे।
प्रतिदिन सायंकाल वे **गंगा** नदी के तट पर **संध्या-वंदन** करने जाते—सूर्यदेव को अर्घ्य अर्पित करते। वापसी के समय वे अपने पात्र में बचा हुआ जल एक विशेष **वृक्ष की जड़ों में डाल देते**, यह सोचकर कि यह उनके दैनिक कर्म का शुद्धिकरण है।
वे यह क्रम निरंतर बारह वर्षों तक करते रहे।
उन्हें यह ज्ञात नहीं था कि उसी वृक्ष में एक प्रेत वास करता था, जो तीव्र प्यास से पीड़ित था। तुलसीदास द्वारा प्रतिदिन अर्पित किया गया जल उसे अत्यंत राहत देता था।

उनकी इस निःस्वार्थ सेवा से प्रसन्न होकर एक दिन वह प्रेत उनके सामने प्रकट हुआ और बोला— ***"मैं अत्यधिक प्यास से पीड़ित था, और बारह वर्षों से तुम मुझे जल दे रहे हो। मैं तुमसे प्रसन्न हूँ। तुम जो भी वर माँगो, मैं तुम्हें प्रदान करूँगा।"***

तुलसीदास ने शांत भाव से उत्तर दिया—***"मुझे कोई सांसारिक वरदान नहीं चाहिए। मैं केवल भगवान राम के दर्शन चाहता हूँ।"***

यह सुनकर प्रेत ने अपना सिर झुका लिया और कहा—
"यह मेरी शक्ति से परे है... लेकिन मैं तुम्हें मार्ग दिखा सकता हूँ।"

तब उस प्रेत ने आगे बताया—***"तुम्हारे प्रभु का एक महान भक्त प्रतिदिन तुम्हारी रामकथा में आता है। वह एक वृद्ध कुष्ठरोगी का रूप धारण करता है। वह हमेशा सबसे पहले आता है और सबसे अंत में जाता है।"***

यह सुनकर उत्सुकता से भरकर गोस्वामी तुलसीदास ने पूछा, ***"वह कौन है?"***

प्रेत ने चेतावनी दी— ***"वह तुम्हारे प्रभु का परम भक्त है... परंतु उसका नाम मत लेना।"***

लेकिन अपनी उत्सुकता को रोक न पाकर तुलसीदास बोल उठे—
"कौन? क्या वह हनुमान जी हैं?"

हरे कृष्ण हरे कृष्ण कृष्ण कृष्ण हरे हरे, हरे राम हरे राम राम राम हरे हरे॥

जैसे ही हनुमान का नाम उनके मुख से निकला, प्रेत एक तीव्र चीख के साथ तुरंत अदृश्य हो गया।

उसी क्षण तुलसीदास सब समझ गए—उनकी वर्षों की खोज अब अपने निर्णायक मोड़ पर पहुँचने वाली थी।

अगले ही दिन, तुलसीदास ने अपनी रामकथा पूर्ववत आरंभ की। कथा के मध्य अचानक उनकी दृष्टि दूर बैठे **एक वृद्ध कुष्ठरोगी** पर पड़ी, जो भीड़ से अलग, शांत और निरपेक्ष बैठा था। उनके भीतर कुछ जागृत हुआ।

जैसे ही कथा समाप्त हुई, तुलसीदास तुरंत उसके पीछे दौड़े, आगे बढ़कर उसके चरणों में गिर पड़े और आँसुओं से भरी आँखों से बोले—*"मैं आपको पहचान गया हूँ, प्रभु... हनुमान जी! आप ही मेरी एकमात्र आशा हैं। मैं इतने समय से श्रीराम की खोज कर रहा हूँ—कृपया मेरे दुःख का अंत कीजिए!"*

वृद्ध कुष्ठरोगी मुस्कुराया... और अगले ही क्षण उसका रूप बदल गया।

तुलसीदास के सामने स्वयं हनुमान अपने दिव्य स्वरूप में प्रकट हो गए—बलशाली शरीर, तेजोमय आभा, घुँघराले केश, वक्ष पर यज्ञोपवीत और हाथ में गदा। उनकी उपस्थिति इतनी दिव्य और ऊर्जा से परिपूर्ण थी कि तुलसीदास स्तब्ध रह गए, मानो उन्हें अपनी आँखों पर विश्वास ही न हो रहा हो।

हनुमान जी ने स्नेहपूर्वक उन्हें आश्वासन दिया—***"चिंता मत करो, मैं तुम्हारी सहायता करूँगा। प्रभु अवश्य तुम्हें दर्शन देंगे।"***

कुछ दिनों बाद, जब तुलसीदास एक वन में एकांत में बैठकर अपनी रामकथा का अभ्यास कर रहे थे, तभी वहाँ से **एक राजसी रथ गुजरा**, जिसमें एक अत्यंत सुंदर और तेजस्वी राजकुमार सवार था।

परंतु तुलसीदास अपनी भक्ति में इतने लीन थे कि उन्होंने उस रथ और राजकुमार की ओर बिल्कुल ध्यान ही नहीं दिया।

कुछ समय बाद हनुमान प्रकट हुए और मंद मुस्कान के साथ बोले—

"आशा है तुम्हें अद्भुत दर्शन प्राप्त हुए होंगे, स्वयं प्रभु उस रथ पर आए थे।"

हरे कृष्ण हरे कृष्ण कृष्ण कृष्ण हरे हरे, हरे राम हरे राम राम राम हरे हरे॥

यह सुनते ही गोस्वामी तुलसीदास स्तब्ध रह गए। उनका हृदय पछतावे से भर गया। गहरी पीड़ा के साथ उन्होंने कहा—*"प्रभु आए थे... और मैं उन्हें पहचान भी न सका! हनुमान जी, कृपा करके मेरा मार्गदर्शन कीजिए। आपकी कृपा के बिना मैं फिर ऐसी दिव्य अवसर को खो दूँगा।"*

हनुमान जी मौन मुस्कुराए और अदृश्य हो गए।

कुछ समय पश्चात्, चित्रकूट में तुलसीदास अपनी रामकथा कर रहे थे। एक दिन प्रातःकाल, मंदाकिनी नदी के तट पर वे चंदन घिस रहे थे। उसी समय एक छोटा ब्राह्मण बालक उनके पास आया—उसका मुख तेजस्वी था, अद्भुत आभा से युक्त, और उसकी मुस्कान इतनी मधुर थी कि गहनतम दुःख को भी हर ले।

तुलसीदास ने प्रारंभ में उस पर विशेष ध्यान नहीं दिया। वह बालक पास आकर धीरे से बोला—***"बाबा, क्या आप मेरे मस्तक पर चंदन लगा देंगे?"***

तुलसीदास ने उसे एक सामान्य बालक समझकर मुस्कुराते हुए उसके मस्तक पर चंदन का तिलक लगा दिया। पास ही, संत के रूप में खड़े हनुमान यह सब देख रहे थे। उन्हें अनुभव हुआ कि तुलसीदास फिर से इस दिव्य अवसर को खोने वाले हैं।

तभी वे तुरंत एक वृक्ष की डाल पर चढ़ गए और ऊँचे स्वर में दोहा कहा—

"चित्रकूट के घाट पर, भई संतन की भीड़।
तुलसीदास चंदन घिसें, तिलक करे रघुबीर॥"

यह वचन बिजली की तरह तुलसीदास के हृदय में उतर गए। उसी क्षण वे संकेत समझ गए। उनका शरीर स्तब्ध हो गया—मानो आत्मा ही देह से विलग हो गई हो। उसी क्षण वह बालक अपने वास्तविक स्वरूप में प्रकट हुआ—स्वयं भगवान राम। ***पीताम्बर धारण किए, हाथों में धनुष-बाण लिए, कमल के समान नेत्र, कोमल किंतु तेजस्वी अंग, और ऐसा दिव्य मुखमंडल कि करोड़ों कामदेव भी उसके सामने फीके पड़ जाएँ***—वे तुलसीदास के सम्मुख खड़े थे।

अंततः तुलसीदास को अपने आराध्य प्रभु के दिव्य दर्शन प्राप्त हुए। भावविभोर होकर, काँपते हुए स्वर और जुड़ी हुई हथेलियों के साथ उन्होंने कहा—

"प्रभु... मैंने आपके दर्शन कर लिए। मेरा जन्म सफल हो गया। अब मैं इस संसार में नहीं रहना चाहता। कृपा कर मुझे अपने धाम साकेत में स्थान दीजिए।"

हरे कृष्ण हरे कृष्ण कृष्ण कृष्ण हरे हरे, हरे राम हरे राम राम राम हरे हरे॥

भगवान राम ने कोमल मुस्कान के साथ कहा—"***तुलसीदास, यह तो अभी प्रारंभ है। तुम्हारे जीवन का वास्तविक उद्देश्य अभी पूर्ण नहीं हुआ है।***"

और इतना कहकर प्रभु अंतर्धान हो गए—तुलसीदास को दिव्य आनंद में डुबोते हुए, पर साथ ही उनके जीवन के महान उद्देश्य के प्रति एक नई जिज्ञासा भी जागृत कर गए।

अपने जीवन के वास्तविक उद्देश्य की खोज में, गोस्वामी तुलसीदास माघ मेला के लिए प्रयागराज पहुँचे। वहाँ उन्होंने अनेक संतों से भेंट की और सत्संग तथा आध्यात्मिक चर्चाओं में स्वयं को पूरी तरह निमग्न कर दिया।

रात्रि होने पर उनके पास ठहरने का कोई स्थान नहीं था, इसलिए वे शांतिपूर्वक एक वृक्ष के नीचे आश्रय लेकर विश्राम करने लगे।

आधी रात में एक व्यक्ति वहाँ आया और उन्हें धीरे से जगाकर अपने गुरु के आश्रम में ठहरने का निमंत्रण दिया। तुलसीदास ने विनम्रतापूर्वक उसका प्रस्ताव स्वीकार किया और उसके साथ चल पड़े।

जब वे आश्रम पहुँचे, तो अन्य संतों को ज्ञात हुआ कि वे अकेले वृक्ष के नीचे सो रहे थे। उनमें से एक ने चिंता प्रकट करते हुए पूछा, "***क्या तुम्हें जंगली जानवरों, चोरों का कोई भय नहीं लगा? तुम इतने निडर होकर वृक्ष के नीचे कैसे सो गए?***"

तुलसीदास ने शांत भाव से उत्तर दिया—

"***तुलसी भरोसे राम के, निर्भय हो के सोए,***
अनहोनी होनी नहीं, होनी हो सो होए।"

(अर्थः तुलसीदास पूर्णतः भगवान राम के भरोसे रहते हैं; उनकी इच्छा के बिना कुछ भी नहीं हो सकता, और जो होना निश्चित है, वही होकर रहेगा।)

यह सुनकर एक संत मुस्कुराए और बोले—"***लगता है आप केवल संत ही नहीं, बल्कि एक कवि भी हैं।***"

ये शब्द तुलसीदास के हृदय में गहराई तक उतर गए। उनके भीतर एक नया विचार जागृत हुआ। वे मन ही मन सोचने लगे—

हरे कृष्ण हरे कृष्ण कृष्ण कृष्ण हरे हरे, हरे राम हरे राम राम राम हरे हरे॥

"हाँ... ***भगवान राम की कृपा से मैं अपनी भावनाओं को काव्य के माध्यम से व्यक्त कर सकता हूँ। क्यों न रामकथा को ऐसे रूप में प्रस्तुत करूँ***, *जिसे हर कोई समझ सके? संस्कृत कुछ ही लोगों तक सीमित है... पर भक्ति तो सब तक पहुँचना चाहिए।*"

उसी क्षण उनके भीतर एक दिव्य संकल्प का जन्म हुआ। उन्होंने निश्चय किया कि वे रामायण को काव्य रूप में, **जनसामान्य की भाषा में पुनः लिखेंगे,** ताकि श्रीराम की शिक्षाएँ, उनका चरित्र और उनकी दिव्य लीलाएँ हर एक हृदय तक पहुँच सकें।

और इस प्रकार, पूर्ण भक्ति और समर्पण के साथ गोस्वामी तुलसीदास ने **अवधी भाषा में अमर ग्रंथ रामचरितमानस की रचना प्रारंभ की**—एक ऐसा ग्रंथ, जिसने आगे चलकर लाखों-करोड़ों लोगों के जीवन को प्रकाशित किया।

कुछ समय बाद तुलसीदास ने इस पवित्र रामचरितमानस को पूर्ण किया, जिसे उन्होंने सात कांडों में विभाजित किया—**बालकांड, अयोध्याकांड, अरण्यकांड, किष्किंधाकांड, सुंदरकांड, लंकाकांड और उत्तरकांड**।

किन्तु, चूँकि यह ग्रंथ अवधी भाषा में लिखा गया था, इसलिए अनेक विद्वानों और **संतों ने इसका तीव्र विरोध किया**। उनका तर्क था कि जब रामचरितमानस दिव्य रामायण पर आधारित है, तो इतना पवित्र ग्रंथ केवल संस्कृत में ही लिखा जाना चाहिए। कुछ लोगों ने तो तुलसीदास का उपहास भी किया और कहा कि उन्हें संस्कृत का पर्याप्त ज्ञान नहीं है, इसी कारण उन्होंने लोकभाषा का सहारा लिया।

तुलसीदास ने अत्यंत शांत और विनम्र भाव से अपना पक्ष रखा। उन्होंने बताया कि उन्होंने अपने गुरु से संस्कृत का गहन अध्ययन किया है, परंतु उनका उद्देश्य भिन्न है। वे चाहते थे कि भगवान श्रीराम के दिव्य चरित्र और उपदेश सामान्य जन तक सरलता से पहुँचें, ताकि कोई भी व्यक्ति बिना किसी पंडित या विद्वान पर निर्भर हुए, उन्हें समझ सके और भक्ति का मार्ग अपना सके।

उनके स्पष्टीकरण के बावजूद, अनेक संतों ने रामचरितमानस को औपचारिक मान्यता देने से इनकार कर दिया।किन्तु तुलसीदास विचलित नहीं हुए। उन्होंने रामचरितमानस की कथाएँ सुनाना आरंभ किया और जन-जन में भक्ति का संदेश फैलाने लगे।

हरे कृष्ण हरे कृष्ण कृष्ण कृष्ण हरे हरे, हरे राम हरे राम राम राम हरे हरे॥

एक रात, दो चोर (या ईर्ष्यालु पंडितों द्वारा भेजे गए लोग) उनकी कुटिया में घुसकर उनके सामान, विशेषकर रामचरितमानस की पांडुलिपि, चुराने आए। लेकिन जैसे ही वे भीतर प्रवेश करने का प्रयास करते, वे भय से काँप उठते। हर द्वार पर उन्हें दो दिव्य, तेजस्वी युवा योद्धा दिखाई देते—श्याम वर्ण, हाथों में धनुष-बाण लिए—स्वयं भगवान राम और लक्ष्मण।

वे किसी भी दिशा से प्रवेश करने का प्रयास करते, वही दृश्य बार-बार प्रकट हो जाता। भयभीत होकर वे कुछ भी चुरा न सके और सुबह होने की प्रतीक्षा करने लगे।

जब उन्होंने यह सब तुलसीदास को बताया, तो वे भावविभोर हो उठे। उन्हें समझ में आ गया कि स्वयं प्रभु अपने भक्त और उसके कार्य की रक्षा कर रहे हैं।इस दिव्य अनुभव से प्रभावित होकर वे चोर भी परिवर्तित हो गए। उन्होंने तुलसीदास के चरणों में गिरकर उनके शिष्य बनने की प्रार्थना की।

बाद में तुलसीदास **वृंदावन** गए, जहाँ उन्होंने भगवान कृष्ण के दर्शन किए। मूर्ति के सामने खड़े होकर उन्होंने गहन भक्ति से कहा—**"मैं तभी अपना मस्तक झुकाऊँगा, जब आप बांसुरी के स्थान पर धनुष-बाण धारण करेंगे।"**

उनकी भक्ति की शक्ति से चमत्कार घटित हुआ—भगवान कृष्ण की मूर्ति ने बांसुरी त्यागकर धनुष-बाण धारण कर लिया और तुलसीदास को राम के रूप में दर्शन दिए। आज भी वृंदावन का वह मंदिर इस दिव्य लीला की स्मृति को संजोए हुए माना जाता है।

तुलसीदास लंबे समय तक वृंदावन में रहे, जहाँ उन्होंने भगवान कृष्ण की लीलाओं का रसपान किया। बाद में उन्होंने उन लीलाओं का वर्णन करते हुए एक काव्य की रचना की, जिसे ***कृष्णावली*** के नाम से जाना जाता है।

वे प्रायः कहा करते थे—***"राम और कृष्ण में कोई भेद नहीं है—जब कृष्ण धनुष-बाण धारण करते हैं, तो वे राम बन जाते हैं, और जब राम बांसुरी धारण करते हैं, तो वे कृष्ण बन जाते हैं।"***

एक बार रामचरितमानस की कथा के दौरान एक दुःखी स्त्री उनके पास आई और बोली—*"महाराज जी, मैं बहुत दुःख में हूँ।"*

बिना पूरी बात सुने गोस्वामी तुलसीदास ने सहज ही उत्तर दिया—*"राम नाम जपो—वे अवश्य तुम्हारा दुःख दूर करेंगे।"*

हरे कृष्ण हरे कृष्ण कृष्ण कृष्ण हरे हरे, हरे राम हरे राम राम राम हरे हरे॥

अगले दिन वही स्त्री आँसुओं से भरी आँखों के साथ फिर आई और बोली—
"महाराज जी, कृपया मेरे घर चलिए!"

जब तुलसीदास उसके घर पहुँचे, तो उन्होंने देखा कि एक व्यक्ति बिस्तर पर मृत पड़ा है। स्त्री विलाप करते हुए बोली—*"आपने कहा था राम नाम जपो, मैंने पूरी रात जप किया... पर देखिए, मेरे पति तो चल बसे। अब आप ही कुछ कीजिए, महाराज जी।"*

यह देखकर तुलसीदास गहरे द्वंद्व में पड़ गए। भारी मन से वे उस शरीर के पास गए और सच्चे हृदय से भगवान राम से प्रार्थना करने लगे।

अचानक, प्रभु की कृपा से वह **मृत** व्यक्ति जीवित हो उठा।

तुलसीदास ने इस चमत्कार का कोई श्रेय स्वयं नहीं लिया। हाथ जोड़कर विनम्रता से बोले—*"यह सब मेरे प्रभु की कृपा से हुआ है!"*

यह घटना शीघ्र ही चारों ओर फैल गई और तुलसीदास की ख्याति बहुत बढ़ गई, परंतु वे पहले की ही भाँति विनम्र और भक्त बने रहे।

जब लोगों ने हर जगह उनकी प्रशंसा करनी शुरू की, तो यह समाचार अंततः अकबर के दरबार तक पहुँचा। जिज्ञासु और कुछ संशय से भरे **अकबर** ने तुलसीदास को अपने दरबार में बुलाया और कहा—
"मैंने तुम्हारे चमत्कारों के बारे में बहुत सुना है। मुझे भी कोई चमत्कार दिखाओ—मुझे इन बातों पर विश्वास नहीं है।"

तुलसीदास ने हाथ जोड़कर शांत स्वर में उत्तर दिया—*"महाराज, मैं कोई चमत्कार नहीं करता। जो कुछ भी होता है, वह केवल भगवान राम की कृपा से होता है।"*

यह सुनकर अकबर क्रोधित हो गया। उसे लगा कि तुलसीदास उसका अपमान कर रहे हैं। क्रोध में उसने आदेश दिया कि तुलसीदास को कारागार में डाल दिया जाए और कहा—***"एक सप्ताह के भीतर यदि तुमने कोई चमत्कार नहीं दिखाया, तो तुम्हें मृत्यु दंड दिया जाएगा।"***

तुलसीदास को कारागार में डाल दिया गया, परंतु बंदी होने पर भी वे शांत रहे। वे निरंतर राम नाम का जप करते रहे और प्रभु की महिमा तथा लीलाओं का गान करते रहे।

हरे कृष्ण हरे कृष्ण कृष्ण कृष्ण हरे हरे, हरे राम हरे राम राम राम हरे हरे॥

पाँच दिन इसी प्रकार बीत गए। छठे दिन सैनिकों ने उन्हें स्मरण कराया—

"अब केवल दो दिन शेष हैं... अपने अंत की तैयारी कर लो।"

परंतु भय के स्थान पर उनके हृदय में गहरी शांति थी। वे मन ही मन सोचने लगे—**"अपने प्राण बचाने जैसे छोटे विषय के लिए मैं अपने प्रभु को कष्ट नहीं दूँगा। मेरा जीवन इतना मूल्यवान नहीं कि उन्हें व्याकुल करूँ। इसके स्थान पर मैं उनके परम भक्त से सहायता माँगूँगा। यदि प्रभु की इच्छा होगी, तो हनुमान अवश्य मेरी रक्षा करेंगे।"**

इस अटूट भक्ति के साथ गोस्वामी तुलसीदास ने शक्तिशाली ***बजरंग बाण*** की रचना की।

सातवें दिन, जब उनकी फाँसी का समय निकट था, तुलसीदास जी पूर्ण श्रद्धा और समर्पण के साथ बैठकर *बजरंग बाण* का पाठ करने लगे। अचानक वहाँ **बंदरों** का एक विशाल समूह आ गया और सैनिकों पर हमला कर दिया। चारों ओर अफरा-तफरी मच गई और स्थिति इतनी गंभीर हो गई कि फाँसी तुरंत रोकनी पड़ी।

जब यह समाचार अकबर तक पहुँचा, तो वे आश्चर्यचकित रह गए। उन्होंने इसे एक दिव्य चमत्कार मानकर तुलसीदास जी को सम्मान सहित **मुक्त** कर दिया।

ऐसा माना जाता है कि *बजरंग बाण* का पाठ कठिन और संकटपूर्ण परिस्थितियों में तुरंत प्रभाव देता है, क्योंकि इसमें तुलसीदास जी ने पूर्ण समर्पण के साथ हनुमान जी को पुकारा है और बार-बार श्रीराम के नाम का आह्वान किया है।

"सत्य होहु हरि शपथ पाय के,
राम द्रूत धरु मारु जाय के।"

अर्थ: हे हनुमान जी, मैं भगवान हरि की शपथ लेकर आपको पुकारता हूँ। कृपया रामदूत बनकर शीघ्र आएँ और सभी बाधाओं का नाश करें।

"भूत प्रेत पिशाच निशाचर,
अग्नि बैताल काल मारी मर।

इन्हें मारु तोहि शपथ राम की,
राखौ नाथ मरजाद नाम की।"

हरे कृष्ण हरे कृष्ण कृष्ण कृष्ण हरे हरे, हरे राम हरे राम राम राम हरे हरे॥

अर्थ: हे प्रभु, सभी नकारात्मक शक्तियों—भूत, प्रेत, पिशाच और दुष्ट ऊर्जाओं का नाश करें। मैं आपको श्रीराम की शपथ देता हूँ, आप अपने नाम की मर्यादा रखते हुए मेरी रक्षा करें।

तुलसीदास जी ने अपने जीवन में अनेक ग्रंथों की रचना की, जिनमें सबसे महान है **रामचरितमानस**। समय के साथ यह ग्रंथ अत्यंत लोकप्रिय और पूजनीय बन गया।

उन्होंने उत्तर भारत के लोगों के लिए रामायण की शिक्षाओं को उनकी अपनी भाषा में सरल बनाया। यही नहीं, उनके कार्य से प्रेरित होकर अनेक भक्तों ने अपनी-अपनी भाषाओं—जैसे बंगाली, मराठी, कन्नड़ आदि—में रामायण की रचना की। इस प्रकार उन्होंने भक्ति और सामान्य जन के बीच की दूरी को समाप्त कर दिया।

उनके जीवन के हर चरण में हनुमान उनका मार्गदर्शन करते रहे। जिस स्थान पर उन्हें प्रथम बार हनुमान जी के दर्शन हुए, वहीं उन्होंने एक मंदिर की स्थापना की, जिसे आज वाराणसी में **संकट मोचन हनुमान मंदिर** के नाम से जाना जाता है।

अपने जीवन के अंतिम समय तक तुलसीदास जी रामकथा का प्रचार करते रहे। उनकी भक्ति समय के साथ और भी गहरी होती गई।

30 जुलाई **1623** को, **अस्सी घाट** पर, 111 वर्ष की आयु में उन्होंने इस संसार को त्याग दिया और उनकी आत्मा साकेत धाम में विलीन हो गई।

तुलसीदास जी ने यह सिद्ध कर दिया कि सच्ची भक्ति भाषा, समय और सीमाओं से परे होती है। उनका जीवन हमें सिखाता है कि जब भक्ति निस्वार्थ और पूर्ण समर्पण से भरी हो, तो स्वयं भगवान भी अपने भक्त की रक्षा के लिए प्रकट हो जाते हैं। तुलसीदास जी ने कई रचनाएँ कीं, लेकिन उनमें सबसे सुंदर और लोकप्रिय ***श्रीराम स्तुति***,जो कुछ इस प्रकार है:

श्री रामचंद्र कृपालु भज मन, हरण भव भय दारुणम्
हे मन! भगवान *श्री राम* का भजन करो, जो अत्यंत कृपालु हैं और जन्म-मरण के भयानक डर को दूर करते हैं।
नव कंज लोचन, कंज मुख, कर कंज, पद कंजारुणम्
जिनकी आँखें, मुख, हाथ और चरण कमल के समान सुंदर और कोमल हैं।
कंदर्प अगणित अमित छवि, नव नील नीरद सुंदरम्

हरे कृष्ण हरे कृष्ण कृष्ण कृष्ण हरे हरे, हरे राम हरे राम राम राम हरे हरे॥

जिनकी सुंदरता करोड़ों कामदेव से भी अधिक है, और जो नए नीले बादल के समान मनोहर दिखते हैं।

पट पीत मानहु तड़ित रुचि, शुचि नौमि जनक सुतावरम्

जो पीले वस्त्र पहनते हैं, जैसे बादल में बिजली चमकती हो, और जो पवित्र हैं–मैं उन सीता जी के पति को प्रणाम करता हूँ।

भजु दीनबंधु दिनेश दानव दैत्य वंश निकंदनम्

जो गरीबों के मित्र हैं, सूर्य के समान तेजस्वी हैं और राक्षसों के कुल का नाश करने वाले हैं–उनका भजन करो।

रघुनंद आनंदकंद, कौशलचंद दशरथ नंदनम्

जो रघुकुल के आनंद हैं, खुशी के स्रोत हैं, माता कौशल्या के चंद्रमा जैसे पुत्र और राजा दशरथ के बेटे हैं।

सिर मुकुट कुंडल तिलक चारु, उदार अंग विभूषणम्

जिनके सिर पर मुकुट है, कानों में कुंडल हैं, माथे पर सुंदर तिलक है और शरीर पर सुंदर आभूषण हैं।

आजानुभुज शर चाप धर, संग्राम जीत खरदूषणम्

जिनकी भुजाएँ घुटनों तक लंबी हैं, जो धनुष-बाण धारण करते हैं और जिन्होंने युद्ध में खर-दूषण जैसे राक्षसों को हराया।

इति वदति तुलसीदास, शंकर शेष मुनि मन रंजनम्

तुलसीदास जी कहते हैं कि भगवान राम, शिव जी, शेषनाग और सभी मुनियों के मन को आनंद देने वाले हैं।

मम हृदय कंज निवास कुरु, कामादि खल दल गंजनम्

हे प्रभु! मेरे हृदय रूपी कमल में निवास करें और मेरे अंदर के काम, क्रोध जैसे बुरे भावों का नाश करें।

मनु जाहिं राचेहु मिलिहि सो बरु सहज सुंदर सांवरो।

जैसा आपका हृदय चाहता है, वैसा ही सुंदर,सरल और सांवरा वर आपको प्राप्त हो।

करुणा निधान सुजान सील सनेह जानत रावरो॥

वे करुणा के भंडार, बुद्धिमान, विनम्र स्वभाव वाले हैं और सच्चे प्रेम को समझने वाला हो

एहि भांति गौरि असीस सुनि सिय सहित हिय हरषी अली।

इस प्रकार माता पार्वती (गौरी) का आशीर्वाद सुनकर सीता जी और उनकी सखियाँ हृदय से बहुत प्रसन्न हो गईं।

तुलसी भवानिहि पूजि पुनि पुनि मुदित मन मंदिर चली॥

तुलसीदास जी कहते हैं कि सीता जी ने बार-बार माता भवानी की पूजा की और प्रसन्न मन से मंदिर से लौट गईं।

(सोरठा) जानि गौरि अनुकूल सिय हिय हरषु न जाइ कहि।

जब सीता जी को पता चला कि माता गौरी उनके पक्ष में हैं, तो उनके हृदय का आनंद शब्दों में व्यक्त नहीं किया जा सकता।

मंजुल मंगल मूल बाम अंग फरकन लगे॥

उनके बाएँ अंग का फड़कना शुभ संकेत देने लगा, जो सुंदर और मंगलमय भविष्य का संकेत है।

....

जीवित दिव्य चमत्कार खंड:

- उडुपी श्री कृष्ण मठ
- साक्षी गोपाल मंदिर
- टोता गोपीनाथ मंदिर

हरे कृष्ण हरे कृष्ण कृष्ण कृष्ण हरे हरे, हरे राम हरे राम राम राम हरे हरे॥

अध्याय–9

जिस भक्त ने भगवान को मुड़ने पर मजबूर किया – कनकदास

सच्ची भक्ति को किसी अनुमति की आवश्यकता नहीं होती, केवल एक शुद्ध हृदय चाहिए

समोऽहं सर्वभूतेषु न मे द्वेष्योऽस्ति न प्रियः।
ये भजन्ति तु मां भक्त्या मयि ते तेषु चाप्यहम्॥ (गीता 9.29)

मैं सभी प्राणियों में समान रूप से स्थित हूँ—न कोई मेरा शत्रु है, न कोई प्रिय। परंतु जो मुझे सच्ची भक्ति से भजते हैं, वे मुझमें निवास करते हैं और मैं उनमें वास करता हूँ।

14वीं शताब्दी के उत्तरार्ध में, कर्नाटक के **बैंकापुरा** के पास बाडा गाँव में एक वीर योद्धा और गड़रियों के प्रमुख **बीरप्पा नायक** अपनी पत्नी **बीचम्मा** के साथ रहते थे। उनके पास सब कुछ था—सत्ता, प्रतिष्ठा, धन और एक समृद्ध छोटा-सा साम्राज्य—फिर भी उनके जीवन में एक गहरी कमी थी: उनके कोई संतान नहीं थी।

दोनों ही भगवान **वेंकटेश्वर** के परम भक्त थे। अटूट श्रद्धा के साथ उन्होंने अनेक पूजाएँ, हवन और व्रत किए, दिन-रात एक ही प्रार्थना करते हुए—संतान की प्राप्ति।

वर्षों की भक्ति के बाद, अंततः उनकी प्रार्थनाएँ सफल हुईं। भगवान वेंकटेश्वर की कृपा से **1509** में उनके घर एक पुत्र का जन्म हुआ। उन्होंने उसका नाम **तिम्मप्पा नायक** रखा। उनके आनंद की कोई सीमा नहीं थी—मानो स्वयं ईश्वर की कृपा उनके घर उतर आई हो।

बाल्यकाल से ही तिम्मप्पा ने शास्त्रों का अध्ययन प्रारंभ किया, किन्तु उनका झुकाव अधिकतर युद्धकला की ओर था। वे युद्ध कौशल, वीरता और नेतृत्व में असाधारण रुचि दिखाते थे।

हरे कृष्ण हरे कृष्ण कृष्ण कृष्ण हरे हरे, हरे राम हरे राम राम राम हरे हरे॥

लेकिन भाग्य ने अचानक एक कठोर मोड़ लिया—जब तिम्मप्पा केवल ग्यारह वर्ष के थे, उनके पिता बीरप्पा नायक को हृदयाघात हुआ और उनका **देहांत** हो गया। इतनी छोटी आयु में ही उनके कंधों पर भारी जिम्मेदारियाँ आ गईं।

पिता के अंतिम संस्कार के बाद, मासूम तिम्मप्पा ने अपनी माँ से प्रश्न किया—***"अम्मा, अप्पा कहाँ गए?"***

आँखों में आँसू लिए बीचम्मा ने उत्तर दिया—***"थिम्मा, तुम्हारे अप्पा स्वर्ग चले गए हैं।"***

यह सुनते ही तिम्मप्पा ने दृढ़ता से कहा—***"मैं भी उनसे मिलने स्वर्ग जाऊँगा। बताइए अम्मा, मैं वहाँ कैसे जा सकता हूँ?"***

अपने दुःख को संभालते हुए बीचम्मा ने समझाया—

"इस शरीर के साथ स्वर्ग नहीं जाया जा सकता। केवल सच्चे भक्त और भगवान वेंकटेश्वर (कृष्ण) के अनुयायी ही वहाँ पहुँचते हैं।"

ये शब्द बालक तिम्मप्पा के हृदय में गहराई से उतर गए। उसी क्षण उनके भीतर एक दृढ़ संकल्प जाग उठा। उन्होंने मन ही मन निश्चय किया—***"मैं भगवान कृष्ण का सच्चा भक्त बनूँगा और अपने पिता से मिलने स्वर्ग अवश्य जाऊँगा।"***

समय बीतता गया और तिम्मप्पा एक शक्तिशाली और सक्षम नेता बनकर उभरे। उन्होंने अपने पिता के साम्राज्य की पूरी जिम्मेदारी संभाल ली। वे एक निर्भीक योद्धा बने, अनेक युद्धों में विजय प्राप्त की और यश, सम्मान तथा अधिकार अर्जित किया।

किन्तु भाग्य ने एक बार फिर उनकी परीक्षा ली—कुछ वर्षों बाद उनकी माँ बीचम्मा का भी देहांत हो गया। माँ के जाने से वे पूर्णतः अकेले हो गए। उनकी भावनाएँ टूट गईं। इतनी शक्ति और सामर्थ्य होने के बावजूद, अब वे भीतर से सहारे और साथ की तलाश करने लगे।

इसी कठिन समय में, पूर्व **सरदार शिवराम** की पुत्री **लाची** उनके जीवन में आई। दोनों की मुलाकात एक गाँव के आयोजन में हुई। जो आरंभ में केवल परिचय था, वह धीरे-धीरे गहरे **प्रेम** में बदल गया।

हरे कृष्ण हरे कृष्ण कृष्ण कृष्ण हरे हरे, हरे राम हरे राम राम राम हरे हरे॥

लाची उनके जीवन में एक सहारा बन गईं। उन्होंने उनके अकेलेपन में साथ दिया, उनका ध्यान रखा और उनके व्याकुल हृदय को शांति दी।

समय के साथ, दोनों ने विवाह करने का निर्णय लिया।

किन्तु उनके प्रेम के मार्ग में एक बड़ी बाधा थी—लाची के पिता शिवराम इस संबंध के सख्त विरोधी थे। इसका कारण अतीत में छिपा था। शिवराम, जो कभी एक शक्तिशाली सरदार थे, उन्हें तिम्मप्पा के पिता बीरप्पा नायक ने पराजित कर दिया था। उन्होंने गड़रियों पर हो रहे अत्याचार और शोषण के विरुद्ध विद्रोह किया था। इसी कारण दोनों परिवारों के बीच गहरी शत्रुता और कटुता उत्पन्न हो गई थी।

शिवराम ने अपनी पुत्री को चेतावनी देते हुए कहा—"*तिम्मप्पा से दूर रहो। यह विवाह कभी नहीं होगा।*"

किन्तु लाची अपने प्रेम और संकल्प में अडिग रहीं। उन्होंने स्पष्ट कह दिया कि वे या तो तिम्मप्पा से ही विवाह करेंगी या फिर जीवन भर अविवाहित रहेंगी।

यह देखकर शिवराम ने एक चालाक और प्रतिशोध से भरी योजना बनाई। उन्होंने पड़ोसी **सरदार वीरनाल्य** के पास जाकर उसे भड़काया, जो पहले से ही तिम्मप्पा के कबीले का शत्रु था। उन्होंने कहा—"***उस बीरप्पा ने मुझसे मेरा कबीला छीन लिया था, और अब उसका बेटा मेरी बेटी को भी छीनना चाहता है। लेकिन मैंने हमेशा सोचा था कि मेरी बेटी के योग्य केवल तुम जैसे वीर सरदार ही हो। मैंने तो पहले ही तुम्हें उसके लिए चुना था, पर वह तुम्हारे साहस का अपमान कर रहा है। यदि वह सच में उससे विवाह करना चाहता है, तो उसे अपनी शक्ति साबित करनी होगी—आकर उसे ले जाए, अगर उसमें दम है।***"

इन कपटपूर्ण शब्दों ने वीरनाल्य के हृदय में क्रोध की अग्नि जला दी। अहंकार और रोष से अंधे होकर उसने तिम्मप्पा के विवाह के दिन ही आक्रमण करने का निर्णय लिया, जिससे एक भीषण संघर्ष की नींव रखी गई।

और शीघ्र ही यह शब्द वास्तविकता में बदल गए। तिम्मप्पा के विवाह के दिन ही वीरनाल्य ने अचानक और निर्दयतापूर्वक उनके कबीले पर आक्रमण कर दिया। चारों ओर अराजकता फैल गई—**तलवारें टकराने लगीं**, चीखें गूंजने लगीं, और तिम्मप्पा के अनेक सैनिक निर्दयता से मार दिए गए।

हरे कृष्ण हरे कृष्ण कृष्ण कृष्ण हरे हरे, हरे राम हरे राम राम राम हरे हरे॥

इस विनाश के बीच वीरनाल्य आगे बढ़ा और तिम्मप्पा को आमने-सामने युद्ध की चुनौती दी। अपनी अपार वीरता के लिए प्रसिद्ध तिम्मप्पा ने यह चुनौती स्वीकार कर ली। किन्तु जैसे ही युद्ध आरंभ हुआ, उन्हें भीतर एक अजीब सी कमजोरी महसूस हुई—मानो उनकी शक्ति सबसे महत्वपूर्ण क्षण में उनका साथ छोड़ रही हो।

उन्होंने पूरी ताकत से युद्ध किया, फिर भी वे अपने लोगों की रक्षा नहीं कर सके और न ही वीरनाल्य का सामना कर पाए।

अपने जीवन में पहली बार तिम्मप्पा पराजित हुए।
यह पराजय उन्हें भीतर से तोड़ गई। जो योद्धा कभी किसी युद्ध में नहीं हारा था, जिसकी वीरता के गीत पूरे कबीले में गाए जाते थे, वह स्वयं समझ नहीं पा रहा था कि यह क्या हो गया। यह केवल हार नहीं थी—यह उनकी पहचान पर गहरा आघात था।

विजयी और निर्दयी वीरनाल्य ने सब कुछ छीन लिया—उनका कबीला, उनकी सत्ता, उनका धन, और सबसे बढ़कर उनकी प्रिय लाची।

किन्तु उसने तिम्मप्पा को मारा नहीं। उसने उन्हें जीवित छोड़ दिया—गंभीर रूप से घायल अवस्था में। क्रूर मुस्कान के साथ उसने कहा— ***"मृत्यु तुम्हें सम्मान और यश दे देती... लेकिन इस तरह जीवित रहना तुम्हें हर दिन तोड़ेगा।"***

उसके ये शब्द किसी भी हथियार से अधिक गहरे चुभे।

एक ही क्षण में तिम्मप्पा ने सब कुछ खो दिया—अपना सम्मान, अपना स्थान, अपने प्रियजन और अपने जीवन का उद्देश्य। एक बार फिर भाग्य ने उन्हें पूर्णतः अकेला कर दिया। घायल और टूटी हुई अवस्था में पड़े हुए वे समझ नहीं पा रहे थे कि उनके साथ ऐसा क्यों हो रहा है। उन्होंने कभी किसी के साथ अन्याय नहीं किया था, कभी अधर्म का मार्ग नहीं अपनाया था—फिर उन्हें इस प्रकार क्यों दंडित किया जा रहा था?

आँसू उनकी आँखों से बहने लगे। पीड़ा और निराशा से भरी आवाज में उन्होंने अपने प्रभु भगवान वेंकटेश्वर को पुकारा— *"हे वेंकटेश्वर! आपने मेरे साथ ऐसा क्यों किया? आपने मुझसे सब कुछ छीन लिया... पहले मेरा परिवार, फिर मेरे प्रियजन, और अब मेरी अंतिम आशा—लाची भी। मेरा कबीला, मेरा सम्मान,*

हरे कृष्ण हरे कृष्ण कृष्ण कृष्ण हरे हरे, हरे राम हरे राम राम राम हरे हरे॥

मेरा धन—सब कुछ चला गया। यह न्याय नहीं है, प्रभु... बताइए, मेरी क्या भूल थी?" उनकी आवाज कांप रही थी, और निराशा उन्हें पूरी तरह घेर चुकी थी।

"अब मेरे पास जीने का कोई कारण नहीं बचा... मैं इस पीड़ा को और सहन नहीं कर सकता। मैं अपने जीवन का अंत कर दूँगा।"

शोक और क्रोध से अंधे होकर तिम्मप्पा ने अपनी तलवार उठाई और उसे अपने ही गले पर रख लिया, अपने जीवन का अंत करने के लिए तैयार हो गए।

लेकिन जैसे ही तलवार गिरने ही वाली थी, तभी उस सन्नाटे को चीरती हुई एक आवाज गूंजी—**"रुको! तुरंत रुक जाओ!"**

एक संत उनके सामने प्रकट हुए और दृढ़ता से उनका हाथ पकड़ लिया।

शांत किंतु प्रभावशाली स्वर में संत ने कहा— *"यह कैसी मूर्खता करने जा रहे हो? मैंने तुम्हारा दुःख सुना है... लेकिन यह मार्ग एक योद्धा के योग्य नहीं है। यह कायरता तुम्हें शोभा नहीं देती।"*

तिम्मप्पा, जो अभी भी दुःख और पीड़ा से कांप रहे थे, आँसुओं से भरी आँखों से संत की ओर देखते हुए बोले—*"महाराज, अब मेरे पास जीने का कोई कारण नहीं बचा। मैंने सब कुछ खो दिया—अपने माता-पिता, अपनी प्रिय लाची, अपना कबीला, अपना पद, अपना धन, अपनी शक्ति... सब कुछ। अब मैं किसके लिए जीवित रहूँ?"*

यह सुनकर संत हल्के से मुस्कुराए और फिर हँसने लगे—यह हँसी उपहास की नहीं, बल्कि गहरी समझ और करुणा से भरी थी। उन्होंने दया भरी दृष्टि से तिम्मप्पा की ओर देखा और कहा—*"कितने मूर्ख हो तुम... तुम उन वस्तुओं के लिए रो रहे हो जो कभी किसी की नहीं होतीं और कभी किसी को पूर्ण संतोष नहीं दे सकतीं। और इन्हीं तुच्छ चीजों के लिए तुम इस दुर्लभ मानव जीवन को समाप्त करने जा रहे हो?"*

तिम्मप्पा शांत हो गए। उनका रोना धीमा पड़ गया और पहली बार वे पूरी एकाग्रता से सुनने लगे।
संत ने आगे कहा, उनका स्वर शांत था, परंतु अत्यंत गहराई से हृदय को छूने वाला—***"मुझे बताओ, तुम जिसे 'अपना' कहते हो, वह वास्तव में क्या है? वह भूमि, जिस पर तुम राज्य करते थे—क्या वह सच में तुम्हारी थी?***

हरे कृष्ण हरे कृष्ण कृष्ण कृष्ण हरे हरे, हरे राम हरे राम राम राम हरे हरे॥

तुमसे पहले वह किसी और की थी, और तुम्हारे बाद किसी और की हो जाएगी। वास्तव में, वह कभी किसी की नहीं होती।"

कुछ क्षण रुककर उन्होंने फिर कहा—***"और यह लाची, जिसके लिए तुम रो रहे हो... क्या तुम उसके साथ इस संसार में आए थे? क्या तुम उसके साथ इस संसार से जाओगे? नहीं। तुम अकेले आए थे और अकेले ही जाओगे—जैसे आए थे, बिना धन, बिना शक्ति, बिना किसी पद के।"***

अब उनके स्वर में गहरी आध्यात्मिकता झलक रही थी—***"जिसके लिए तुम आज शोक कर रहे हो, वह सब नश्वर है। इसलिए वास्तव में... तुमने कुछ भी नहीं खोया।"***

ये शब्द तिम्मप्पा के हृदय में बिजली की तरह गिरे। उनका मन, जो अब तक दुःख से ढका हुआ था, धीरे-धीरे स्पष्ट होने लगा। ऐसा लगा मानो उनकी आँखों से अज्ञान का पर्दा हट गया हो।

वे भाव-विभोर होकर संत के चरणों में गिर पड़े और हाथ जोड़कर बोले—

"महाराज जी, आपने मेरी आँखें खोल दीं। कृपया मुझे बताइए... इस जीवन का वास्तविक उद्देश्य क्या है?"

संत ने कृपा भरी दृष्टि से उन्हें देखा और उत्तर दिया—***" इस मानव जीवन का वास्तविक उद्देश्य परमात्मा को प्राप्त करना है और अपने शाश्वत धाम वैकुंठ को लौट जाना है। यह अवसर केवल मानव जन्म में ही मिलता है। 84 लाख योनियों में भटकने के बाद ही आत्मा को यह दुर्लभ अवसर प्राप्त होता है।"***

उन्होंने आगे कहा—***" लेकिन माया के भ्रम में पड़कर तुम जैसे लोग अस्थायी संबंधों में उलझ जाते हैं, इस अनमोल जीवन को व्यर्थ कर देते हैं और फिर जन्म-मृत्यु के अंतहीन चक्र में फँस जाते हैं।"***

यह सुनकर तिम्मप्पा के भीतर कुछ जाग उठा। अचानक उन्हें अपने बचपन की एक घटना याद आई—जब उनके पिता का देहांत हुआ था और उनकी माता ने कहा था कि वे स्वर्ग चले गए हैं। तभी से उनके मन में वहाँ पहुँचने की इच्छा थी।

गहरे भाव से भरकर उन्होंने कहा—*" महाराज जी... आज आपने वास्तव में मुझे जगा दिया। मैं भी दूसरों की तरह माया में फँस गया था, लेकिन आपने मुझे*

हरे कृष्ण हरे कृष्ण कृष्ण कृष्ण हरे हरे, हरे राम हरे राम राम राम हरे हरे॥

बचा लिया। कृपया मुझे अपना शिष्य स्वीकार करें और भगवान की प्राप्ति के मार्ग पर मेरा मार्गदर्शन करें।"

संत ने धीरे से सिर हिलाया और उत्तर दिया—*"मैं तुम्हें अपने साथ नहीं रख सकता। मैं एक भ्रमण वाला संन्यासी हूँ—न तो एक स्थान पर ठहरता हूँ और न ही किसी से संबंध या शिष्य बनाता हूँ।"*

फिर थोड़ी देर रुककर उन्होंने कहा—*" लेकिन चिंता मत करो। तुम **श्रीपाद व्यास तीर्थ** के आश्रम जाओ। वे एक महान, दयालु और विद्वान संत हैं। वे तुम्हें सही मार्ग दिखाएंगे और निश्चित ही तुम्हें अपना शिष्य स्वीकार करेंगे।"*

अब तिम्मप्पा का हृदय विनम्रता और आशा से भर चुका था। उन्होंने संत को प्रणाम किया और उनके बताए मार्ग पर चल पड़े। जीवन के सच्चे उद्देश्य को खोजने के दृढ़ संकल्प के साथ वे अंततः हावेरी गाँव के पास स्थित श्रीपाद व्यास तीर्थ के आश्रम पहुँचे।

जैसे ही उन्होंने आश्रम में प्रवेश किया, वे वहाँ के दिव्य वातावरण को देखकर मंत्रमुग्ध हो गए। विभिन्न आयु के शिष्य अनुशासनपूर्वक बैठे हुए श्रीनिवास वेंकटेश्वर के पवित्र नाम का जप कर रहे थे। वातावरण भक्ति से भरा हुआ था, और बहुत समय बाद तिम्मप्पा के मन को शांति का अनुभव हुआ।

हिम्मत जुटाकर वे विनम्रता से आगे बढ़े और बोले—*" प्रणाम महाराज... क्या यह श्रीपाद व्यास तीर्थ का आश्रम है?"*

एक शिष्य ने उनकी ओर देखा और उत्तर दिया—*"**हाँ**, यह वही आश्रम है। लेकिन तुम कौन हो? और यहाँ किस उद्देश्य से आए हो?"*

हाथ जोड़कर तिम्मप्पा ने कहा—*"मैं थिम्मा हूँ। मैं उनसे मिलने आया हूँ... केवल वही मुझे श्रीनिवास की ओर जाने का मार्ग दिखा सकते हैं।"*

शिष्य का चेहरा गंभीर हो गया और उसने कहा—*" हमारे गुरु बिना कारण किसी से नहीं मिलते। पहले स्पष्ट बताओ—तुम्हारा उद्देश्य क्या है?"*

तिम्मप्पा ने पूरे सच्चे भाव से उत्तर दिया—*"मैं उनका शिष्य बनना चाहता हूँ। मैं उनसे गुरु दीक्षा लेने आया हूँ।"*

हरे कृष्ण हरे कृष्ण कृष्ण कृष्ण हरे हरे, हरे राम हरे राम राम राम हरे हरे॥

यह सुनकर शिष्य ने और कठोर स्वर में पूछा—"***तुम्हारा गोत्र क्या है? तुम किस वर्ण से हो? तुम्हारे माता-पिता क्या करते थे?***"

कुछ क्षण के लिए तिम्मप्पा ठिठक गए। समाज के भेदभाव का भार उनके मन में आया, लेकिन भय के स्थान पर सत्य को चुनते हुए उन्होंने ईमानदारी से उत्तर दिया—"***मैं शूद्र वर्ण से हूँ, महाराज... मेरे पिता गड़रियों के सरदार थे।***"

जैसे ही ये शब्द उनके मुख से निकले, शिष्य का चेहरा क्रोध से कठोर हो गया। वह पीछे हट गया और ऊँचे स्वर में चिल्लाया—"***अछूत!*** *तुम्हारी इतनी हिम्मत कैसे हुई कि तुम हमारे गुरु के इस पवित्र आश्रम में प्रवेश करो? वे कभी तुम्हारे जैसे व्यक्ति को स्वीकार नहीं करेंगे। तुम्हारी उपस्थिति ने इस स्थान को अपवित्र कर दिया है! तुरंत यहाँ से चले जाओ!*"

ये शब्द तिम्मप्पा के हृदय को चीर गए, लेकिन उन्होंने क्रोध नहीं किया। वे शांत रहे और पीड़ा भरे स्वर में बोले—"*मुझे यह जन्म, यह वर्ण स्वयं श्रीनिवास वेंकटेश्वर ने दिया है... इसमें मेरी क्या गलती है? क्या भगवान केवल ब्राह्मणों की प्रार्थना ही स्वीकार करते हैं?*"

यह सुनकर अन्य शिष्य भी वहाँ इकट्ठा हो गए। उनके चेहरों पर असहिष्णुता स्पष्ट थी। उनमें से एक ने कठोर स्वर में कहा—"*हमसे बहस मत करो, अछूत! तुरंत यहाँ से चले जाओ... वरना हम तुम्हें बाहर निकाल देंगे!*"

अपमान और पीड़ा से भरे उस क्षण में तिम्मप्पा की आँखों में आँसू आ गए। फिर भी उन्होंने अपना धैर्य नहीं खोया। बिना कुछ कहे, उन्होंने हाथ जोड़कर सबको प्रणाम किया... और चुपचाप आश्रम से बाहर चले गए—बिना श्रीपाद व्यास तीर्थ के दर्शन किए।

उस दिन बाद में, श्रीपाद व्यास तीर्थ प्रवचन देकर अपने आश्रम लौटे। उनके आगमन से वातावरण में एक शांत और गंभीर ऊर्जा फैल गई। उन्होंने अपने शिष्यों की ओर देखते हुए पूछा—"***मेरी अनुपस्थिति में कोई मुझसे मिलने आया था?***"

वही शिष्य, जिसने तिम्मप्पा का अपमान किया था, आगे बढ़कर बोला—"*नहीं गुरुदेव, आपकी अनुपस्थिति में कोई ब्राह्मण या संत आपसे मिलने नहीं आया।*"

हरे कृष्ण हरे कृष्ण कृष्ण कृष्ण हरे हरे, हरे राम हरे राम राम राम हरे हरे॥

श्रीपाद व्यास तीर्थ कुछ क्षण के लिए रुक गए। उनकी आँखों में गहराई और चिंता झलक रही थी। उन्होंने कहा—*"मैं केवल ब्राह्मण या संत के बारे में नहीं पूछ रहा... मैं पूछ रहा हूँ—क्या कोई भी आया था?"*

शिष्य थोड़ा झिझका, फिर बोला—*"**गुरुदेव...** एक **अछूत** आपसे मिलने आया था। लेकिन मैंने उसे बाहर का रास्ता दिखा दिया और गंगाजल छिड़ककर आश्रम को शुद्ध कर दिया।"*

यह सुनते ही श्रीपाद व्यास तीर्थ का चेहरा बदल गया। उनमें क्रोध नहीं था, पर गहरी निराशा अवश्य थी। उन्होंने दृढ़ किंतु करुणामय स्वर में कहा—***"तुमने गलत किया।"***

सभी शिष्य मौन खड़े रह गए।

उन्होंने आगे कहा, उनके शब्दों में गहरी आध्यात्मिकता थी—***"भगवान श्रीनिवास ने समाज को चार वर्णों में कर्म के आधार पर विभाजित किया है—जन्म के आधार पर नहीं। लेकिन समय के साथ लोगों ने इस सत्य को गलत समझ लिया और उसका दुरुपयोग करने लगे।"***

फिर उन्होंने एक ऐसा उदाहरण दिया जिसने सभी के हृदय को झकझोर दिया—***"मुझे बताओ... क्या भगवान वेंकटेश्वर द्वारा बनाई गई वायु भेदभाव करती है? क्या वह केवल एक वर्ण को ही श्वास देती है? नहीं—वह सभी को समान रूप से जीवन देती है।"***

उन्होंने आगे कहा—***"क्या जल तुम्हारी जाति पूछकर तुम्हारी प्यास बुझाता है? क्या अग्नि अलग-अलग लोगों के लिए अलग तरह से जलती है? नहीं। प्रकृति की हर वस्तु बिना भेदभाव के सबकी सेवा करती है।"***

उनकी वाणी और भी प्रभावशाली हो गई जब उन्होंने अंत में कहा—***"जब भगवान की रचनाएँ ही भेदभाव नहीं करतीं, तो तुम यह कैसे सोच सकते हो कि स्वयं सृष्टिकर्ता भेदभाव करते हैं? अंततः सब कुछ और सभी उसी के हैं।'***

स्थिति को पूरी तरह समझने के बाद श्रीपाद व्यास तीर्थ ने तुरंत अपने शिष्य को आदेश दिया—*"अभी जाओ और उसे वापस लेकर आओ। मैं उससे अवश्य मिलना चाहता हूँ।"*

हरे कृष्ण हरे कृष्ण कृष्ण कृष्ण हरे हरे, हरे राम हरे राम राम राम हरे हरे॥

गुरु की आज्ञा का पालन करते हुए, भले ही चेहरे पर असंतोष था, वह शिष्य तिम्मप्पा को खोजने गया और शीघ्र ही उन्हें वापस आश्रम लेकर आया।

जब तिम्मप्पा दोबारा आश्रम में प्रवेश कर रहे थे, इस बार वे संकोच और विनम्रता से भरे हुए थे। उन्होंने हाथ जोड़कर गहरे सम्मान के साथ प्रणाम किया।

कुछ कहने से पहले ही श्रीपाद व्यास तीर्थ ने करुणा भरी दृष्टि से उन्हें देखते हुए कहा—*"मेरे शिष्य के व्यवहार के लिए मैं तुमसे हृदय से क्षमा चाहता हूँ। इसमें मेरी भी गलती है... एक गुरु होने के नाते मैं उसे यह नहीं सिखा पाया कि सभी के साथ समान व्यवहार कैसे किया जाता है।"*

यह सुनकर सभी शिष्य स्तब्ध रह गए। उन्होंने कभी अपने गुरु को किसी ऐसे व्यक्ति से क्षमा माँगते नहीं देखा था, जिसे वे स्वयं 'नीचा' समझते थे। उनके सिर झुक गए—वे इस महानता को समझ नहीं पा रहे थे।

तिम्मप्पा की आँखों में आँसू भर आए। इतनी विनम्रता देखकर वे भाव-विभोर हो गए और तुरंत बोले—***"गुरुदेव, कृपया मुझे लज्जित न करें। आप वास्तव में उतने ही महान हैं, जितना मैंने आपके बारे*** *में सुना था... आज मैंने स्वयं अपनी आँखों से देख लिया।"* उसी क्षण तिम्मप्पा के हृदय में यह निश्चित हो गया—यही वह गुरु हैं, जिनकी वे खोज कर रहे थे।

उन्होंने मन ही मन सोचा—*"इनसे महान कोई नहीं हो सकता। मुझे किसी भी तरह इन्हें अपना गुरु बनाना ही होगा।"*

कुछ क्षण रुककर श्रीपाद व्यास तीर्थ ने शांत स्वर में पूछा—***"अब बताओ, तुम मुझे क्यों ढूंढ रहे थे?"***

तिम्मप्पा ने हाथ जोड़कर, पूरे विनम्र भाव से उत्तर दिया—***"गुरुदेव, मैं केवल एक ही इच्छा लेकर आया हूँ... मैं आपका शिष्य बनना चाहता हूँ। कृपया मुझे स्वीकार करें और आशीर्वाद दें।"***

कुछ क्षणों तक श्रीपाद व्यास तीर्थ मौन रहे। उनके चेहरे पर एक हल्की मुस्कान थी—मानो वे कुछ ऐसा देख रहे हों, जो अन्य कोई नहीं देख सकता।उधर, आसपास खड़े सभी शिष्य क्रोध और अविश्वास से तिम्मप्पा को देख रहे थे। उनके लिए यह स्वीकार करना कठिन था कि ऐसा व्यक्ति उनके पूजनीय गुरु का शिष्य बनने की इच्छा रखता है।और उस गहन मौन के क्षण में... एक महान निर्णय आकार लेने वाला था।

....

हरे कृष्ण हरे कृष्ण कृष्ण कृष्ण हरे हरे, हरे राम हरे राम राम राम हरे हरे॥

जब आस्था ने दीवारें तोड़ दीं

सर्वतः पाणि-पादं तत् सर्वतोऽक्षि-शिरो-मुखम्।
सर्वतः श्रुतिमल्लोके सर्वमावृत्य तिष्ठति॥ (भगवद्गीता 13.14)

अर्थ:भगवान के हाथ-पैर हर जगह हैं, उनकी आँखें, सिर और मुख हर दिशा में हैं।वह सब कुछ सुनते हैं और पूरे जगत में व्याप्त होकर स्थित हैं।

श्रीपाद व्यास तीर्थ ने थिम्मप्पा की ओर देखते हुए गंभीरता से पूछा, *"इस संसार में मुझसे भी अधिक ज्ञानी और अधिक भक्त संत हैं। फिर तुम ऐसा क्यों सोचते हो कि केवल मैं ही तुम्हारी सहायता कर सकता हूँ?"*

थिम्मप्पा ने हाथ जोड़कर अत्यंत विनम्रता से उत्तर दिया,
*"**हाँ महाराज**, आप बिल्कुल सही कह रहे हैं... आपसे भी महान संत इस संसार में हैं। लेकिन आपको विशेष बनाती है आपकी दृष्टि—आप सबको समान रूप से देखते हैं। आपने मेरे साथ कोई भेदभाव नहीं किया, मुझे 'अछूत' कहकर अपमानित नहीं किया, बल्कि एक मनुष्य के रूप में सम्मान दिया। आप प्रत्येक जीव में भगवान वेंकटेश्वर का दर्शन करते हैं। यदि मुझे आपका शिष्य बनने का अवसर मिल जाए, तो यह मेरे लिए सबसे बड़ा सौभाग्य होगा।"*

यह सुनकर श्रीपाद व्यास तीर्थ हल्के से मुस्कुराए। भीतर ही भीतर वे थिम्मप्पा की समझ और भक्ति से अत्यंत प्रभावित थे, लेकिन उन्होंने इसे प्रकट नहीं होने दिया। शांत भाव बनाए रखते हुए उन्होंने कहा,
"ठीक है... मैं इस बारे में विचार करता हूँ।"

उन्होंने थिम्मप्पा को आश्रम में रहने और अपने प्रवचनों में सम्मिलित होने की अनुमति दे दी। हालांकि, अधिकांश शिष्य उसकी उपस्थिति से प्रसन्न नहीं थे। फिर भी, थिम्मप्पा पूरी एकाग्रता से प्रवचनों को सुनता रहा और श्रीपाद व्यास के उपदेशों से गहराई से प्रभावित हुआ।

एक दिन प्रवचन के अंत में, श्रीपाद व्यास तीर्थ ने सभी शिष्यों को फल के रूप में प्रसाद वितरित किया। उन्होंने थिम्मप्पा को भी बुलाकर प्रसाद दिया। इसके बाद उन्होंने एक विचित्र निर्देश दिया, ***"तुम सभी को यह प्रसाद एकदम एकांत में जाकर खाना है—ऐसी जगह, जहाँ कोई भी तुम्हें देख न रहा हो। न कोई मनुष्य, न पशु-पक्षी, यहाँ तक कि कोई मच्छर भी नहीं।"***

हरे कृष्ण हरे कृष्ण कृष्ण कृष्ण हरे हरे, हरे राम हरे राम राम राम हरे हरे॥

सभी शिष्यों ने इसे अपने गुरु की आज्ञा मानकर स्वीकार कर लिया।

अगले दिन सभी पुनः एकत्र हुए। श्रीपाद व्यास तीर्थ ने पूछा,
"बताओ, तुमने इस शर्त को बिना तोड़े प्रसाद कहाँ और कैसे खाया?"

एक शिष्य गर्व से बोला,
"गुरुदेव, यह कठिन था, लेकिन मैंने अपनी जान जोखिम में डालकर झरने के पीछे एक पहाड़ी गुफा में जाकर प्रसाद खाया। वहाँ कोई नहीं था—यहाँ तक कि मच्छर भी नहीं।"

दूसरे शिष्य ने कहा,
"गुरुदेव, मैंने अपने कमरे में घास जलाकर धुआँ भर दिया, ताकि सभी कीड़े-मकोड़े बाहर चले जाएँ। फिर पूर्ण एकांत में मैंने प्रसाद खाया।"

तीसरे ने कहा,
"मैं पानी की टंकी में उतर गया और वहीं प्रसाद खाया, जहाँ कोई मुझे देख नहीं सकता था।"

इस प्रकार एक-एक करके सभी शिष्यों ने अपने-अपने उपाय बताए।

अंत में, श्रीपाद व्यास तीर्थ ने थिम्मप्पा की ओर देखा और पूछा,
"थिम्मप्पा, तुम चुप क्यों हो? बताओ, तुमने प्रसाद कहाँ और कैसे खाया?"

यह सुनकर थिम्मप्पा की आँखें भर आईं। वह आगे बढ़ा, हाथ में फल लेकर बोला,
"महाराज... कृपया मुझे क्षमा करें। मैं आपकी आज्ञा का पालन नहीं कर पाया। मैं प्रसाद खा ही नहीं सका।"

उसकी बात पूरी होने से पहले ही एक शिष्य क्रोधित होकर बोला,

"तुम्हारी हिम्मत कैसे हुई! तुम शिष्य बनना चाहते हो और गुरु की आज्ञा का पालन भी नहीं कर सकते? हमने अपनी जान जोखिम में डाल दी और तुम इतना सरल कार्य भी नहीं कर सके! यह अछूत यहाँ रहने योग्य नहीं है। गुरुदेव, अनुमति दीजिए—मैं इसे अभी बाहर निकाल देता हूँ!"

हरे कृष्ण हरे कृष्ण कृष्ण कृष्ण हरे हरे, हरे राम हरे राम राम राम हरे हरे॥

श्रीपाद व्यास तीर्थ ने हाथ उठाकर उसे रोकते हुए शांत स्वर में कहा,
"पहले इसे अपनी बात पूरी करने दो। थिम्मप्पा, बताओ—तुमने मेरी आज्ञा का पालन क्यों नहीं किया?"

थिम्मप्पा ने हाथ जोड़कर विनम्रता से उत्तर दिया,
"गुरुदेव, आपकी शर्त ने मुझे एक गहरे द्वंद्व में डाल दिया। आपने कहा था कि प्रसाद ऐसी जगह खाना है जहाँ कोई देख न रहा हो। लेकिन कल आपने अपने प्रवचन में बताया था कि भगवान हरि सर्वत्र उपस्थित हैं—वे सब कुछ देखते हैं और पूरे सृष्टि में व्याप्त हैं।"

वह भावुक होकर आगे बोला,
"यदि भगवान हर जगह हैं, तो ऐसी कौन-सी जगह हो सकती है जहाँ वे उपस्थित न हों? मैं जहाँ भी जाऊँ, वे मुझे देख रहे हैं। तो यदि मैं प्रसाद खाता, तो इसका अर्थ होता कि मैं उनके सामने खा रहा हूँ... और इस प्रकार आपकी आज्ञा का उल्लंघन कर रहा हूँ। इसी कारण मैं प्रसाद नहीं खा सका। मैंने सोचा कि भ्रम में कुछ करने से बेहतर है कि मैं आपसे मार्गदर्शन माँगूँ।"

यह सुनकर सभी शिष्य स्तब्ध रह गए। जिस व्यक्ति को वे अपमानित कर रहे थे, उसी ने गुरु के उपदेश का सबसे गहरा अर्थ समझ लिया था।

श्रीपाद व्यास तीर्थ ने स्नेहपूर्वक मुस्कुराते हुए कहा,
"तुम बिल्कुल सही हो, थिम्मप्पा।"

उन्होंने अपने सभी शिष्यों की ओर देखते हुए आगे कहा,
"मैंने यह आदेश एक परीक्षा के रूप में दिया था—यह देखने के लिए कि कौन वास्तव में मेरी शिक्षाओं को समझता और उनका पालन करता है, और कौन केवल सुनकर भूल जाता है।"

यह सुनकर सभी शिष्यों ने शर्म से अपना सिर झुका लिया।

फिर उन्होंने थिम्मप्पा की ओर प्रेम से देखते हुए कहा,
"थिम्मप्पा, तुम केवल एक अच्छे श्रोता ही नहीं हो, बल्कि तुम वह हो जो शिक्षाओं को समझकर उन्हें अपने जीवन में उतारता है। तुम इस परीक्षा में सफल हुए हो। मुझे तुम जैसे शुद्ध हृदय और ***बुद्धिमान शिष्य*** *को स्वीकार करने का सौभाग्य प्राप्त हो रहा है।"*

हरे कृष्ण हरे कृष्ण कृष्ण कृष्ण हरे हरे, हरे राम हरे राम राम राम हरे हरे॥

और उसी क्षण थिम्मप्पा का जीवन सदा के लिए बदल गया—
क्योंकि अब वह अस्वीकृत नहीं था... बल्कि एक **सच्चे गुरु** द्वारा स्वीकार किया जा चुका था।

श्रीपाद व्यास तीर्थ ने उसे अपना शिष्य स्वीकार किया और उसे गुरु दीक्षा प्रदान की। उसी क्षण से थिम्मप्पा को एक नई पहचान मिली—**कनकदास।**

समय के साथ, कनकदास श्रीपाद व्यास तीर्थ के सबसे प्रिय और विश्वसनीय शिष्यों में से एक बन गया। वह हर उपदेश को गहरी एकाग्रता से सुनता और उससे भी अधिक महत्वपूर्ण—उन्हें अपने जीवन में उतारता था। उसकी भक्ति, विनम्रता और समझ उसे अन्य शिष्यों से अलग बनाती थी।

हालांकि, सभी शिष्य उसे स्वीकार नहीं कर पाए। कई लोग अब भी उसे "**अछूत**" मानते थे। वे उसके पास बैठने से बचते, उससे बात करने से कतराते और गुरु की कृपा में उसे आगे बढ़ता देखकर ईर्ष्या करते थे। लेकिन कनकदास इन सब से अप्रभावित रहा—उसका ध्यान केवल अपने गुरु और भगवान वेंकटेश्वर पर केंद्रित था।

एक दिन, प्रवचन के दौरान श्रीपाद व्यास तीर्थ ने अपने शिष्यों से एक महत्वपूर्ण प्रश्न पूछा,
"बताओ... क्या हम वास्तव में वैकुंठ जाने के योग्य हैं?"

एक शिष्य ने आत्मविश्वास से उत्तर दिया,
"गुरुदेव, मैंने सभी वेदों का अध्ययन किया है और अनेक मंत्रों में पारंगत हूँ। मुझे विश्वास है कि मैं वैकुंठ प्राप्त करने के योग्य हूँ।"

तब श्रीपाद व्यास तीर्थ ने कनकदास की ओर देखते हुए पूछा,
"कनक, तुम क्या सोचते हो? क्या यह वास्तव में वैकुंठ का अधिकारी है?"

कनकदास ने हाथ जोड़कर विनम्रता से उत्तर दिया,
"गुरुदेव, मैं यह नहीं जानता कि यह योग्य है या नहीं। लेकिन मेरा मानना है कि केवल वेद और मंत्रों का ज्ञान होना वैकुंठ प्राप्त करने के लिए पर्याप्त नहीं है।"

वह आगे सरलता से बोला, ***"भगवान वेंकटेश्वर समस्त ज्ञान के स्रोत हैं। उन्हें किसी विद्वान की आवश्यकता नहीं है... वे केवल एक सच्चे और निष्कपट भक्त की खोज करते हैं।"***

हरे कृष्ण हरे कृष्ण कृष्ण कृष्ण हरे हरे, हरे राम हरे राम राम राम हरे हरे॥

यह सुनकर वह शिष्य क्रोधित हो गया और बोला,
"मुझे वैकुंठ प्राप्त करने के लिए किसी अछूत की स्वीकृति की आवश्यकता नहीं है!"

आश्रम का वातावरण तनावपूर्ण हो गया।

तभी श्रीपाद व्यास तीर्थ ने फिर से कनकदास की ओर देखकर एक और गहरा प्रश्न पूछा,
"कनक... सच-सच बताओ—क्या तुम सोचते हो कि मैं वैकुंठ जाने के योग्य हूँ?"

कनकदास ने हाथ जोड़कर, अत्यंत विनम्रता के साथ कुछ क्षण मौन रहने के बाद धीरे से कहा, "***नहीं, गुरुदेव***..."

और फिर वह शांत हो गया।

पूरा आश्रम स्तब्ध रह गया।
किसी ने भी अपने गुरु से इस प्रकार बात करने का साहस नहीं किया था।

लेकिन कनकदास ने यह शब्द अनादर से नहीं कहे थे—
उसने उन्हें सत्य और गहरी समझ से कहा था।

यह सुनकर अन्य शिष्यों का क्रोध बढ़ गया। वे कनकदास को गुरु का अपमान करने के लिए डांटने लगे और उसे मारने के लिए आगे बढ़े। तभी श्रीपाद व्यास तीर्थ ने हाथ उठाकर उन्हें रोक दिया। फिर शांत स्वर में पूछा,
"अच्छा... तो बताओ कनक, मैं वैकुंठ कैसे प्राप्त कर सकता हूँ?"

कनकदास ने हाथ जोड़कर पूर्ण शांति के साथ उत्तर दिया,
"गुरुदेव, मैंने आपसे ही सीखा है कि अहंकार, ज्ञान का गर्व और गुणों का अभिमान रखने वाला कोई भी व्यक्ति वैकुंठ नहीं पहुँच सकता। ये सब 'मैं' शब्द में ही प्रकट होते हैं। यदि यह 'मैं' समाप्त हो जाए... तो जो शेष बचे, वही वैकुंठ को प्राप्त होता है।"

यह सुनकर श्रीपाद व्यास तीर्थ संतोषपूर्वक मुस्कुराए।
यही वह गहराई थी जिसकी उन्हें अपेक्षा थी।

हरे कृष्ण हरे कृष्ण कृष्ण कृष्ण हरे हरे, हरे राम हरे राम राम राम हरे हरे॥

उन्होंने कनकदास की प्रशंसा की, और एक बार फिर—जैसा कई बार पहले भी हुआ था—कनकदास ने अपने गुरु का हृदय जीत लिया।

समय के साथ, कनकदास गहरी भक्ति में लीन हो गए। उनकी भक्ति उनके दिव्य रचनाओं में बहने लगी, और वे भगवान श्रीनिवास वेंकटेश्वर तथा **आदिकेशव** की स्तुति में भजन लिखने और गाने लगे।

वही कनकदास, जिन्होंने **कभी शास्त्रों की जगह शस्त्रों को चुना था**, अब पूरी तरह बदल चुके थे। वे स्वयं को शास्त्रों के अध्ययन, भगवान की स्तुति और उनकी दिव्य लीलाओं के चिंतन में डुबो चुके थे। उनकी भक्ति निरंतर बढ़ती गई, और अंततः उन्होंने सांसारिक जीवन का त्याग कर संन्यास धारण किया और एक सच्चे संन्यासी बन गए।

ऐसा माना जाता है कि भक्ति के मार्ग में प्रवेश करना आसान है, लेकिन उसमें स्थिर रहना अत्यंत कठिन। हर कदम पर भगवान अपने भक्तों की परीक्षा लेते हैं—और ऐसी ही एक परीक्षा अब कनकदास के जीवन में आने वाली थी।

एक दिन, उनकी बचपन की **प्रेमिका लाची** अचानक उनके सामने आ खड़ी हुई। इतने वर्षों बाद उसे देखकर उसकी आँखों में आँसू भर आए और उसने कहा,
"तुम कहाँ चले गए थे? मैंने तुम्हें ढूंढने की बहुत कोशिश की। वीरनल्या ने मुझे अगवा कर लिया था और जबरदस्ती मुझसे विवाह करना चाहता था... लेकिन मेरे मन में केवल तुम ही थे। किसी तरह मैं वहाँ से भाग निकली। मैं अपने पिता के पास भी नहीं जा सकती थी, क्योंकि वे फिर से मुझे वीरनल्या के हवाले कर देते। इसलिए मैं अपने ननिहाल में शरण लेकर रहने लगी। तब से मैं तुम्हें खोज रही थी। मैंने उम्मीद छोड़ दी थी कि तुमसे कभी मिल पाऊँगी... लेकिन देखो श्रीनिवास का चमत्कार—आज मैं तुम्हें फिर मिल गई। तुम कैसे हो? तुम बहुत बदल गए हो... लेकिन बताओ, क्या तुम आज भी मुझसे उतना ही प्रेम करते हो?"

कनकदास ने शांत और स्थिर दृष्टि से उसकी ओर देखा और कहा,
"मुझे क्षमा करो, लाची... लेकिन अब मैं एक संन्यासी हूँ। मेरा हृदय केवल श्रीनिवास का है।"

लाची की आँखों में पीड़ा भर गई, लेकिन उसकी आवाज़ तीखी हो गई,
"तुम कितने कमजोर हो! तुम इतना सा दुख भी सहन नहीं कर पाए और

संसार से भाग गए। मुझे तुममें एक कायर दिखाई देता है—जो भक्ति का आवरण ओढ़कर अपने प्रेम से भाग रहा है।"

कनकदास शांत रहे और बोले,
"तुम किस ***प्रेम*** *की बात कर रही हो? इस संसार में कोई किसी से सच्चा प्रेम नहीं करता। लोग अपने स्वार्थ और सुविधा के लिए एक-दूसरे के साथ जुड़ते हैं। कभी रूप देखकर, कभी गुण देखकर, वे साथ रहने का निर्णय लेते हैं। यह सब स्वार्थ है, प्रेम नहीं। लोग इसे प्रेम समझने की भूल कर बैठते हैं।"*

लाची ने फिर पूछा,
"तो क्या तुम्हारे अनुसार ***माता-पिता*** *और संतान का संबंध भी स्वार्थ है, प्रेम नहीं?"*

कनकदास कुछ क्षण रुके और बोले,
"आंशिक रूप से ऐसा कहा जा सकता है। माता-पिता संतान को जन्म देते हैं ***वंश*** *चलाने के लिए, लेकिन उसके साथ वे* ***कर्तव्य के एक पवित्र भाव*** *में बंध जाते हैं। क्योंकि वह संतान उनका ही* ***अंश*** *होती है, इसलिए उनमें स्नेह, जिम्मेदारी और लगाव उत्पन्न होता है। यह प्रेम जैसा लगता है, और एक रूप में है भी... लेकिन यह कर्तव्य से जुड़ा होता है। सच्चा प्रेम इससे कहीं अधिक गहरा और अलग होता है।"*

अब लाची शांत हो चुकी थी। उसने धीमे स्वर में पूछा,
"तो फिर बताओ... सच्चा प्रेम क्या है? और उसका अधिकारी कौन है?"

कनकदास ने गहरी सांस ली, और दृढ़ता से बोले,
"प्रेम को पूरी तरह कोई परिभाषित नहीं कर सकता... लेकिन यह एक ऐसा संबंध है जिसमें बिना पूरी तरह जाने भी किसी के प्रति दिव्य आकर्षण होता है। यदि वह हमें दुख भी दे, तब भी हम उससे प्रेम करते रहते हैं। हम उसे अपने अस्तित्व का अविभाज्य हिस्सा मानते हैं—बिना किसी स्वार्थ, सुविधा या कर्तव्य के... केवल शुद्ध प्रेम, बिना किसी कारण के।"

कुछ क्षण रुककर वे आगे बोले,
"मेरा मानना है कि भगवान ने सब कुछ हमारे लिए बनाया है, लेकिन प्रेम वह एक भावना है जिसे उन्होंने अपने लिए बनाया है। वह स्वयं जितना दिव्य है, उतना ही यह भाव भी है... इसलिए उसका सच्चा अधिकारी केवल वही है। और वही हमें उस शुद्ध रूप में प्रेम करता है।"

हरे कृष्ण हरे कृष्ण कृष्ण कृष्ण हरे हरे, हरे राम हरे राम राम राम हरे हरे॥

कनकदास ने करुणा से लाची की ओर देखा और कहा,
*"लेकिन हम **मूर्ख मनुष्य** इस दिव्य भावना को एक-दूसरे पर खर्च कर देते हैं, इस नश्वर संसार में स्थायित्व की अपेक्षा रखते हैं... और बदले में दुख और पीड़ा ही प्राप्त करते हैं।"*

उनकी बात सुनकर लाची की आँखों से आँसू बहने लगे। वह उनके चरणों में गिरकर बोली,
*" आपने मेरी आँखें खोल दीं। अब मुझे समझ आ गया है कि सच्ची शांति केवल भगवान में ही है। आपकी कृपा से मुझे यह ज्ञान प्राप्त हुआ है। कृपया मुझे अपनी **शिष्या** के रूप में स्वीकार करें।"*

कनकदास ने शांत और करुणामय मुस्कान के साथ कहा,
" उठो, लाची। भक्ति का मार्ग हर उस व्यक्ति के लिए खुला है, जो शुद्ध हृदय से उसे अपनाना चाहता है।"

उनकी प्रार्थना स्वीकार करते हुए, कनकदास ने उसे अपनी शिष्या बना लिया, और उसी क्षण से लाची ने अपना जीवन श्री वेंकटेश्वर की भक्ति में समर्पित कर दिया।

एक दिन, उनके हृदय में एक अजीब-सी बेचैनी जागी—एक दिव्य पुकार। उसे ईश्वर का संकेत समझकर उन्होंने **उडुपी के पवित्र श्रीकृष्ण मठ मंदिर** में दर्शन करने का निश्चय किया। अपने गुरु से अनुमति लेकर वे तीर्थ यात्रा पर निकल पड़े, पूरे मार्ग में भजन गाते हुए।

जब वे **उडुपी** पहुँचे और मंदिर परिसर में प्रवेश करने लगे, तो वहाँ सेवा कर रहे श्रीपाद व्यास तीर्थ के कुछ शिष्यों ने उन्हें पहचान लिया। उन्होंने तुरंत उन्हें रोक दिया।

वे अन्य लोगों को बुलाकर क्रोध से बोले,
" देखो! यह अछूत मंदिर में प्रवेश करने की कोशिश कर रहा है। इसकी उपस्थिति इस पवित्र स्थान को अपवित्र कर देगी!"

कनकदास ने शांत रहते हुए विनम्रता से उत्तर दिया,
*" आप जो कर रहे हैं, वह **अन्याय** है। किसी भी भक्त को अपने भगवान के दर्शन से रोकने का अधिकार किसी को नहीं है। वे स्वयं सबसे पवित्र हैं—कोई उन्हें अपवित्र नहीं कर सकता, चाहे वह चाहे भी।"*

हरे कृष्ण हरे कृष्ण कृष्ण कृष्ण हरे हरे, हरे राम हरे राम राम राम हरे हरे॥

उनकी बात सुनकर उनका क्रोध और बढ़ गया। आश्रम के दिनों से ही उनके मन में जो ईर्ष्या थी, उसे प्रकट करने का अवसर मिल गया।

वे उसे सहन नहीं कर सके और कनकदास को बेरहमी से पीटने लगे। "अछूत" मानकर उन्होंने सीधे हाथ नहीं लगाया, बल्कि लाठियों से मारा और लातों से बुरी तरह घायल कर दिया।

उन्हें बुरी तरह पीटने के बाद वे उसे मंदिर के पीछे घसीट कर ले गए और फेंक दिया। कठोर स्वर में चेतावनी देते हुए बोले,
"दोबारा इस मंदिर के पास आने की हिम्मत मत करना। तुरंत उडुपी छोड़कर चले जाओ!"

घायल और अपमानित कनकदास मंदिर के पीछे पड़े रहे... लेकिन उनकी भक्ति अडिग रही।

किसी तरह संभलकर वे मंदिर के पीछे एक पेड़ के नीचे बैठ गए। शरीर पीड़ा में था, पर हृदय पूर्णतः समर्पित। आँखों से आँसू बहते हुए उन्होंने मंदिर की ओर देखा और कहा,
"क्या आप मुझसे नाराज़ हैं, ***श्रीनिवास?*** *आप मुझे अंदर क्यों नहीं आने दे रहे? कृपा करके मुझे क्षमा करें... कम से कम स्वयं आकर मुझे* ***दर्शन*** *दें।"*

दुख भक्ति में बदल गया, और वे पूरे हृदय से **कन्नड़ में भगवान श्रीकृष्ण की स्तुति में भजन गाने लगे।**

जैसे ही आधी रात हुई, एक अद्भुत घटना घटी—धरती कांपने लगी। मंदिर की पिछली दीवार में अचानक एक **दरार** पड़ गई, जो **एक खिड़की** जैसी बन गई। उस दरार से एक दिव्य प्रकाश बाहर आने लगा।

उस **प्रकाश** से आकर्षित होकर कनकदास धीरे-धीरे उठे। उनका गाना रुक गया, सांस थम गई, और वे उस ओर बढ़े। जैसे ही उन्होंने उस दरार से भीतर देखा...

एक चमत्कार घटित हुआ।

भगवान श्रीकृष्ण की मूर्ति सहित पूरा गर्भगृह अपनी दिशा बदलकर पूर्व से पश्चिम की ओर घूम गया—सिर्फ कनकदास को दर्शन देने के लिए, जो मंदिर के पीछे खड़े थे।

हरे कृष्ण हरे कृष्ण कृष्ण कृष्ण हरे हरे, हरे राम हरे राम राम राम हरे हरे॥

इस दिव्य लीला को देखकर कनकदास की आँखों से आँसू बहने लगे। उनका भगवान स्वयं उनकी ओर मुड़ गया था।

कुछ ही क्षणों में, उस कंपन से मंदिर के पुजारी और भक्त जाग गए। वे दौड़कर मंदिर के पीछे पहुँचे। जब उन्होंने टूटी हुई दीवार और मुड़ी हुई मूर्ति देखी, तो वे स्तब्ध रह गए।

उन्हें तुरंत समझ आ गया कि यह सब कनकदास की भक्ति का परिणाम है। गहरे पश्चाताप से भरकर वे उनके पास आए, सिर झुकाकर क्षमा माँगने लगे।

"हमें क्षमा करें... हम आपकी भक्ति को पहचान नहीं सके। स्वयं भगवान ने हमें सत्य दिखा दिया।"

उस दिन से कनकदास की ख्याति दूर-दूर तक फैल गई। जहाँ दीवार टूटी थी, वह स्थान पवित्र स्थल बन गया—यह स्मरण दिलाने के लिए कि सच्ची भक्ति हर प्रकार की बाधाओं को तोड़ देती है—चाहे वे सामाजिक हों, भौतिक हों या आध्यात्मिक।

कनकदास ने आगे चलकर लगभग **240** भक्ति-गीतों की रचना की, जिनमें उन्होंने भगवान आदिकेशव कृष्ण की महिमा का गान किया। अपने कीर्तन और उपदेशों के माध्यम से उन्होंने अपना संपूर्ण जीवन शुद्ध भक्ति के प्रसार में समर्पित कर दिया—यह सिद्ध करते हुए कि

भगवान जाति या पद नहीं देखते... वे केवल भक्ति देखते हैं।

सन **1606** में, 97 वर्ष की आयु में, कनकदास इस भौतिक संसार को छोड़कर परमधाम को प्राप्त हुए। वे अपने पीछे भक्ति-गीतों, उपदेशों और शुद्ध भक्ति की एक अमूल्य धरोहर छोड़ गए, जो आज भी अनगिनत भक्तों को प्रेरित करती है।

आज भी उडुपी के श्रीकृष्ण मठ में वह दिव्य चमत्कार देखा जा सकता है। मंदिर की दीवार में जो उद्घाटन (छेद) उस समय प्रकट हुआ था, वह आज भी विद्यमान है और "**कनकना किंडी**" के नाम से प्रसिद्ध है। इसी पवित्र झरोखे से भक्त भगवान श्रीकृष्ण के दर्शन करते हैं—ठीक वैसे ही जैसे कनकदास ने किए थे।

हरे कृष्ण हरे कृष्ण कृष्ण कृष्ण हरे हरे, हरे राम हरे राम राम राम हरे हरे॥

इस दिव्य लीला की स्मृति में मंदिर का मूल **पूर्वमुखी द्वार** आज भी बंद रखा गया है, और पश्चिम दिशा में एक नया प्रवेश द्वार बनाया गया है। यह इस चमत्कार का जीवंत प्रमाण है कि भगवान की मूर्ति पहले पूर्व की ओर थी, लेकिन अपने भक्त को दर्शन देने के लिए पश्चिम की ओर मुड़ गई।

यह पवित्र घटना इस सत्य को अत्यंत सुंदर रूप से सिद्ध करती है कि सच्ची भक्ति में इतनी शक्ति होती है कि वह स्वयं भगवान को भी अपने भक्त की ओर मोड़ देती है।

उडुपी श्रीकृष्ण मठ एक विशेष और अत्यंत भावपूर्ण परंपरा के लिए भी प्रसिद्ध है। ऐसा माना जाता है कि जब किसी भक्त की **मनोकामना पूर्ण हो जाती है, तो वह कृतज्ञता व्यक्त करने के लिए एक विशेष अनुष्ठान करता है। इस अनुष्ठान में भक्त भूमि पर बैठकर प्रसाद ग्रहण करते हैं, जो सीधे फर्श पर परोसा जाता है—बिना किसी थाली या बर्तन के।**

भूमि से सीधे प्रसाद ग्रहण करना अहंकार के त्याग का प्रतीक है। यह भक्तों को यह स्मरण कराता है कि इस संसार में कुछ भी उनका अपना नहीं है—सब कुछ भगवान का है, और वे स्वयं केवल उनके सेवक हैं।

(कनकना किंडी)

(उडुपी श्रीकृष्ण मठ)

हरे कृष्ण हरे कृष्ण कृष्ण कृष्ण हरे हरे, हरे राम हरे राम राम राम हरे हरे॥

अध्याय–10

जब भगवान बने भक्त के साक्षीः धनंजय शर्मा

आस्था की एक दिव्य यात्रा

श्रद्धामयोऽयं पुरुषो यो यच्छ्रद्धः स एव सः। (भगवद्गीता 17.3)

अर्थः मनुष्य अपनी श्रद्धा से बना होता है—जैसी उसकी श्रद्धा होती है, वह वैसा ही बन जाता है।

11वीं शताब्दी के आसपास, **जगन्नाथ पुरी** के पास एक छोटे से शांत और आध्यात्मिक वातावरण वाले छोटे से गाँव में **धनंजय शर्मा** का जन्म हुआ। उनके माता-पिता एक प्राचीन कृष्ण मंदिर में सेवा करते थे—उनके पिता वहाँ के पुजारी थे, जो श्रद्धा से पूजा-अर्चना करते थे, और उनकी माता मंदिर की सफाई, सजावट और व्यवस्था का ध्यान रखती थीं। साधारण जीवन होने के बावजूद, उनके घर में कभी किसी चीज़ की कमी महसूस नहीं होती थी, क्योंकि वहाँ भक्ति, श्रद्धा, और संतोष का अद्‌भुत संगम था। हर दिन भगवान के नाम से शुरू होता और उसी में समाप्त होता, जिससे छोटे धनंजय के मन में बचपन से ही भगवान के प्रति गहरा लगाव बनने लगा।

जब धनंजय केवल पाँच वर्ष के थे, तब उनके माता-पिता कुछ गाँववालों के साथ एक पवित्र तीर्थ यात्रा पर निकले। जाते समय उन्होंने उसे मंदिर में रहने वाले एक **विश्वसनीय पुजारी** की देखरेख में छोड़ दिया, ताकि उसकी देखभाल में कोई कमी न रहे। उनकी अनुपस्थिति में वही पुजारी पूरी निष्ठा के साथ आरती, भोग, और मंदिर के सभी धार्मिक कार्यों की जिम्मेदारी निभाने लगा। साथ ही, वह छोटे धनंजय का भी ध्यान रखता, उसे समय पर भोजन कराता और उसे भगवान की कथाएँ सुनाया करता, जिससे उसका मन धीरे-धीरे मंदिर और भक्ति में रमने लगा।

कुछ ही सप्ताह बाद एक अत्यंत **दुखद समाचार** आया—जिस बैलगाड़ी में उनके माता-पिता यात्रा कर रहे थे, वह रास्ते में एक गहरी खाई में गिर गई, और इस दुर्घटना में दोनों का देहांत हो गया। यह समाचार सुनते ही पूरे गाँव में शोक

की लहर दौड़ गई। लेकिन सबसे बड़ा आघात उस छोटे बालक धनंजय पर पड़ा, जिसकी दुनिया एक ही क्षण में उजड़ गई। यह घटना उसके जीवन की दिशा बदल देने वाली थी, जिसने उसे बहुत छोटी उम्र में ही जीवन के कठोर सत्य से परिचित करा दिया।

यह सुनकर उस पुजारी ने बिना किसी संकोच के धनंजय की पूरी जिम्मेदारी अपने ऊपर ले ली। उसने न केवल मंदिर की सेवा जारी रखी, बल्कि धनंजय को अपने ही पुत्र की तरह प्रेम और स्नेह से पालने लगा।

उसने बड़े ही कोमल और समझदारी भरे शब्दों में बच्चे को समझाया, ***"तुम्हारे माता-पिता भगवान से मिलने गए हैं... अब वे वापस नहीं आएँगे।"*** हालाँकि यह सत्य बहुत कठोर था, फिर भी उसने उसे इस तरह समझाया कि बालक के मन पर कम से कम आघात पड़े और वह धीरे-धीरे इस सच्चाई को स्वीकार कर सके।

शुरुआत में धनंजय बहुत रोया—वह इस गहरे वियोग और अकेलेपन को समझ नहीं पा रहा था। उसकी मासूम आँखें हर समय अपने माता-पिता को ढूँढती रहती थीं, जैसे हर पल उसे उम्मीद हो कि वे अभी आ जाएँगे। वह मंदिर के हर कोने में उन्हें खोजता, उनकी आवाज़ सुनने की कोशिश करता, लेकिन हर बार उसे सिर्फ सन्नाटा ही मिलता। लेकिन समय के साथ, उस पुजारी के स्नेह, देखभाल और मार्गदर्शन से वह धीरे-धीरे संभलने लगा। **पुजारी** ने उसे प्यार से समझाया, उसका हाथ थामकर उसे जीवन के छोटे-छोटे काम सिखाए। उसने उसे न केवल जीवन जीना सिखाया, बल्कि भगवान के प्रति प्रेम और विश्वास भी सिखाया, जिससे धनंजय के मन को एक नई दिशा मिलने लगी और उसके दिल का खालीपन धीरे-धीरे भरने लगा।

अपने बचपन में धनंजय के कोई मित्र नहीं थे। गाँव के बच्चे जहाँ आपस में खेलते और मस्ती करते, **वहीं धनंजय अकेला मंदिर में ही अपना समय बिताता था**। वह मंदिर के भगवान श्रीकृष्ण को ही अपना सबसे प्रिय और सच्चा मित्र मानता था। वह घंटों मूर्ति के सामने बैठकर उनसे बातें करता, अपने मन की हर छोटी-बड़ी बात उनसे साझा करता—जैसे कोई अपने सबसे करीबी दोस्त से करता है। कभी वह अपनी खुशियाँ बताता, तो कभी अपने दुख, और कभी बिना कुछ कहे बस चुपचाप बैठा रहता, जैसे प्रभु उसे समझ रहे हों। उसके लिए कृष्ण कोई निर्जीव **मूर्ति** नहीं थे, **बल्कि एक जीवित,** स्नेही और हमेशा साथ रहने वाले मित्र थे, जो उसे हर पल सुनते और समझते थे।

हरे कृष्ण हरे कृष्ण कृष्ण कृष्ण हरे हरे, हरे राम हरे राम राम राम हरे हरे॥

एक दिन पुजारी ने उसे भोग चढ़ाने के लिए भेजा। छोटे धनंजय ने बड़े प्रेम और श्रद्धा से थाली भगवान के सामने रखी और वहीं खड़ा होकर इंतजार करने लगा कि प्रभु स्वयं आकर भोजन करें। उसके चेहरे पर सच्ची उम्मीद थी, जैसे उसे पूरा विश्वास हो कि भगवान अभी आएँगे और खाना खाएँगे। समय बीतता गया, घंटे गुजर गए, लेकिन वह वापस नहीं आया। चिंतित होकर पुजारी उसे देखने गया, यह सोचते हुए कि कहीं वह कुछ भूल तो नहीं गया।

उसने देखा कि धनंजय अभी भी मूर्ति के सामने खड़ा है और मासूमियत से **शिकायत** कर रहा है,
"***आप खाना क्यों नहीं खा रहे? जब बाबा भोग लगाते हैं तो आप तुरंत खा लेते हैं!***"
उसकी आवाज़ में सच्चाई थी, कोई दिखावा नहीं—बस एक बच्चे की सी सीधी और सच्ची भावना।

यह देखकर पुजारी भावुक भी हुआ और आश्चर्यचकित भी। उसने प्यार से धनंजय के सिर पर हाथ फेरा और समझाया,
"***प्रभु पूरा भोजन नहीं करते, वे थोड़ा सा ग्रहण करते हैं और बाकी हमें प्रसाद के रूप में देते हैं।***"
वह उसे धीरे-धीरे समझाने लगा ताकि उसकी आस्था बनी रहे और उसका मन भी संतुलित रहे।

धनंजय ने मासूमियत से कहा,
"***लेकिन उन्होंने तो छुआ भी नहीं...***"
उसकी आँखों में सच्चा सवाल था, जैसे वह सच में समझना चाहता हो कि भगवान ऐसा क्यों करते हैं।

तब पुजारी ने मुस्कुराते हुए समझाया,
"***शास्त्रों के अनुसार भोग खुले में नहीं लगाया जाता, इसलिए हम पर्दा लगाकर भोग अर्पित करते हैं।***"
उसने उसे यह भी बताया कि यह एक परंपरा है, जिससे भगवान को आदर और सम्मान दिया जाता है, और धीरे-धीरे धनंजय ने इसे मान लिया।

इसी तरह धनंजय का पूरा बचपन मंदिर की सेवा और भगवान कृष्ण के साथ गहरे संबंध में बीत गया। दिन का अधिकतर समय वह मंदिर में ही बिताता—कभी सफाई करता, कभी **फूल सजाता**, तो कभी प्रभु के सामने बैठकर भजन गुनगुनाता। जैसे-जैसे वह बड़ा हुआ, उसने स्वयं ही सभी पूजा-पाठ और

हरे कृष्ण हरे कृष्ण कृष्ण कृष्ण हरे हरे, हरे राम हरे राम राम राम हरे हरे॥

आरतियाँ संभालनी शुरू कर दीं, और मंदिर की जिम्मेदारियाँ भी समझदारी से निभाने लगा।

उसके लिए कृष्ण कभी पत्थर की मूर्ति नहीं थे—वे एक जीवंत सच्चाई थे, उसके सबसे **करीबी मित्र**, **उसके मार्गदर्शक**, और **उसके अपने।** वह हर काम उनसे पूछकर करता, जैसे वे उसके सामने खड़े होकर उसे दिशा दे रहे हों। उसे ऐसा लगता था कि कृष्ण हर समय उसके साथ हैं, उसे देख रहे हैं और उसकी हर बात सुन रहे हैं।

जब भी कोई मंदिर में जोर से बोलता, ढोल बजाता या शोर करता, धनंजय तुरंत रोक देता और कहता,
"शांत रहो... मेरे प्रभु विश्राम कर रहे हैं।"
वह यह बात इतनी सच्चाई से कहता कि लोग खुद ही शांत हो जाते और उसके भाव को समझने की कोशिश करते।

वह भक्तों से अक्सर कहता,
" अगर आपके कानों में लगातार शोर पड़े, तो आपको भी चिड़चिड़ापन होगा और आप उस स्थान को छोड़ देंगे। फिर आप कैसे सोच सकते हैं कि मेरे प्रभु को यह शोर पसंद होगा? उन्हें भी शांति और सुकून प्रिय है।"

उसकी बातें सुनकर लोग सोचने पर मजबूर हो जाते और धीरे-धीरे समझने लगे कि उसके भीतर कितनी सच्ची भक्ति और गहरा प्रेम है।

इसी भावना से वह मंदिर में धूपबत्ती या दीये को मूर्ति के बहुत पास रखने नहीं देता था, क्योंकि उसे सच में लगता था कि **ज्यादा धुआँ** और **गर्मी** प्रभु को असुविधा पहुँचा सकती है। उसके लिए यह सिर्फ नियम नहीं था, बल्कि एक सच्चा भाव था—जैसे कोई अपने प्रिय व्यक्ति का ख्याल रखता है। वह हर छोटी बात का ध्यान रखता था, ताकि मंदिर का वातावरण शांत, साफ और सुखद बना रहे।

एक बार एक भक्त को बुरा लग गया जब धनंजय ने उसे धूपबत्ती जलाने से रोका। वह क्रोधित होकर बोला,
*"**तुम हमें रोकने वाले कौन होते हो**? यह परंपरा सदियों से चली आ रही है!"*
उसकी आवाज़ में गुस्सा था और उसे लगा कि एक छोटा लड़का उसे रोक रहा है, जो गलत है।

हरे कृष्ण हरे कृष्ण कृष्ण कृष्ण हरे हरे, हरे राम हरे राम राम राम हरे हरे॥

उत्तर में धनंजय ने बिना गुस्सा किए, शांत भाव से जलती हुई धूपबत्ती उसके नाक के पास ले जाकर रख दी। कुछ ही क्षणों में वह व्यक्ति **खाँसने लगा,** उसकी **आँखों में पानी** आ गया और वह परेशान होकर बोला,
"क्या कर रहे हो? मैं सांस नहीं ले पा रहा!"
वह तुरंत पीछे हट गया, जैसे उसे अपनी गलती का एहसास होने लगा हो।

तब धनंजय ने बहुत कोमल और समझाने वाले स्वर में कहा,
"आप इसे एक मिनट भी सहन नहीं कर पा रहे... फिर मेरे प्रभु इसे घंटों कैसे सहन करेंगे?"
उसकी बात में न तो तर्क की कमी थी, न ही भाव की—बस सच्चाई थी, जो सीधे दिल को छू जाती थी।

यह सुनकर वह व्यक्ति अंदर से बदल गया। उसका गुस्सा शांत हो गया और वह अपनी सोच पर शर्मिंदा हो गया। उसने धनंजय से क्षमा माँगी और मन ही मन उसकी भक्ति को प्रणाम किया। उस दिन के बाद उसने कभी उस तरह की गलती नहीं दोहराई।

धनंजय हमेशा कृष्ण की सेवा एक **जीवित व्यक्ति** की तरह करता था। अगर कोई **फल लाता, तो वह उसे वैसे ही नहीं चढ़ाता—पहले उसे धोता, छीलता, काटता और फिर प्रेम से प्रभु के सामने रखता, जैसे किसी अपने को खिलाया जाता है।** यदि कोई नारियल लाता, तो वह उसे तोड़कर साफ करता, उसके टुकड़े करता और फिर श्रद्धा से अर्पित करता। वह हर छोटी चीज़ में यह ध्यान रखता था कि प्रभु को किसी भी तरह की असुविधा न हो।

उसके लिए कृष्ण केवल मूर्ति नहीं थे—वे ही उसका परिवार थे, उसका मित्र, उसका गुरु, और उसका सम्पूर्ण संसार। जब उसे कोई खुशी होती, तो सबसे पहले वह कृष्ण को बताता, और जब उसे कोई दुख होता, तो उन्हीं के सामने बैठकर अपने मन की बात कहता। उसके जीवन का हर पल, हर भावना, हर सोच प्रभु के इर्द-गिर्द ही घूमती थी।

उसी गाँव में **वेंकटेश भट्ट** नाम के एक समृद्ध ब्राह्मण रहते थे। वे एक सफल व्यापारी होने के साथ-साथ बहुत ही दानशील और भगवान कृष्ण के सच्चे भक्त थे। उनके पास धन-दौलत की कमी नहीं थी, लेकिन उनका मन हमेशा भक्ति और सेवा में लगा रहता था। वे प्रतिदिन मंदिर आते थे, अक्सर अपनी बेटी के साथ, और पूरे ध्यान से पूजा करते थे।

हरे कृष्ण हरे कृष्ण कृष्ण कृष्ण हरे हरे, हरे राम हरे राम राम राम हरे हरे॥

वे धनंजय को बड़े ध्यान से देखते और उसकी सेवा-भावना से बहुत प्रभावित होते। जब भी वह उसे वृद्ध लोगों की सहायता करते, मंदिर की साफ-सफाई करते या प्रेम से भगवान की सेवा करते देखते, तो उसके मन में उसके लिए आदर और बढ़ जाता। उन्हें लगता था कि इतनी कम उम्र में इतना गहरा भाव होना बहुत दुर्लभ है।

उनकी बेटी के मन में भी धीरे-धीरे धनंजय के प्रति एक विशेष भावना जागृत होने लगी। वह उसकी सादगी, सेवा और भक्ति से प्रभावित थी। वह चुपचाप उसे देखती रहती, लेकिन कभी कुछ कह नहीं पाती। सामाजिक और आर्थिक अंतर इतना बड़ा था कि वह अपने मन की बात को दिल में ही दबाकर रखती रही, और उसकी भावनाएँ बस एक मौन प्रेम बनकर रह गईं।

एक दिन वेंकटेश भट्ट ने कुछ ब्राह्मणों को आपस में बातचीत करते सुना। वे सभी **वृंदावन धाम** जाने की इच्छा तो रखते थे, लेकिन आर्थिक तंगी के कारण जा नहीं पा रहे थे। उनकी बातों में एक सच्ची चाह थी, पर साथ ही असहायता भी साफ झलक रही थी। यह सुनकर वेंकटेश भट्ट आगे बढ़े और बड़े सरल भाव से बोले,
"आप लोग चिंता न करें, आपकी पूरी यात्रा का खर्च मैं उठाऊँगा।"
उनके शब्दों में दया भी थी और सेवा का भाव भी—जैसे किसी की मन की इच्छा पूरी करना ही उनका अपना कर्तव्य हो।

यह सुनकर सभी ब्राह्मण अत्यंत प्रसन्न हो गए। उनके चेहरे पर खुशी साफ दिखाई देने लगी, जैसे उनकी वर्षों की इच्छा अचानक पूरी हो गई हो। उन्होंने तुरंत वेंकटेश भट्ट को भी साथ चलने के लिए आमंत्रित किया, क्योंकि वे उन्हें अपने साथ इस पवित्र यात्रा में शामिल करना चाहते थे।

लेकिन वेंकटेश भट्ट ने विनम्रता से मुस्कुराते हुए कहा,
"अब मेरी उम्र हो गई है, मुझे सहारे की जरूरत पड़ेगी। मेरा बेटा व्यापार में व्यस्त है, इसलिए मैं साथ नहीं जा पाऊँगा। लेकिन आप लोग मेरी ओर से दर्शन अवश्य करें।"
उनकी आवाज़ में कोई दुख नहीं था, बल्कि संतोष था कि वे दूसरों के माध्यम से ही सही, भगवान के दर्शन का पुण्य पा सकेंगे।

तभी धनंजय वहाँ पहुँचा और सभी को आदरपूर्वक प्रणाम किया। उसकी सादगी और विनम्रता हमेशा की तरह सबका ध्यान खींच लेती थी। उसे देखते ही एक ब्राह्मण के मन में विचार आया और उसने सुझाव दिया,

हरे कृष्ण हरे कृष्ण कृष्ण कृष्ण हरे हरे, हरे राम हरे राम राम राम हरे हरे॥

"क्यों न इस बालक को साथ ले चलें? यह हमारी सेवा कर सकेगा और यात्रा में हमारी मदद भी हो जाएगी।"

वेंकटेश भट्ट ने यह बात सुनी तो उनके चेहरे पर हल्की मुस्कान आ गई। वे बोले, *"मुझे कोई आपत्ति नहीं, लेकिन पहले इसकी इच्छा जान लो।"* *वे जानते थे कि धनंजय सेवा भाव से भरा है, लेकिन फिर भी वे चाहते थे कि यह निर्णय उसकी अपनी इच्छा से हो।*

जैसे ही धनंजय ने यात्रा के बारे में सुना, उसका चेहरा खुशी से चमक उठा। उसकी आँखों में उत्साह साफ दिख रहा था, जैसे उसे कोई अनमोल अवसर मिल गया हो। उसने बिना एक पल सोचे तुरंत सहमति दे दी, क्योंकि उसके लिए यह केवल यात्रा नहीं, बल्कि प्रभु के धाम जाने का **एक सपना** था।

जब उसने अपने पालन करने वाले पुजारी से अनुमति मांगी, तो पहले उन्होंने मना कर दिया। उनके मन में वही पुरानी घटना ताजा हो गई—जब धनंजय के माता-पिता **तीर्थ यात्रा** पर गए थे और कभी वापस नहीं आए। वे डर गए कि कहीं फिर कुछ अनहोनी न हो जाए। लेकिन धनंजय के बार-बार अनुरोध करने पर और उसकी इच्छा को समझते हुए, उन्होंने आखिरकार उसे जाने की अनुमति दे दी।

यात्रा के दौरान धनंजय ने सभी की सेवा पूरे मन से की। वह हर छोटी-बड़ी जरूरत का ध्यान रखता, बिना किसी के कहे ही सब काम कर देता। विशेषकर वेंकटेश भट्ट का वह बहुत ध्यान रखता—उनके लिए समय पर भोजन लाता, रास्ते में जंगल से फल इकट्ठा करता और पानी की व्यवस्था करता। उसकी सेवा में कोई दिखावा नहीं था, बस सच्चा भाव था।

जब वे वृंदावन के पास पहुँचे, तभी अचानक एक अनहोनी हुई। वेंकटेश भट्ट का पैर फिसल गया और वे जमीन पर गिर पड़े। उनके पैर में गंभीर चोट लग गई और वे उठ भी नहीं पा रहे थे। यह देखकर सभी घबरा गए, लेकिन धनंजय तुरंत दौड़कर उनके पास पहुँचा। उसने उन्हें सहारा दिया, पानी पिलाया और धीरे-धीरे उन्हें होश में लाया।

दर्द से कराहते हुए वेंकटेश भट्ट ने कहा,
"अब मैं आगे नहीं चल सकता... आप लोग आगे बढ़ो। शायद कृष्ण नहीं चाहते कि मैं वहाँ पहुँचूँ।"
उनकी आवाज़ में दर्द के साथ एक निराशा भी थी, जैसे उनका सपना अधूरा रह जाएगा।

हरे कृष्ण हरे कृष्ण कृष्ण कृष्ण हरे हरे, हरे राम हरे राम राम राम हरे हरे॥

यह सुनकर धनंजय ने बिना एक पल सोचे दृढ़ स्वर में कहा," ***यह यात्रा आपके कारण ही संभव हुई है। हम आपको छोड़कर कैसे जा सकते हैं?***"
उसकी बात में सच्ची कृतज्ञता और सम्मान था—वह उन्हें किसी भी हालत में अकेला नहीं छोड़ना चाहता था।

यह कहकर उसने तुरंत **वेंकटेश भट्ट को अपनी पीठ पर उठा लिया** और धीरे-धीरे आगे बढ़ने लगा। रास्ता कठिन था, लेकिन उसके कदमों में थकान नहीं थी, क्योंकि उसके मन में सेवा और भक्ति का भाव था। इसी तरह वह उन्हें लेकर वृंदावन पहुँचा।

वहाँ पहुँचने के बाद भी उसने उनकी सेवा जारी रखी। क्योंकि वेंकटेश भट्ट चल नहीं पा रहे थे, इसलिए धनंजय उन्हें सहारा देकर सभी पवित्र स्थानों—वृंदावन, गोवर्धन और अन्य ब्रज क्षेत्रों—के दर्शन कराता रहा। वह हर जगह उन्हें लेकर गया, ताकि उनकी कोई इच्छा अधूरी न रह जाए।

इस निस्वार्थ सेवा को देखकर वेंकटेश भट्ट का हृदय कृतज्ञता से भर गया। वे अंदर ही अंदर भावुक हो गए और सोचने लगे कि इतनी छोटी उम्र में इतना बड़ा त्याग और सेवा भाव बहुत दुर्लभ है। उन्होंने मन ही मन निश्चय किया कि **इस बालक के लिए उन्हें कुछ ऐसा करना चाहिए जो उसके जीवन को सच में बदल दे और उसके इस प्रेम का सही सम्मान हो सके।**

....

हरे कृष्ण हरे कृष्ण कृष्ण कृष्ण हरे हरे, हरे राम हरे राम राम राम हरे हरे॥

एक भक्त की पुकार, भगवान का उत्तर

यदा यदा हि धर्मस्य ग्लानिर्भवति भारत।
अभ्युत्थानमधर्मस्य तदात्मानं सृजाम्यहम्॥ (भगवद्गीता (4.7)

अर्थ: जब-जब धर्म की हानि और अधर्म की वृद्धि होती है, तब-तब मैं स्वयं प्रकट होता हूँ।

वेंकटेश भट्ट के मन में धनंजय को कुछ खास और सच्चे अर्थों में मूल्यवान देने की इच्छा हर दिन के साथ और बढ़ती जा रही थी। जितना वे उसके साथ समय बिताते, उतना ही उन्हें उसकी निस्वार्थ सेवा, सादगी और भक्ति का एहसास होता। उनके मन में बार-बार यही विचार आता कि ऐसा सेवाभाव आज के समय में बहुत दुर्लभ है, और ऐसे व्यक्ति के लिए कुछ विशेष करना चाहिए। यह भावना धीरे-धीरे उनके भीतर एक गहरे संकल्प में बदलने लगी, जिसे वे अब और टाल नहीं पा रहे थे।

एक रात, वे सभी वृंदावन में गोपाल जी के मंदिर में विश्राम कर रहे थे। पूरे दिन की लंबी और थकाने वाली यात्रा के बाद सभी बहुत थक चुके थे और जल्दी ही सोने चले गए। मंदिर का वातावरण शांत था, हल्की-सी ठंडी हवा चल रही थी, और चारों ओर एक सुकून भरा माहौल था। हमेशा की तरह, धनंजय चुपचाप उठकर **सभी वृद्ध ब्राह्मणों के पास गया और उनके पैर दबाने लगा**, ताकि उन्हें आराम मिल सके। जब वह वेंकटेश भट्ट के पास पहुँचा और उनके पैर दबाने लगा, तो वेंकटेश भट्ट उसे ध्यान से देखने लगे—उनकी आँखों में धीरे-धीरे आँसू भरने लगे, क्योंकि वे इतनी सच्ची और निस्वार्थ सेवा देखकर भीतर से भावुक हो गए थे।

कुछ ही देर में सभी लोग **गहरी नींद** में सो गए। पूरे मंदिर में शांति छा गई। केवल वेंकटेश भट्ट और धनंजय ही जाग रहे थे। उस शांत वातावरण में दोनों के बीच एक अनकहा भाव था—सम्मान, स्नेह और समझ का।

थोड़ी देर बाद, वेंकटेश भट्ट धीरे से उठे और इशारे से धनंजय को अपने साथ आने के लिए कहा। दोनों चुपचाप चलते हुए भगवान श्रीकृष्ण की मूर्ति के पास पहुँचे। वहाँ खड़े होकर, हाथ जोड़कर, वेंकटेश भट्ट ने गंभीर और भावुक स्वर में कहा,

हरे कृष्ण हरे कृष्ण कृष्ण कृष्ण हरे हरे, हरे राम हरे राम राम राम हरे हरे॥

"मैं तुम्हारी निस्वार्थ सेवा से बहुत प्रभावित हूँ। तुमने न केवल मेरी, बल्कि सभी ब्राह्मणों की पूरे मन से सेवा की है। आज के समय में तुम जैसे लोग बहुत कम मिलते हैं। अगर तुम्हें कोई आपत्ति न हो, तो मैं अपनी बेटी का विवाह तुमसे करना चाहता हूँ।"

उनके शब्दों में सच्चाई थी, और यह केवल एक प्रस्ताव नहीं, बल्कि दिल से निकली हुई भावना थी।

यह सुनकर धनंजय एकदम चौंक गया। वह कुछ क्षणों के लिए समझ ही नहीं पाया कि क्या कहे। थोड़ी झिझक और संकोच के साथ उसने उत्तर दिया,

*"कृपया गोपाल जी के सामने ऐसा वचन मत दीजिए। हमारे बीच सामाजिक और आर्थिक स्थिति में बहुत बड़ा अंतर है। आपका परिवार कभी इस विवाह के लिए तैयार नहीं होगा। और सच कहूँ तो, मुझे विवाह में कोई **रुचि** नहीं है—मैं तो केवल अपने गोपाल की सेवा करना चाहता हूँ।"*

उसकी आवाज़ में सम्मान भी था और सच्चाई भी, क्योंकि वह किसी को दुखी नहीं करना चाहता था।

वेंकटेश भट्ट ने उसे गहराई से देखा और बहुत सच्चे भाव से कहा,

*"मेरे मन को ठेस मत पहुँचाओ। क्या तुम चाहते हो कि मेरी बेटी किसी **अयोग्य** व्यक्ति से विवाह करे और पूरी जिंदगी दुख सहे? और मेरे परिवार की चिंता मत करो—मैं अभी भी घर का मुखिया हूँ, वे मेरे निर्णय का सम्मान करेंगे। अब तुम बताओ, क्या तुम इसके लिए तैयार हो?"*

उनकी बातों में एक पिता की चिंता भी थी और एक दृढ़ निश्चय भी।

धनंजय गहरे विचार में डूब गया। एक ओर उसकी कृष्ण के प्रति भक्ति थी, और दूसरी ओर एक ऐसे बड़े व्यक्ति की भावना, जिसका वह बहुत सम्मान करता था। कुछ क्षण सोचने के बाद, उसने धीरे से सिर झुकाया और शांत स्वर में कहा,

"जैसा कृष्ण की इच्छा..."

उसके लिए यह केवल एक उत्तर नहीं था, बल्कि पूरी तरह प्रभु पर विश्वास का संकेत था।

हरे कृष्ण हरे कृष्ण कृष्ण कृष्ण हरे हरे, हरे राम हरे राम राम राम हरे हरे॥

यह सुनते ही वेंकटेश भट्ट की खुशी का ठिकाना नहीं रहा। उनके चेहरे पर संतोष और आनंद साफ दिखाई दे रहा था। उन्होंने भगवान के सामने हाथ जोड़कर कहा,

"तो फिर गोपाल जी को साक्षी मानकर मैं वचन देता हूँ कि मैं अपनी बेटी का विवाह तुमसे करूँगा।"

उनके शब्दों में दृढ़ता थी, जैसे उन्होंने मन ही मन यह निर्णय पूरी तरह स्वीकार कर लिया हो।

धनंजय के मन में भी एक शांत खुशी का भाव आया। उसे लगा कि शायद यह सब भगवान की ही इच्छा है, और वही उसे इस रास्ते पर आगे बढ़ा रहे हैं। उसके मन में कोई लालच या स्वार्थ नहीं था, बस एक विश्वास था कि जो कुछ हो रहा है, वह प्रभु की योजना का हिस्सा है।

कुछ ही दिनों में वे सभी **वृंदावन से वापस जगन्नाथ पुरी** लौट आए। यात्रा पूरी हो चुकी थी, लेकिन उस यात्रा के दौरान जो रिश्ते और भावनाएँ बनी थीं, वे अब और गहरी हो चुकी थीं।

घर पहुँचने के बाद, वेंकटेश भट्ट ने अपने परिवार के सभी सदस्यों को इकट्ठा किया और पूरी बात बताई। उन्होंने विस्तार से बताया कि कैसे धनंजय ने पूरे मन से सभी की सेवा की, कैसे उसने यात्रा को आसान और सुखद बना दिया, और अंत में उन्होंने अपने निर्णय के बारे में भी बताया कि वे अपनी बेटी का विवाह धनंजय से करना चाहते हैं।

यह सब सुनते ही उनके परिवार के अधिकांश सदस्य नाराज़ हो गए। उन्हें यह निर्णय बिल्कुल स्वीकार नहीं था। केवल उनकी बेटी ही चुप रही, क्योंकि उसके मन में पहले से ही धनंजय के लिए सम्मान और स्नेह था। बाकी सभी एक-एक करके वेंकटेश भट्ट को समझाने लगे कि वे बहुत बड़ी गलती कर रहे हैं। उनके अनुसार यह निर्णय परिवार की प्रतिष्ठा और समाज के नियमों के खिलाफ था, और वे इसे किसी भी हाल में स्वीकार करने के लिए तैयार नहीं थे।

उनके बेटे ने गुस्से और चिंता के साथ कहा, *"बाबा, क्या आपने मेरी बहन के बारे में सोचा है? आपने उसे हमेशा एक राजकुमारी की तरह पाला है, हर सुख-सुविधा दी है। वह उस घर में कैसे रहेगी जहाँ दिन में तीन वक्त का खाना भी निश्चित नहीं है? वह एक गरीब ब्राह्मण के साथ कैसे तालमेल बिठा पाएगी?"*

हरे कृष्ण हरे कृष्ण कृष्ण कृष्ण हरे हरे, हरे राम हरे राम राम राम हरे हरे॥

उसकी बातों में केवल गुस्सा ही नहीं, बल्कि अपनी बहन के भविष्य को लेकर डर और असुरक्षा भी साफ दिखाई दे रही थी।

उनकी पत्नी, जो पहले से ही भावुक थीं, रोते हुए बोलीं,

"अगर मेरी बेटी की शादी उस गरीब ब्राह्मण से कर दी गई, तो मैं ज़हर खाकर अपनी जान दे दूँगी।"

उनके शब्दों में इतना दर्द और डर था कि घर का माहौल और भी भारी हो गया। यह केवल विरोध नहीं था, बल्कि एक माँ का टूटता हुआ दिल था, जो अपनी बेटी के भविष्य को लेकर बेहद चिंतित थी।

इस सबके बीच, उनकी बेटी ने बहुत शांत और संतुलित स्वर में कहा,

"बाबा, मैं आपके निर्णय का पूरा सम्मान करती हूँ। *आप मेरे लिए जो भी तय करेंगे, मैं उसे खुशी-खुशी स्वीकार करूँगी, क्योंकि मुझे पता है कि आप कभी मेरे लिए गलत नहीं सोचेंगे।"*

उसकी बातों में विश्वास, सम्मान और समर्पण था—जैसे उसने अपने जीवन का निर्णय पूरी तरह अपने पिता पर छोड़ दिया हो।

परिवार के इन सभी तर्कों और भावनात्मक दबावों को सुनकर वेंकटेश भट्ट का मन डगमगाने लगा। अब उनके सामने केवल भावना नहीं, बल्कि हकीकत के सवाल खड़े हो गए थे। उन्हें लगा कि शायद उन्होंने यात्रा के दौरान भावनाओं में बहकर जल्दबाज़ी में फैसला ले लिया था।

धीरे-धीरे उनका संकल्प कमजोर पड़ने लगा। उन्होंने खुद को समझाना शुरू किया कि शायद पीछे हट जाना ही सही है। अंत में उन्होंने मन ही मन तय कर लिया कि वे **अपने वचन से पीछे हटेंगे**, और इसे ही सही निर्णय मान लिया।

कई दिन बीत गए, और धीरे-धीरे वेंकटेश भट्ट ने मंदिर आना भी कम कर दिया। वे जानबूझकर धनंजय से मिलने से बचने लगे। उनका यह व्यवहार अचानक बदल गया था, जो साफ दिखा रहा था कि वे अब उस वचन से दूर भाग रहे हैं।

दूसरी ओर, धनंजय बेचैन और चिंतित रहने लगा। उसके मन में बार-बार सवाल उठता," *वेंकटेश ऐसे क्यों व्यवहार कर रहे हैं? वे अपना वचन पूरा करने क्यों नहीं आ रहे?"*

हरे कृष्ण हरे कृष्ण कृष्ण कृष्ण हरे हरे, हरे राम हरे राम राम राम हरे हरे॥

वह समझ नहीं पा रहा था कि अचानक सब कुछ इतना बदल कैसे गया।

कुछ महीनों बाद, जब वह इस अनिश्चितता को और सहन नहीं कर पाया, तो वह खुद वेंकटेश भट्ट के घर पहुँच गया। उसने दरवाज़ा खटखटाया और उनका नाम लेकर पुकारा, लेकिन अंदर से कोई जवाब नहीं आया। थोड़ी देर बाद उनका बेटा बाहर आया, जिसका चेहरा गुस्से से भरा हुआ था, और उसने झुंझलाते हुए कहा,

"तुम बार-बार यहाँ आकर हमें क्यों परेशान कर रहे हो?"

धनंजय ने शांत स्वर में उत्तर दिया और उसे पूरी बात याद दिलाई—कि वह केवल उस वचन को पूरा करवाने आया है जो उसके पिता ने स्वयं किया था। उसके शब्दों में कोई गुस्सा नहीं था, केवल सच्चाई और सरलता थी।

यह सुनते ही बेटे का गुस्सा भड़क उठा। उसने बिना सोचे-समझे एक डंडा उठाया और धनंजय को मारना शुरू कर दिया, चिल्लाते हुए बोला,

"तुम्हारी हिम्मत कैसे हुई मेरे पिता पर झूठा आरोप लगाने की!"

उसका गुस्सा इतना बढ़ गया था कि वह कुछ भी सुनने को तैयार नहीं था।

तभी वेंकटेश भट्ट बाहर आए और उन्होंने अपने बेटे को रोकते हुए कहा,

"क्या हो रहा है? तुम इसे क्यों मार रहे हो?"

उनकी आवाज़ में चिंता थी, लेकिन भीतर कहीं एक डर भी छिपा हुआ था।

उनके बेटे ने तुरंत कहा,

"यह कह रहा है कि आपने मेरी बहन की शादी इससे करने का वचन दिया है। बताइए, क्या यह सच है?"

अब सबकी नजरें वेंकटेश भट्ट पर थीं—एक पल में सच्चाई सामने आनी थी।

कुछ क्षणों के लिए सन्नाटा छा गया। फिर परिवार के दबाव और डर के कारण, वेंकटेश भट्ट ने कहा,

हरे कृष्ण हरे कृष्ण कृष्ण कृष्ण हरे हरे, हरे राम हरे राम राम राम हरे हरे॥

" नहीं, यह झूठ बोल रहा है। मैंने ऐसा कोई वचन नहीं दिया।"

यह कहते हुए उन्होंने अपनी ही कही हुई बात से मुँह मोड़ लिया।

यह सुनते ही धनंजय पूरी तरह टूट गया। उसकी **आवाज़ काँपने लगी**, लेकिन उसने हिम्मत जुटाकर कहा,

" आपने यह वचन गोपाल जी के सामने दिया था... कम से कम उनसे तो डरिए। अगर अब आप अपनी बेटी की शादी मुझसे नहीं करना चाहते, तो साफ कह दीजिए... लेकिन झूठ मत बोलिए।"

उसके शब्दों में दर्द था, लेकिन साथ ही सच्चाई के लिए खड़े रहने का साहस भी।

लेकिन वेंकटेश भट्ट ने उसकी बातों को अनसुना कर दिया। वे अपने बेटे को लेकर अंदर चले गए और दरवाज़ा बंद कर दिया।

वहाँ अकेला खड़ा धनंजय, शारीरिक और मानसिक दोनों तरह से घायल था। उसके दिल को गहरी चोट लगी थी—जिस व्यक्ति पर उसने भरोसा किया था, उसी ने उसे ठुकरा दिया। लेकिन इन सबके बावजूद, उसके भीतर कृष्ण के प्रति विश्वास जरा भी कम नहीं हुआ।

इस घटना ने धनंजय को अंदर से हिला दिया। उसे समझ आ गया कि **इंसान का स्वभाव बदलना बहुत आसान है—जो आज आपका सम्मान करता है, वही कल आपको अपमानित भी कर सकता है।** वह खुद कभी इस विवाह में रुचि नहीं रखता था, लेकिन उस पर लगाए गए झूठे आरोप ने उसे बहुत दुख पहुँचाया।

इस बार उसने चुप रहने के बजाय सच के लिए खड़े होने का निर्णय लिया। न्याय पाने के लिए वह गाँव के सरपंच के पास गया और **पंचायत** बुलाने की मांग की, ताकि सच्चाई सबके सामने आ सके।

सरपंच ने पूछा,
"तुम वेंकटेश भट्ट पर क्या आरोप लगाना चाहते हो?"
यह सवाल पूरे गाँव के सामने पूछा गया था, और वहाँ मौजूद हर व्यक्ति ध्यान से धनंजय की बात सुनना चाहता था। माहौल थोड़ा गंभीर था, क्योंकि मामला एक बड़े और सम्मानित परिवार से जुड़ा हुआ था।

हरे कृष्ण हरे कृष्ण कृष्ण कृष्ण हरे हरे, हरे राम हरे राम राम राम हरे हरे॥

धनंजय ने शांत लेकिन दृढ़ आवाज में कहा,
"इन्होंने अपनी बेटी का विवाह मुझसे करने का वचन दिया था, और अब ये उससे मुकर रहे हैं।"
उसकी आवाज में दर्द भी था और सच्चाई का विश्वास भी। वह जानता था कि उसके पास कोई इंसानी गवाह नहीं है, फिर भी वह अपने सच के साथ खड़ा था।

अपने पिता की ओर से वेंकटेश भट्ट के बेटे ने गुस्से में जवाब दिया,
"मेरे पिता ऐसे किसी अनजान व्यक्ति से वादा नहीं करते। यह झूठ बोल रहा है। इसका मकसद सिर्फ हम जैसे अमीर और भोले लोगों को फँसाना है।"
उसके शब्दों में अहंकार और गुस्सा साफ दिख रहा था, और वह हर हाल में अपने पिता की इज्जत बचाना चाहता था।

धनंजय ने अपने आँसू रोकते हुए कहा,
"यह झूठ बोल रहे हैं, ***सरपंच जी****। इन्होंने यह वचन वृंदावन में गोपाल जी के सामने दिया था।"*
उसके शब्द सीधे थे, लेकिन उनमें अटूट विश्वास था—जैसे उसे पूरा भरोसा हो कि भगवान उसकी बात को झूठा नहीं होने देंगे।

सरपंच ने फिर पूछा,
"क्या तुम्हारे पास कोई गवाह है जो तुम्हारी बात को साबित कर सके?"
यह सवाल बहुत अहम था, क्योंकि पंचायत में बिना गवाह के किसी बात को मानना आसान नहीं था।

धनंजय कुछ पल के लिए चुप हो गया। उसे वह रात याद आई—जब सब लोग सो रहे थे और कोई भी इंसान वहाँ मौजूद नहीं था। फिर उसने हिम्मत जुटाकर कहा,
"उस समय सब सो रहे थे... लेकिन हाँ, मेरे ***गोपाल जी*** *इस पूरी घटना के गवाह हैं।"*
यह सुनकर वहाँ बैठे लोग एक-दूसरे की ओर देखने लगे—कुछ को आश्चर्य हुआ, तो कुछ को यह बात मज़ाक जैसी लगी।

यह सुनते ही वेंकटेश भट्ट का बेटा हँस पड़ा और मज़ाक उड़ाते हुए बोला,
"तो फिर अपने गोपाल जी को यहाँ बुलाओ और उनसे गवाही दिलवाओ!"
उसकी हँसी में ताना था, जैसे उसे पूरा भरोसा हो कि अब यह मामला यहीं खत्म हो जाएगा।

हरे कृष्ण हरे कृष्ण कृष्ण कृष्ण हरे हरे, हरे राम हरे राम राम राम हरे हरे॥

सरपंच ने भी हल्की मुस्कान के साथ कहा,
"धनंजय, अभी तो सारी बातें वेंकटेश भट्ट के पक्ष में जा रही हैं। क्या तुम्हें अपनी बात साबित करने के लिए समय चाहिए?"
वह यह देखना चाहता था कि क्या धनंजय सच में अपने दावे पर टिक सकता है या नहीं।

धनंजय ने गहरी साँस ली। उसके दिल में केवल एक ही सहारा था—उसका विश्वास। उसने पूरे आत्मविश्वास से कहा,
"सरपंच जी, मुझे तीन महीने का समय दीजिए। मैं अपने गोपाल जी को वृंदावन से यहाँ गवाह के रूप में लेकर आऊँगा।"
उसकी बात सुनकर कुछ लोग हैरान रह गए, तो कुछ ने इसे पागलपन समझा।

सरपंच ने उसकी बात को पूरी तरह गंभीरता से तो नहीं लिया, लेकिन फिर भी कहा,
"ठीक है, तुम्हें ***तीन महीने*** *का समय दिया जाता है। लेकिन अगर तुम अपनी बात साबित नहीं कर पाए, तो तुम्हें दंड दिया जाएगा।"*
यह एक तरह से आखिरी मौका था।

धनंजय ने बिना किसी डर के यह शर्त स्वीकार कर ली।
उधर, वेंकटेश भट्ट का बेटा मन ही मन खुश हो गया। उसने सोचा,
"एक पत्थर की मूर्ति यहाँ आकर गवाही देगी? अब यह मामला खत्म समझो।"

अपने दिल में सिर्फ विश्वास लेकर, धनंजय अकेले ही वृंदावन के लिए निकल पड़ा। लंबी और कठिन यात्रा के बाद वह वहाँ पहुँचा। थका हुआ होने के बावजूद, वह बिना रुके सीधे गोपाल जी के मंदिर पहुँचा, उनके चरणों में गिर पड़ा और रोने लगा।

हाथ जोड़कर, काँपती आवाज में उसने प्रार्थना की,
"प्रभु, मेरे साथ गवाह बनकर चलिए। नहीं तो फिर से सच हार जाएगा और आपका भक्त सजा पाएगा, जबकि वह सही है।"
उसकी प्रार्थना में इतनी सच्चाई थी कि वह खुद को पूरी तरह भगवान के सामने समर्पित कर चुका था।

वह **सुबह से शाम** तक वहीं बैठा रोता रहा, पूरी तरह भक्ति में डूबा हुआ। जैसे-जैसे रात हुई, मंदिर के पुजारियों ने उसे बाहर जाने को कहा क्योंकि मंदिर बंद

होने वाला था। उनकी बात मानकर वह बाहर सीढ़ियों पर बैठ गया—लेकिन उसका इंतजार और विश्वास वहीं बना रहा।

सुबह से उसने कुछ भी नहीं खाया था। पूरी रात वह उसी दर्द और प्रार्थना में बीत गई, लेकिन कुछ भी नहीं हुआ। बार-बार वह रोकर कहता,
"गोपाल जी, मेरी मदद कीजिए..."
लेकिन कोई उत्तर नहीं आया।

जैसे ही सुबह होने लगी और मंदिर अभी भी बंद था, धनंजय का विश्वास डगमगाने लगा। निराशा ने उसे घेर लिया, और उस असहाय क्षण में उसने अपने जीवन को समाप्त करने का निर्णय ले लिया। वह मंदिर की सीढ़ियों पर अपना सिर जोर-जोर से मारने लगा, जब तक कि खून बहने न लगा।

तभी अचानक मंदिर के अंदर से एक आवाज गूँजी,
*"**अरे पागल, रुक जा**! यह कलियुग है, और कलियुग में मैं मूर्ति के रूप में रहता हूँ। क्या तूने कभी किसी मूर्ति को चलते देखा है? मैं तेरे साथ कैसे आ सकता हूँ?"*

धनंजय, अभी भी रोते हुए, बोला,
"मैंने कभी किसी मूर्ति को बोलते भी नहीं सुना... लेकिन आप तो बोल रहे हैं! अगर आप बोल सकते हैं, तो चल भी सकते हैं। कृपया मेरे साथ चलिए, प्रभु।"
उसकी यह मासूम लेकिन अटूट श्रद्धा सीधे भगवान के हृदय को छू गई।

भगवान कृष्ण उसकी भक्ति से प्रसन्न हो गए। हल्की मुस्कान के साथ उन्होंने कहा,
"धनंजय, मैं तुम्हारी भक्ति से हार गया हूँ। मैं तुम्हारे साथ चलूँगा... लेकिन एक शर्त पर।"

धनंजय ने बिना सोचे तुरंत कहा,
"मैं आपकी हर शर्त स्वीकार करता हूँ, प्रभु।"

भगवान ने कहा,
*"**तुम मुझे देख नहीं पाओगे।** मेरे भक्त वर्षों तक तपस्या करते हैं, तब भी उन्हें मेरा दर्शन नहीं होता—तो मैं तुम्हें इतनी आसानी से कैसे दिख सकता हूँ? मैं तुम्हारे पीछे-पीछे चलूँगा, लेकिन तुम कभी पीछे मुड़कर नहीं देखोगे। और*

हरे कृष्ण हरे कृष्ण कृष्ण कृष्ण हरे हरे, हरे राम हरे राम राम राम हरे हरे॥

जब भी मुझे भूख लगेगी, मैं बांसुरी बजाकर संकेत दूँगा, तब तुम्हें मेरे लिए भोजन की व्यवस्था करनी होगी।"

धनंजय ने फिर पूछा,
"प्रभु, मुझे कैसे पता चलेगा कि आप सच में मेरे पीछे चल रहे हैं?"

भगवान ने हँसते हुए कहा,
"तुम मेरे पायल की आवाज सुनोगे... वही तुम्हारा प्रमाण होगा।"

धनंजय ने सहमति दे दी। उसी क्षण मंदिर के अंदर से एक दिव्य पीली रोशनी निकली, और मंदिर के दरवाजे अपने आप खुल गए।

धनंजय ने बिना पीछे देखे हाथ जोड़कर प्रणाम किया... और पूरी श्रद्धा के साथ जगन्नाथ पुरी की ओर अपनी यात्रा शुरू कर दी।

पूरी यात्रा के दौरान धनंजय को अपने पीछे पायल की हल्की, मधुर आवाज लगातार सुनाई देती रही। वह आवाज उसके लिए भरोसा थी—एक संकेत कि उसका गोपाल सच में उसके साथ चल रहा है। जब भी कहीं बांसुरी की धुन सुनाई देती, वह तुरंत रुक जाता, जो भी भोजन उसके पास होता, प्रेम से भोग बनाकर अर्पित करता, और फिर आगे बढ़ जाता। इस तरह हर कदम पर उसका विश्वास और गहरा होता गया—उसे लगने लगा कि वह अकेला नहीं है, प्रभु हर पल उसके साथ हैं।

कदम दर कदम, केवल अपने विश्वास को सहारा बनाकर वह आगे बढ़ता गया। रास्ता लंबा था, थकान भी होती थी, लेकिन उसके मन में एक ही भावना थी—"***मेरे प्रभु मेरे साथ हैं।***" आखिरकार, कई दिनों की यात्रा के बाद वे **उड़ीसा** की सीमा तक पहुँच गए।

जब वे समुद्र किनारे से गुजर रहे थे, तभी भगवान कृष्ण ने एक दिव्य लीला रची। समुद्र तट की गीली रेत उनके पायल के छोटे-छोटे घुंघरुओं में फँस गई... और अचानक वह मधुर आवाज बंद हो गई।

यात्रा शुरू होने के बाद पहली बार... धनंजय को कुछ भी सुनाई नहीं दिया।

चारों ओर सिर्फ सन्नाटा था।

हरे कृष्ण हरे कृष्ण कृष्ण कृष्ण हरे हरे, हरे राम हरे राम राम राम हरे हरे॥

कुछ पल तक वह चलता रहा और खुद को समझाने की कोशिश करता रहा,
"शायद आवाज धीमी हो गई है... शायद मैं ठीक से सुन नहीं पा रहा..."

लेकिन जैसे-जैसे वह आगे बढ़ा, सन्नाटा और गहरा होता गया। उसका दिल तेज़ धड़कने लगा, और उसके मन में डर धीरे-धीरे जगह बनाने लगा।

वह रुक गया।

काँपती आवाज में उसने पूछा, ***"प्रभु... आप अभी भी मेरे साथ हैं न?"***

कोई जवाब नहीं आया। न पायल की आवाज, न बांसुरी की धुन—बस समुद्र की लहरों की आवाज गूंज रही थी।

धीरे-धीरे उसके मन में संदेह आने लगा,
"क्या... प्रभु मुझे छोड़कर चले गए? क्या यह सब मेरी कल्पना थी?"

उसकी भक्ति सच्ची थी, लेकिन वह एक इंसान भी था। उस सन्नाटे ने उसके धैर्य को तोड़ दिया। धीरे-धीरे, डर और असमंजस में उसने पीछे मुड़कर देखा...

और उसी क्षण—सब कुछ थम गया।

वहाँ भगवान गोपाल खड़े थे... अपने दिव्य रूप में... लेकिन अब पूरी तरह स्थिर—***एक पत्थर की मूर्ति बन चुके थे।***

धनंजय की आँखें फैल गईं, उसका शरीर जैसे जड़ हो गया। उसकी आँखों से आँसू बहने लगे।

"प्रभु... मुझसे गलती हो गई... आपने मना किया था पीछे देखने से..."

वह उनके चरणों में गिर पड़ा और रोते हुए बोला,
"मुझे क्षमा कर दीजिए... मैंने आप पर संदेह किया... आपकी शर्त तोड़ दी... कृपया मेरे साथ चलिए... नहीं तो सत्य हार जाएगा... और आपके भक्त का अपमान होगा..."

लेकिन मूर्ति बिल्कुल शांत रही।

लहरें चलती रहीं, हवा बहती रही... लेकिन गोपाल वहीं स्थिर खड़े रहे।

हरे कृष्ण हरे कृष्ण कृष्ण कृष्ण हरे हरे, हरे राम हरे राम राम राम हरे हरे॥

धनंजय घंटों तक रोता रहा, बार-बार विनती करता रहा,
"प्रभु... बस एक बार... मेरे साथ चलिए... मेरा गाँव अब यहाँ से कुछ ही दूरी पर है..."

काफी देर बाद, उस गहरे सन्नाटे के बीच एक दिव्य आवाज सुनाई दी,
"धनंजय... तुम्हारी भक्ति मुझे यहाँ तक ले आई... लेकिन तुम्हारे संदेह ने मुझे यहीं रोक दिया।"

यह सुनकर धनंजय का हृदय टूट गया।

भगवान की आवाज फिर आई,
" लेकिन चिंता मत करो... मैं सत्य को हारने नहीं दूँगा। ***मैं इतनी दूर तुम्हारे साथ आया हूँ... क्या तुम्हारे गाँव वाले कुछ कदम भी नहीं चल सकते****? तुम जाओ और अपनी पंचायत को यहीं बुला लाओ। मैं इसी स्थान से* ***साक्षी*** *दूँगा।"*

धनंजय ने अपने आँसू पोंछे। भले ही वह भगवान कृष्ण को पूरी तरह अपने गाँव तक नहीं ला पाया था, लेकिन उसका विश्वास फिर से जाग उठा। उसके भीतर एक नई ताकत आ गई। उसने झुककर प्रणाम किया और कहा,
"जैसी आपकी आज्ञा, प्रभु..."

बिना एक पल गँवाए वह तेज़ी से गाँव की ओर दौड़ा। उसने पंचायत के पास जाकर पूरी घटना बताई—कैसे प्रभु उसके साथ चले, और अब समुद्र किनारे खड़े हैं। गाँव के लोग पहले तो हँसने लगे, कुछ ने उसका मज़ाक उड़ाया, और कुछ ने उसकी बातों पर शक किया। लेकिन अंदर ही अंदर सबके मन में जिज्ञासा भी थी—इसलिए धीरे-धीरे सब लोग उसके साथ समुद्र किनारे की ओर चल पड़े।

जब सभी लोग वहाँ पहुँचे, तो उन्होंने जो देखा, वह उनकी कल्पना से भी परे था—
रेत के बीचों-बीच भगवान कृष्ण की एक दिव्य मूर्ति अकेली खड़ी थी।

पूरा माहौल अचानक शांत हो गया।

लोग एक-दूसरे का चेहरा देखने लगे, किसी को कुछ समझ नहीं आ रहा था। जो लोग अभी तक हँस रहे थे, वे भी अब गंभीर हो चुके थे। हवा भी जैसे थम सी गई

थी, और हर किसी के मन में एक ही सवाल था—*"क्या सच में यह कोई चमत्कार है?"*

तभी सरपंच आगे बढ़ा और गंभीर स्वर में बोला,
"धनंजय, तुम्हारा साक्षी कहाँ है?"

धनंजय ने पूरे विश्वास और श्रद्धा के साथ हाथ जोड़कर उस मूर्ति की ओर इशारा किया और कहा,
"वही मेरे साक्षी हैं... मेरे गोपाल।"

भीड़ में हलचल होने लगी। कुछ लोग हैरान थे, कुछ अब भी संदेह में थे, और कुछ धीरे-धीरे इस दिव्यता को महसूस करने लगे थे।

और तभी...

अचानक आकाश में एक दिव्य आवाज गूँज उठी—

"वेंकटेश भट्ट ने मेरे सामने यह वचन दिया था।"

यह सुनते ही पूरा वातावरण सन्नाटे में बदल गया।

हर व्यक्ति स्तब्ध रह गया। डर, भक्ति और आश्चर्य—तीनों भाव एक साथ वहाँ उपस्थित थे।

वेंकटेश भट्ट के शरीर में कंपकंपी छूट गई। उनकी आँखों से आँसू बहने लगे। उन्हें अपनी गलती का एहसास हो गया। वे तुरंत जमीन पर गिर पड़े और बोले,
"मुझे क्षमा कर दो प्रभु... मैंने डर और मोह में आकर झूठ कहा..."

सत्य की जीत हो चुकी थी।

लेकिन धनंजय के मन में ज़रा भी घमंड नहीं आया। उसके हृदय में केवल भक्ति और कृतज्ञता थी। उसने झुककर प्रभु को प्रणाम किया और मन ही मन सोचा—
"जब विश्वास सच्चा हो, तो भगवान खुद भक्त के लिए चलकर आते हैं... और ज़रूरत पड़े तो उसके लिए बोलते भी हैं।"

जब वह दिव्य आवाज धीरे-धीरे शांत हुई, तो वहाँ खड़े सभी लोग अब भी आश्चर्य में डूबे हुए थे। अब सच्चाई किसी के लिए भी नकारना संभव नहीं था।

हरे कृष्ण हरे कृष्ण कृष्ण कृष्ण हरे हरे, हरे राम हरे राम राम राम हरे हरे॥

गहरे पछतावे से भरे वेंकटेश भट्ट धनंजय के चरणों में गिर पड़े। उनकी आवाज काँप रही थी,

"मुझे माफ कर दो... मैं डर और मोह में अंधा हो गया था। मैंने अपना वचन तोड़ा और अपने ही ***प्रभु के सामने झूठ बोला..."***

उनका पूरा परिवार, जो कभी धनंजय का विरोध करता था और उसे अपमानित करता था, अब शर्मिंदा खड़ा था। एक-एक करके सबने हाथ जोड़कर उससे सच्चे दिल से माफी माँगी।

उनकी सच्ची पश्चाताप देखकर धनंजय के मन में कोई क्रोध नहीं था। उसने शांत स्वर में कहा,

"मुझे किसी से कोई शिकायत नहीं है... जो कुछ हुआ, वह मेरे गोपाल की इच्छा से हुआ।"

भगवान के सामने किए गए वचन का सम्मान करते हुए, वेंकटेश भट्ट ने अपना वादा पूरा किया। पूरे रीति-रिवाज और सम्मान के साथ उन्होंने अपनी बेटी का विवाह धनंजय से कर दिया। जो बात पहले विवाद का कारण बनी थी, वही अब भगवान की कृपा से एक पवित्र संबंध में बदल गई।

गोपाल जी के इस चमत्कार की चर्चा दूर-दूर तक फैल गई। जब जगन्नाथ पुरी के राजा को इस घटना का पता चला, तो वे धनंजय की भक्ति और भगवान की इस लीला से बहुत प्रभावित हुए। इस अद्भुत घटना को यादगार बनाने के लिए उन्होंने उसी स्थान पर एक भव्य मंदिर बनवाने का आदेश दिया, जहाँ गोपाल जी रुके थे और साक्षी बने थे।

वहीं उस मूर्ति की स्थापना की गई, और वह स्थान "**साक्षी गोपाल मंदिर**" के नाम से प्रसिद्ध हो गया—अर्थात "वह भगवान जो साक्षी बने।"

आज भी यह **पवित्र मंदिर जगन्नाथ पुरी से लगभग 20 किलोमीटर** दूर स्थित है। यह हर भक्त को याद दिलाता है कि जब भक्ति सच्ची होती है, तो भगवान स्वयं सत्य के पक्ष में खड़े होते हैं।

हरे कृष्ण हरे कृष्ण कृष्ण कृष्ण हरे हरे, हरे राम हरे राम राम राम हरे हरे॥

और **वृंदावन** में वह स्थान, जहाँ से गोपाल जी धनंजय के साथ चले थे, आज भी ***"प्राचीन साक्षी गोपाल मंदिर"*** के रूप में सुरक्षित है। वहाँ नई मूर्ति स्थापित की गई, लेकिन उस मूल लीला की याद आज भी लोगों के हृदय में जीवित है।

यह घटना हमें एक अमर संदेश देती है—
जब विश्वास अटूट हो और भक्ति सच्ची हो, तो भगवान केवल दूर से नहीं देखते... वे अपने भक्त के साथ चलते हैं, और ज़रूरत पड़ने पर उसके लिए साक्षी भी बनते हैं।

(श्री साक्षी गोपाल, जगन्नाथ पुरी)

....

हरे कृष्ण हरे कृष्ण कृष्ण कृष्ण हरे हरे, हरे राम हरे राम राम राम हरे हरे॥

अध्याय–11

जहाँ भक्त ने भगवान को झुका दिया: गदाधर पंडित

करुणा की दिव्य धारा

ये यथा मां प्रपद्यन्ते तांस्तथैव भजाम्यहम्। (भगवद्गीता 4.11)

अर्थ:जो लोग मुझे जिस भाव से अपनाते हैं, मैं भी उन्हें उसी भाव से प्रत्युत्तर देता हूँ।

लगातार आक्रमणों के कारण पूरा ब्रज क्षेत्र—**वृंदावन, मथुरा, नंदगाँव और आसपास के पवित्र स्थल—धीरे-धीरे घने जंगलों में छिप गए।** समय के साथ कई प्राचीन मंदिर नष्ट हो गए, और भगवान श्रीकृष्ण की लीलाओं के वास्तविक स्थान लोगों की स्मृति से लगभग मिटने लगे। केवल गोवर्धन पर्वत ही एक प्राकृतिक पर्वत होने के कारण पहचान में बना रहा, जो उस गौरवशाली इतिहास की एकमात्र झलक देता था।

इसी समय, एक नई आशा की किरण के रूप में **श्री चैतन्य महाप्रभु** का प्राकट्य हुआ, जिनका जन्म **1486 में नवद्वीप** में हुआ। उन्होंने पूरे भारत में भ्रमण करते हुए भक्ति और कीर्तन के माध्यम से भगवान के नाम का प्रचार किया। उनकी गहरी आध्यात्मिक दृष्टि और शास्त्रों की समझ के कारण उन्होंने खोए हुए ब्रज क्षेत्र को फिर से पहचानने और स्थापित करने में बहुत बड़ा योगदान दिया।

मानो एक दिव्य पहेली को सुलझाते हुए, उन्होंने एक-एक करके उन पवित्र स्थानों की पहचान की—यह वृंदावन है जहाँ कृष्ण ने अपना बचपन बिताया, यह मथुरा है जहाँ उनका जन्म हुआ, यह गोकुल है, और यह नंदगाँव है। उनके प्रयासों से ये सभी पवित्र स्थल फिर से जीवित हुए और भक्तों के हृदय में अपनी जगह बनाने लगे।

उन्हें **ब्रह्म-माध्व-गौड़ीय संप्रदाय** के प्रमुख आचार्यों में से एक माना जाता है, जिसके अंतर्गत **(ISKCON)** भी आता है। कई भक्त मानते हैं कि वे राधा और कृष्ण के दिव्य प्रेम के संयुक्त अवतार हैं, जो इस संसार में प्रेम और भक्ति का संदेश देने आए थे।

हरे कृष्ण हरे कृष्ण कृष्ण कृष्ण हरे हरे, हरे राम हरे राम राम राम हरे हरे॥

वैष्णव परंपरा में मुख्य रूप से चार संप्रदाय (आध्यात्मिक परंपराएँ) माने जाते हैं, जो भक्तों को भगवान विष्णु या कृष्ण की भक्ति का मार्ग दिखाते हैं—

ब्रह्म संप्रदाय – इसकी शुरुआत **ब्रह्मा जी** से मानी जाती है; इसके प्रमुख आचार्य **मध्वाचार्य** और **चैतन्य महाप्रभु** हैं।

श्री संप्रदाय – इसकी उत्पत्ति माता **लक्ष्मी** से मानी जाती है; इसके प्रमुख आचार्य **रामानुजाचार्य** हैं।

रुद्र संप्रदाय – यह भगवान **शिव** से जुड़ा हुआ है; इसके मुख्य आचार्य **विष्णुस्वामी** हैं।

कुमार संप्रदाय – इसकी शुरुआत ब्रह्मा के चार पुत्रों (कुमारों) से मानी जाती है, विशेष रूप से सनत कुमार से; इसके प्रमुख आचार्य **निंबार्काचार्य** हैं।

इन चारों संप्रदायों ने मिलकर भक्ति के मार्ग को जीवित रखा और समय तथा विनाश के बाद भी भगवान कृष्ण की लीलाओं की परंपरा और भक्ति की भावना को सुरक्षित रखा।

जब चैतन्य महाप्रभु जगन्नाथ पुरी में निवास कर रहे थे, तब उनके सबसे प्रिय शिष्यों में से एक थे **गदाधर पंडित।** वे महाप्रभु की गहरी भक्ति और राधा-कृष्ण के प्रति उनके दिव्य प्रेम से अत्यंत प्रभावित थे और हर जगह उनके साथ रहते थे।

गदाधर पंडित एक अद्भुत **कथावाचक** थे। जब भी वे भगवान की लीलाओं का वर्णन करते, तो स्वयं इतने भाव में डूब जाते कि सुनने वाले भी उसी भक्ति में खो जाते। ऐसा लगता मानो श्रीकृष्ण की दिव्य लीलाएँ उसी क्षण उनकी आँखों के सामने जीवंत हो उठी हों।

प्रतिदिन चैतन्य महाप्रभु जगन्नाथ मंदिर में दर्शन के लिए जाते थे। दर्शन के बाद जब वे वापस लौटते, तब गदाधर पंडित उन्हें प्रेम से **श्रीमद्भागवतम् का पाठ सुनाते थे। एक दिन उन्होंने सातवें स्कंध का वर्णन किया—जिसमें भक्त प्रह्लाद और भगवान नरसिंह की अद्भुत कथा आती है।**

हालाँकि महाप्रभु ने भागवतम् को कई बार सुना और पढ़ा था, लेकिन उस दिन की कथा ने उनके हृदय में एक नई और गहरी भावना जगा दी। जब उन्होंने सुना कि **कैसे भगवान नरसिंह अपने प्रिय भक्त प्रह्लाद की पुकार पर तुरंत**

हरे कृष्ण हरे कृष्ण कृष्ण कृष्ण हरे हरे, हरे राम हरे राम राम राम हरे हरे॥

प्रकट हो गए, और कैसे प्रह्लाद ने आँसुओं भरी आँखों से अपने प्रभु के दर्शन किए—तो यह दृश्य महाप्रभु के हृदय को भीतर तक छू गया। उनके मन में एक गहरा विरह भाव जाग उठा। वे सोचने लगे,
"मेरे प्रभु मेरी पुकार कब सुनेंगे? मुझे कृष्ण के दर्शन कब होंगे?"

यह विरह (वियोग) की भावना दिन-प्रतिदिन और गहरी होती गई। जगन्नाथ पुरी में रहते हुए भी, जब वे जगन्नाथ मंदिर के दर्शन करते, तो उन्हें ऐसा अनुभव होता मानो वे वृंदावन में हों। वे **चाटक पर्वत** को गोवर्धन पर्वत के रूप में देखते, **समुद्र** को यमुना नदी के रूप में अनुभव करते, और **पेड़ों** को **वंशीवट** मानते जहाँ श्रीकृष्ण अपनी बांसुरी बजाते थे।

इसी दिव्य भाव में एक दिन वे एक बगीचे में बैठ गए, पूरी तरह श्रीकृष्ण की लीलाओं में डूबे हुए। भक्ति की तीव्रता इतनी बढ़ गई कि वे अपने ही हाथों से मिट्टी खोदने लगे। कुछ समय बाद उन्हें मिट्टी के भीतर से किसी मूर्ति का ऊपरी भाग दिखाई दिया। तुरंत उन्होंने गदाधर पंडित को बुलाया और कहा,
"देखो, मुझे यहाँ कुछ बहुत ही अनमोल मिला है।"

दोनों ने मिलकर बहुत सावधानी से उस स्थान को खोदा और वहाँ से भगवान **कृष्ण की एक अत्यंत सुंदर मूर्ति प्रकट हुई।** उस क्षण का आनंद और भाव शब्दों में व्यक्त करना कठिन था—मानो स्वयं प्रभु ने अपने भक्त को दर्शन दिए हों।

चैतन्य महाप्रभु ने उस दिव्य विग्रह का नाम "**गोपीनाथ**" रखा। चूँकि यह मूर्ति एक बगीचे (जिसे ओड़िया भाषा में "**टोता**" कहा जाता है) में मिली थी, इसलिए भक्तों ने प्रेम से उस स्थान को **टोता गोपीनाथ मंदिर** के नाम से पुकारना शुरू कर दिया।

गहरी भावना के साथ महाप्रभु ने गदाधर पंडित से कहा,
"यह दिव्य विग्रह मुझे तुम्हारी वजह से प्राप्त हुआ है। तुम्हारे भागवतम् के मधुर वर्णन ने मेरे हृदय में यह विरह भाव जगाया, और उसी को शांत करने के लिए प्रभु इस रूप में प्रकट हुए हैं। मैं चाहता हूँ कि तुम इनकी सेवा करो—क्या तुम इसे स्वीकार करोगे?"

गदाधर पंडित ने विनम्रता से हाथ जोड़कर उत्तर दिया,
*"महाप्रभु, यह मेरे लिए सबसे बड़ा सौभाग्य है। मैं मानता हूँ कि यह मेरे पूर्व जन्मों के पुण्य का फल है। **मैं वचन देता हूँ कि अपने अंतिम श्वास तक मैं पूरी भक्ति और समर्पण के साथ प्रभु की सेवा करूँगा।"***

हरे कृष्ण हरे कृष्ण कृष्ण कृष्ण हरे हरे, हरे राम हरे राम राम राम हरे हरे॥

और जैसे उन्होंने वचन दिया था, वैसे ही उन्होंने उसे निभाया भी। गदाधर पंडित ने टोता गोपीनाथ मंदिर में भगवान गोपीनाथ की सेवा पूरी श्रद्धा और प्रेम से की। वे हर सेवा स्वयं करना पसंद करते थे—किसी पर निर्भर रहना उन्हें अच्छा नहीं लगता था।

चाहे प्रभु को स्नान कराना हो, उन्हें सुंदर वस्त्र पहनाना हो, चंदन लगाना हो, सुबह से लेकर रात तक की आरती करना हो, या दिन में कई बार भोग बनाकर अर्पित करना हो—हर कार्य वे अपने हाथों से करते थे। उनकी सेवा में इतना प्रेम और लगन थी कि हर छोटी-से-छोटी क्रिया भी भक्ति का एक सुंदर रूप बन जाती थी।

इसी बीच, चैतन्य महाप्रभु ने अपने जीवन के लगभग **18 वर्ष** जगन्नाथ पुरी में बिताए। वहाँ उन्होंने भक्ति आंदोलन का व्यापक प्रचार किया और हर वर्ष होने वाली भव्य जगन्नाथ रथ यात्रा में भाग लिया। उनका जीवन कीर्तन, भक्ति और श्रीकृष्ण के प्रति दिव्य प्रेम से भरा हुआ था—जहाँ हर क्षण प्रभु के नाम और प्रेम में डूबा हुआ था।

समय के साथ वह क्षण भी आया जब प्रभु ने संकेत दिया कि उनकी पृथ्वी पर लीला अब समाप्त होने वाली है। सन् **1534** में**, 48 वर्ष** की आयु में, चैतन्य महाप्रभु ने जगन्नाथ मंदिर के अंतिम दर्शन किए। यह मान्यता है कि उन्होंने टोता **गोपीनाथ मंदिर में भगवान गोपीनाथ के विग्रह के घुटने में प्रवेश कर अपनी प्रकट लीला का समापन किया**—मानो वे स्वयं गोपीनाथ के दिव्य स्वरूप में विलीन हो गए और इस भौतिक संसार को त्याग दिया।

अपने प्रिय गुरु के इस विरह के बाद, गदाधर पंडित का **हृदय गहरे शोक और वियोग में डूब गया।** वे महाप्रभु को हर क्षण याद करते, उनकी अनुपस्थिति को गहराई से महसूस करते थे। फिर भी, उन्होंने अपने इस दुःख को अपनी सेवा के बीच आने नहीं दिया। अटूट श्रद्धा और समर्पण के साथ, वे पहले की ही तरह प्रेम और अनुशासन से भगवान गोपीनाथ की सेवा करते रहे।

उनके लिए यह केवल भक्ति नहीं थी—यह उनके वचन की सच्ची परीक्षा थी। उन्होंने जो प्रतिज्ञा की थी, उसे उन्होंने हर हाल में निभाया—
कि वे अपने अंतिम श्वास तक, पूरे हृदय और समर्पण के साथ, गोपीनाथ की सेवा करते रहेंगे

....

हरे कृष्ण हरे कृष्ण कृष्ण कृष्ण हरे हरे, हरे राम हरे राम राम राम हरे हरे॥

सीमाओं से परे भक्ति

तेषां सततयुक्तानां भजतां प्रीतिपूर्वकम्।
ददामि बुद्धियोगं तं येन मामुपयान्ति ते॥ (भगवद्गीता 10.10)

अर्थ: जो भक्त प्रेमपूर्वक निरंतर मेरी भक्ति करते हैं,
उन्हें मैं वह बुद्धि (समझ) देता हूँ, जिससे वे मुझे प्राप्त कर लेते हैं।

चैतन्य महाप्रभु के प्रस्थान के बाद, **गदाधर पंडित** ने उसी भक्ति और सच्चे भाव से गोपीनाथ की सेवा जारी रखी। अब उनके जीवन का एक ही उद्देश्य रह गया था—प्रभु की सेवा। सुबह से लेकर रात तक, उनका हर पल गोपीनाथ के चरणों में समर्पित रहता था। लेकिन समय के साथ, अपने प्रिय गुरु से बिछड़ने का दर्द उनके भीतर और गहरा होता गया। वे जहाँ भी देखते, उन्हें महाप्रभु की याद आ जाती। पहले वे हर जगह उनके साथ रहते थे, और अब वही दुनिया उन्हें सूनी और भारी लगने लगी थी।

कई बार वे अकेले बैठकर महाप्रभु को याद करते हुए रो पड़ते थे। धीरे-धीरे इस गहरे दुख का असर उनके शरीर पर भी दिखने लगा। उनका स्वास्थ्य गिरने लगा, और वे बहुत कमजोर हो गए। वे दिन में केवल एक बार थोड़ा सा भोजन करते, बस इतना कि किसी तरह सेवा जारी रख सकें। उनका शरीर **दुबला** और **कमजोर** होता गया, चेहरा पीला पड़ गया, और कम उम्र में ही उनमें **वृद्धावस्था** के लक्षण दिखाई देने लगे। उनका शरीर आगे की ओर **झुक गया,** और चलने के लिए उन्हें लाठी का सहारा लेना पड़ता था।

इस झुके हुए शरीर के कारण, रोज़ की सेवा करना उनके लिए बहुत कठिन हो गया। छोटी-छोटी सेवाएँ भी अब बड़ी चुनौती जैसी लगने लगीं। जैसे तिलक लगाना, प्रभु को वस्त्र पहनाना, या **त्रिभंग** रूप में खड़े गोपीनाथ को माला अर्पित करना—ये सब काम उनके लिए शारीरिक रूप से कठिन होते जा रहे थे। कई बार उनके हाथ काँपते, शरीर थक जाता, लेकिन उनका मन कभी नहीं डगमगाया। उनके भीतर की भक्ति पहले जैसी ही अटल और गहरी बनी रही।

अपने पिता को इस तरह संघर्ष करते देखकर, उनके पुत्र मुरलीधर का हृदय दुख से भर गया। एक दिन उसने बहुत प्रेम और चिंता के साथ कहा,

हरे कृष्ण हरे कृष्ण कृष्ण कृष्ण हरे हरे, हरे राम हरे राम राम राम हरे हरे॥

"बाबा, आपने पूरी जिंदगी पूरी लगन से गोपीनाथ की सेवा की है। लेकिन अब आपकी उम्र हो रही है, शरीर भी साथ नहीं दे रहा। कृपया अब सेवा मुझे संभालने दीजिए।"

उसकी आवाज़ में आदर भी था और अपने पिता के लिए चिंता भी साफ झलक रही थी।

गदाधर पंडित ने हल्की सी मुस्कान के साथ उसकी बात सुनी और शांत स्वर में बोले,

" जब तक मैं जीवित हूँ, मुझे उनकी सेवा करने दो। यह मेरा सौभाग्य है, मेरी सांसों का उद्देश्य है। मेरे जाने के बाद ही तुम्हें सेवा करने का अवसर मिलेगा।"

उनकी आवाज़ में गहरा प्रेम और अपनी प्रतिज्ञा के प्रति दृढ़ता साफ महसूस होती थी।

यह सुनकर मुरलीधर भावुक हो गया। उसकी आँखें भर आईं और उसने विनम्रता से कहा,

"ऐसी बातें मत कीजिए बाबा। अगर आप सेवा मुझे पूरी तरह नहीं देना चाहते, तो मैं समझता हूँ... लेकिन कम से कम मुझे आपकी सहायता करने दीजिए। मैं आपको इस हालत में अकेले संघर्ष करते नहीं देख सकता।"

उसके शब्दों में सच्चा प्रेम और अपने पिता के प्रति सम्मान साफ झलक रहा था।

काफी आग्रह और विनती के बाद, गदाधर पंडित ने अंततः उसकी बात मान ली। लेकिन उन्होंने साफ कहा कि वह केवल सहायता कर सकता है, सेवा का मुख्य दायित्व अभी भी उन्हीं के पास रहेगा।

अगले ही दिन से मुरलीधर ने अपने पिता की सहायता करना शुरू कर दिया। वह हर समय उनके साथ रहता, ताकि उन्हें किसी भी तरह की परेशानी न हो। फिर भी, गदाधर पंडित उसे सीधे सेवा करने की अनुमति नहीं देते थे। वे हर काम स्वयं ही करते, और मुरलीधर केवल उन्हें सहारा देता—कभी उनका हाथ पकड़कर, तो कभी उन्हें हल्का सा उठाकर, ताकि वे गोपीनाथ के मस्तक या गले तक पहुँच सकें। इस तरह, पिता की सेवा में बेटे का सहयोग जुड़ गया, लेकिन मुख्य सेवा का भाव अब भी गदाधर पंडित के हाथों में ही था।

इतनी शारीरिक कमजोरी के बावजूद, उनके प्रेम और समर्पण में कोई कमी नहीं आई। उनके लिए गोपीनाथ की सेवा कोई जिम्मेदारी नहीं थी, बल्कि वही उनका जीवन था। हर सांस, हर भावना, हर प्रयास—सब कुछ प्रभु के लिए ही था। शरीर

हरे कृष्ण हरे कृष्ण कृष्ण कृष्ण हरे हरे, हरे राम हरे राम राम राम हरे हरे॥

चाहे थक जाए, हाथ कांपने लगें, लेकिन उनका मन कभी नहीं थका। उनके भीतर की भक्ति पहले की तरह ही गहरी और अटल बनी रही।

जब मुरलीधर अपने पिता को सहारा देता, तो यह दृश्य देखकर गाँव के लोग और भक्त भी भावुक हो जाते। कई बार वे गदाधर पंडित को समझाने की कोशिश करते और कहते,
*"**पंडित जी**, आप इतना कष्ट क्यों उठा रहे हैं? अब समय आ गया है कि आप गोपीनाथ की सेवा मुरलीधर को सौंप दें।"*
उनकी बातों में चिंता भी थी और आदर भी, क्योंकि वे गदाधर पंडित की हालत को देखकर व्याकुल हो जाते थे।

गदाधर पंडित उनकी बातों को शांत भाव से सुनते और मुस्कुराकर उत्तर देते,
"भगवान की सेवा में कोई कष्ट नहीं होता। यही तो मेरे जीवन का उद्देश्य है... मैं इसे कैसे छोड़ सकता हूँ? अगर सेवा छोड़ दूँ, तो मानो मैं खुद को ही छोड़ दूँगा।"
उनके शब्दों में इतना सच्चा भाव होता कि सुनने वाले कुछ पल के लिए शांत हो जाते।

एक दिन, जब मुरलीधर मंदिर में मौजूद नहीं था, एक भक्त **सुंदर कमल** की माला लेकर आया और गदाधर पंडित से उसे गोपीनाथ को अर्पित करने का निवेदन किया। गदाधर पंडित ने एक हाथ में माला ली और दूसरे हाथ में अपनी लाठी का सहारा लेकर धीरे-धीरे प्रभु की ओर बढ़े। उनका हर कदम बहुत सावधानी से पड़ रहा था, क्योंकि शरीर अब उनका साथ नहीं दे रहा था।

जैसे ही उन्होंने माला को उठाकर गोपीनाथ के गले में डालने की कोशिश की, अचानक उनकी लाठी फिसल गई। उनका संतुलन बिगड़ गया, और वे ज़मीन पर गिर पड़े। गिरते ही वे **बेहोश** हो गए, और उनके माथे से खून बहने लगा। यह दृश्य देखकर आसपास के लोग घबरा गए और तुरंत उनकी ओर दौड़े।

गाँव के लोग तुरंत उन्हें उठाकर घर ले गए और वैद्य को बुलाया। कुछ समय बाद जब उन्हें होश आया, तो उन्होंने अपने आसपास परिवार और भक्तों को खड़ा देखा। सबके चेहरे पर चिंता साफ दिखाई दे रही थी। तभी एक ग्रामीण आगे बढ़ा और बोला,
"पंडित जी, आप किस जिद में पड़े हैं? हम कई बार आपको समझा चुके हैं कि अब आप पहले की तरह सेवा नहीं कर पा रहे हैं। कभी तिलक सही जगह नहीं लग पाता, कभी वस्त्र ठीक से नहीं पहन पाते, और आज तो माला चढ़ाते समय आप घायल हो गए। अगर अपने बारे में नहीं सोचते, तो कम से कम गोपीनाथ के बारे में सोचिए। किसी और के द्वारा सही तरीके

से सेवा होना, कठिनाई में की गई अधूरी सेवा से बेहतर है। शायद अब प्रभु भी चाहते हैं कि आप आराम करें और सेवा अपने पुत्र को सौंप दें।'

ये शब्द गदाधर पंडित के हृदय को जैसे भीतर तक चीर गए। उनकी आँखों से आँसू बहने लगे। पहली बार उन्हें ऐसा लगा कि उनकी कमजोरी कहीं न कहीं गोपीनाथ की सेवा में कमी ला रही है। उन्हें चैतन्य महाप्रभु से किया गया अपना वचन याद आया, और उनके मन में एक पीड़ा उठी—मानो वे अपने ही वचन पर खरे नहीं उतर पा रहे हों।

भारी मन से उन्होंने खुद को संभाला और धीमे स्वर में कहा,
"आप सबकी बातों का सम्मान करते हुए, मैंने निर्णय लिया है कि कल सुबह की आरती मेरी अंतिम सेवा होगी। उसके बाद मैं गोपीनाथ की पूरी सेवा अपने पुत्र मुरलीधर को सौंप दूँगा।'
यह कहते समय उनकी आवाज़ में दर्द छिपा हुआ था, जिसे हर कोई महसूस कर सकता था।

उनका यह निर्णय सुनकर सब लोग राहत महसूस करने लगे और खुश भी हुए कि अब उन्हें कष्ट नहीं उठाना पड़ेगा।
लेकिन भीतर से... गदाधर पंडित पूरी तरह टूट चुके थे। उनका दिल भारी था, और उनकी आत्मा उस निर्णय को स्वीकार तो कर रही थी, पर सह नहीं पा रही थी।

वह पहले ही चैतन्य महाप्रभु के वियोग के गहरे दुख में डूबे हुए थे, और अब गोपीनाथ की सेवा छिन जाने का विचार गदाधर पंडित को पूरी तरह तोड़ गया। उनके लिए यह केवल एक सेवा नहीं थी, बल्कि उनकी सांसों का आधार था। जिस सेवा में उन्होंने अपना पूरा जीवन लगा दिया था, उससे अलग होने का विचार ही उनके लिए असहनीय था। उनके भीतर एक खालीपन सा महसूस होने लगा, मानो जीवन का अर्थ ही समाप्त हो रहा हो।

अपने हृदय में वे बार-बार यही दोहराते रहे,
"मैं अपने गुरु को दिया हुआ वचन पूरा नहीं कर पाया... *मैंने कहा था कि अंतिम सांस तक गोपीनाथ की सेवा करूँगा।"*
यह सोचकर उनका मन और भी भारी हो जाता। हर बार जब यह विचार आता, उनकी आँखों से आँसू अपने आप बहने लगते। उन्हें लगने लगा कि वे अपने ही वचन से पीछे हट गए हैं, और यह बात उन्हें भीतर से तोड़ रही थी।

हरे कृष्ण हरे कृष्ण कृष्ण कृष्ण हरे हरे, हरे राम हरे राम राम राम हरे हरे॥

जब उन्हें लगा कि अब उनके जीवन का उद्देश्य ही समाप्त हो रहा है, तो उन्होंने एक कठोर निर्णय लिया—उन्होंने अन्न और जल त्यागने का निश्चय कर लिया। उन्होंने सोचा कि अगले दिन सुबह **अंतिम आरती** करने के बाद, वे धीरे-धीरे अपने शरीर का त्याग कर देंगे। उनके मन में यही भावना थी कि अब जीने के लिए कुछ बचा ही नहीं है। सेवा के बिना जीवन उन्हें खाली और निरर्थक लगने लगा था।

उनकी बहू जब उनके कमरे में भोजन लेकर आई, तो उन्होंने बहुत शांत भाव से उसे मना कर दिया। बहू ने बहुत विनती की, लेकिन उन्होंने कुछ भी लेने से इनकार कर दिया। यह देखकर मुरलीधर और उनकी पत्नी दोनों बहुत चिंतित हो गए। वे बार-बार उन्हें समझाने की कोशिश करते रहे, लेकिन गदाधर पंडित अपने निर्णय पर अडिग रहे। उनके चेहरे पर एक अजीब सी शांति थी, लेकिन भीतर गहरा दर्द छिपा हुआ था।

जैसे-जैसे रात बीतती गई, उनकी हालत और कमजोर होती गई। उनका शरीर पहले से ही बहुत दुर्बल था, और अब बिना भोजन-पानी के वह और भी कमजोर हो गया। लेकिन शरीर से ज्यादा उनका मन पीड़ा में था। वह रात केवल उनके शरीर की परीक्षा नहीं थी—
वह उनकी भक्ति, उनके वचन और गोपीनाथ के प्रति उनके प्रेम की सबसे बड़ी परीक्षा थी। हर पल उनके भीतर भावनाओं का तूफान चल रहा था।

उस रात, जब गदाधर पंडित गहरे दुख में लेटे हुए थे, तब उन्हें स्वप्न में गोपीनाथ के दर्शन हुए। उन्हें देखकर गदाधर पंडित ने हाथ जोड़कर कहा,
"प्रभु, मुझे क्षमा कर दीजिए... अब मैं आपकी ठीक से सेवा नहीं कर पा रहा हूँ। अब से मेरी जगह मेरा पुत्र आपकी सेवा करेगा।"
उनकी आवाज़ में विनम्रता भी थी और पीड़ा भी, मानो वे अपनी असमर्थता स्वीकार कर रहे हों।

तभी गोपीनाथ ने दृढ़ और प्रभावशाली स्वर में उत्तर दिया,
*"**तुमने ऐसा सोच भी कैसे लिया कि मुझे किसी और को सौंप दोगे?** तुमने अपने गुरु से वचन दिया था कि अंतिम सांस तक मेरी सेवा करोगे, और अब तुम उस वचन को तोड़ना चाहते हो? मैं किसी और की सेवा स्वीकार नहीं करता। जैसा प्रेम और भाव तुमसे मिलता है, वैसा कोई और नहीं दे सकता। जब तक तुम जीवित हो, मेरी सेवा की जिम्मेदारी केवल तुम्हारी है।"*
उनके शब्दों में आदेश भी था और प्रेम भी, जिसने गदाधर पंडित के हृदय को भीतर तक छू लिया।

हरे कृष्ण हरे कृष्ण कृष्ण कृष्ण हरे हरे, हरे राम हरे राम राम राम हरे हरे॥

यह कहकर वे अदृश्य हो गए।

गदाधर पंडित तुरंत जाग उठे। सुबह का समय हो चुका था। उनका शरीर बहुत कमजोर था, चलना भी मुश्किल हो रहा था, लेकिन उन्होंने अपनी सारी शक्ति जुटाई। उनके मन में यह था कि यह उनकी अंतिम सुबह की आरती होगी। **हर कदम के साथ उनका दर्द बढ़ रहा था, और आँखों से आँसू लगातार बह रहे थे। उन्हें ऐसा लग रहा था मानो वे अपने प्रिय गोपीनाथ से हमेशा के लिए बिछड़ने जा रहे हों—और यही भावना उनके हृदय को और भारी कर रही थी।**

कुछ भक्तों के सहारे, गदाधर पंडित धीरे-धीरे मंदिर के द्वार तक पहुँचे। हर कदम उनके लिए कठिन था, लेकिन मन में केवल एक ही भावना थी—प्रभु के दर्शन और सेवा। उनका शरीर थक चुका था, लेकिन उनका मन अब भी पूरी तरह समर्पित था। जैसे ही उन्होंने मंदिर का दरवाज़ा खोला, भीतर से एक तेज़ सुनहरी प्रकाश बाहर फैल गया। वह **प्रकाश** इतना प्रबल था कि वहाँ खड़े सभी लोगों को अपनी आँखें बंद करनी पड़ीं। कुछ क्षणों तक पूरा वातावरण उसी दिव्य रोशनी से भर गया, मानो स्वयं प्रभु अपनी उपस्थिति का संकेत दे रहे हों। उस क्षण हर किसी को ऐसा लगा जैसे समय थम गया हो, और केवल प्रभु की शक्ति ही वहाँ अनुभव हो रही हो।

थोड़ी देर बाद जब वह प्रकाश धीरे-धीरे कम हुआ और सबने अपनी आँखें खोलीं, तो जो दृश्य सामने था, उसे देखकर सभी स्तब्ध रह गए। किसी को अपनी आँखों पर विश्वास नहीं हो रहा था। हर व्यक्ति एक-दूसरे की ओर देखने लगा, जैसे पूछ रहा हो कि क्या यह सच है। वहाँ एक गहरा सन्नाटा छा गया, जिसमें केवल आश्चर्य और भक्ति का भाव था। यह दृश्य इतना अद्भुत था कि शब्द भी उसे व्यक्त करने में असमर्थ थे।

वही गोपीनाथ जी, जो हमेशा त्रिभंग मुद्रा में खड़े रहते थे, अब पद्मासन की तरह बैठे हुए थे—

मानो स्वयं अपने भक्त के लिए झुक गए हों। उनका यह नया रूप अत्यंत सुंदर और करुणा से भरा हुआ था। ऐसा लग रहा था जैसे प्रभु ने अपने भक्त की हर कठिनाई को महसूस किया और स्वयं उसे दूर करने का निर्णय लिया। उनका चेहरा शांत था, आँखों में वही करुणा थी, और मुस्कान में वही प्रेम झलक रहा था—बस अब उनके बैठने के रूप में एक नई निकटता और स्नेह का भाव जुड़ गया था।

हरे कृष्ण हरे कृष्ण कृष्ण कृष्ण हरे हरे, हरे राम हरे राम राम राम हरे हरे॥

ऐसा लग रहा था जैसे गोपीनाथ स्वयं कह रहे हों,

"अब तुम्हें कष्ट उठाने की आवश्यकता नहीं है। मैं स्वयं तुम्हारे पास आ गया हूँ—अब तुम आसानी से मेरी सेवा कर सकते हो।"

उनके इस रूप में प्रेम, करुणा और अपने भक्त के प्रति स्नेह साफ झलक रहा था। यह केवल एक **चमत्कार** नहीं था, बल्कि **भक्त** और **भगवान** के बीच के गहरे **संबंध** का जीवंत प्रमाण था। ऐसा प्रतीत हो रहा था मानो प्रभु अपने भक्त को यह आश्वासन दे रहे हों कि सच्ची भक्ति कभी व्यर्थ नहीं जाती।

यह दृश्य देखकर गदाधर पंडित की आँखों से खुशी के आँसू बहने लगे। उनका हृदय भावनाओं से भर गया, और वे कुछ क्षणों के लिए स्वयं को संभाल नहीं पाए। उन्होंने समझ लिया कि उनके गोपीनाथ उन्हें कितना प्रेम करते हैं—कि उन्होंने अपने भक्त की कठिनाई दूर करने के लिए अपना ही स्वरूप बदल लिया। गाँव के लोग और अन्य भक्त भी यह चमत्कार देखकर आश्चर्य में डूब गए और गदाधर पंडित की भक्ति की प्रशंसा करने लगे। उस समय हर किसी के मन में केवल एक ही भाव था—*प्रभु की असीम कृपा और भक्त की सच्ची निष्ठा।*

उस दिन के बाद, **गदाधर पंडित** ने पहले की तरह ही सहजता से और उसी गहरे प्रेम के साथ गोपीनाथ की सेवा जारी रखी। अब सेवा में उन्हें कोई शारीरिक कठिनाई नहीं होती थी। उनका मन पहले से भी अधिक आनंद और शांति से भर गया। हर दिन उनकी सेवा और भी प्रेमपूर्ण हो गई, क्योंकि अब उन्हें यह अनुभव हो चुका था कि प्रभु स्वयं उनके साथ हैं। **उन्होंने अपने गुरु चैतन्य महाप्रभु को दिया हुआ वचन पूरी तरह निभाया—अपने अंतिम सांस तक गोपीनाथ की सेवा करते हुए। उनके जीवन का हर क्षण अब और भी अर्थपूर्ण और पूर्ण लगने लगा।**

कुछ वर्षों बाद, उन्होंने इस भौतिक संसार को त्याग दिया और परम धाम वैकुंठ में भगवान से मिल गए। उनके जीवन की यात्रा भले ही समाप्त हो गई, लेकिन उनकी भक्ति की कहानी हमेशा के लिए अमर हो गई। उनके जाने के बाद भी लोग उन्हें श्रद्धा और प्रेम से याद करते रहे। उनके पुत्र **मुरलीधर** ने उसी श्रद्धा और परंपरा के साथ **गोपीनाथ** की सेवा को आगे बढ़ाया। इस प्रकार, सेवा की वह पवित्र धारा निरंतर चलती रही और आने वाली पीढ़ियों के लिए एक प्रेरणा बन गई।

हरे कृष्ण हरे कृष्ण कृष्ण कृष्ण हरे हरे, हरे राम हरे राम राम राम हरे हरे॥

आज भी **टोता गोपीनाथ मंदिर** जगन्नाथ पुरी में स्थित है, जहाँ भक्त भगवान श्रीकृष्ण के इस अद्भुत बैठे हुए रूप के दर्शन कर सकते हैं। **यह भारत का एकमात्र ऐसा मंदिर माना जाता है, जहाँ भगवान श्रीकृष्ण त्रिभंग मुद्रा में खड़े न होकर पद्मासन में बैठे हुए हैं**। दूर-दूर से लोग यहाँ आते हैं और उस दिव्य लीला को याद करते हैं। मंदिर का वातावरण आज भी भक्ति और शांति से भरा हुआ है।

यह मंदिर आज भी उस दिव्य लीला का जीवंत प्रमाण है—

कि जब भक्ति सच्ची और निष्कलंक होती है, तो स्वयं भगवान भी अपने भक्त के लिए झुक जाते हैं। यहाँ आने वाला हर व्यक्ति इस भावना को अपने हृदय में लेकर लौटता है कि सच्ची श्रद्धा में अद्भुत शक्ति होती है।

(**श्री टोता गोपीनाथ** -जगन्नाथ पुरी)

....

हरे कृष्ण हरे कृष्ण कृष्ण कृष्ण हरे हरे, हरे राम हरे राम राम राम हरे हरे॥

अंत नहीं, एक आरंभ

इन **पृष्ठ(पन्ने)** में लिखी ये कथाएँ केवल कहानियाँ नहीं हैं—ये उस अटूट विश्वास की झलक हैं, जो साधारण जीवन को भी दिव्यता से जोड़ देता है। यहाँ चमत्कार पत्थरों में नहीं, परिस्थितियों में नहीं, बल्कि **भक्त के हृदय में** घटित होते हैं।

कभी भगवान साक्षी बने, कभी मित्र, कभी रक्षक—और कभी अपने ही नियमों को तोड़कर भक्त के प्रेम के आगे झुक गए। इन सभी कथाओं में एक ही सत्य बार-बार प्रकट हुआ है—

जहाँ आस्था अडिग होती है, वहाँ ईश्वर स्वयं मार्ग बना देते हैं।

शायद इन कथाओं को पढ़कर आपके मन में यह प्रश्न उठे—क्या ऐसे चमत्कार आज भी होते हैं?

उत्तर उतना ही सरल है, जितना गहरा—

हाँ, होते हैं... जब विश्वास जीवित होता है।

भगवान दूर किसी लोक में नहीं बैठे, वे हर उस हृदय में निवास करते हैं जहाँ उन्हें सच्चे प्रेम से पुकारा जाता है।

जब मन पूरी तरह समर्पित हो जाता है, तब वे केवल सुनते ही नहीं—प्रकट भी होते हैं।

अंततः, यह पुस्तक किसी निष्कर्ष पर नहीं, बल्कि एक आरंभ पर समाप्त होती है—

एक ऐसे मार्ग की शुरुआत, जहाँ हर कदम पर आस्था आपका साथ देती है, और हर मोड़ पर ईश्वर की उपस्थिति महसूस होती है।

जब दुनिया ठुकराती है, तब भी भगवान अपनाते हैं—बस एक अटूट विश्वास चाहिए।

"कौन्तेय प्रतिजानीहि न मे भक्तः प्रणश्यति।"
— मेरा भक्त का कभी अनिष्ट नहीं होता।

इस पुस्तक का प्रथम भाग यहीं समाप्त होता है...............................

हरे कृष्ण हरे कृष्ण कृष्ण कृष्ण हरे हरे, हरे राम हरे राम राम राम हरे हरे॥

लेखक परिचय

हर्ष श्रीवास्तव एक 23 वर्षीय युवा लेखक हैं, जिनका जन्म **मथुरा-वृंदावन के सान्निध्य में आगरा** में हुआ और जिनका पालन-पोषण **प्रयागराज** तथा **वाराणसी** जैसे गहन आध्यात्मिक और सांस्कृतिक नगरों में हुआ। इन पवित्र नगरों की गंगा-जमुनी आस्था, मंदिरों की घंटियाँ और भक्ति का वातावरण उनके जीवन का अभिन्न हिस्सा रहे हैं, जिसके लिए वे अपने माता-पिता के प्रति गहरी कृतज्ञता व्यक्त करते हैं।

बाल्यकाल से ही उनका मन ईश्वर की ओर सहज रूप से आकर्षित रहा है। समय के साथ यह आकर्षण केवल श्रद्धा तक सीमित न रहकर एक गहरी जिज्ञासा में परिवर्तित हो गया—ईश्वर को समझने, अनुभव करने और उनके अस्तित्व के रहस्यों को जानने की प्रबल इच्छा। यही जिज्ञासा आगे चलकर उनकी **लेखनी** और **आध्यात्मिक यात्रा** की नींव बनी।

लेखक का एक दृढ़ संकल्प है कि वे 30 वर्ष की आयु से पूर्व भारत के **12** ज्योतिर्लिंगों और **4 धामों** की यात्रा पूर्ण करें, जिनमें से लगभग आधे पवित्र स्थलों का वे पहले ही दर्शन कर चुके हैं। उनके लिए यह यात्रा केवल धार्मिक परंपरा नहीं, बल्कि आत्मिक जागरण और आंतरिक परिवर्तन का मार्ग है।

उनकी रुचि केवल भक्ति तक सीमित नहीं है, बल्कि धर्मग्रंथों में छिपे **विज्ञान** और आध्यात्मिक ज्ञान के अद्भुत समन्वय ने भी उन्हें गहराई से प्रभावित किया है—चाहे वह **हनुमान चालीसा** में वर्णित **पृथ्वी और सूर्य के मध्य दूरी** का संकेत हो, या **पुराणों** में वर्णित **अनेक ब्रह्मांडों** की अवधारणा। उनके लिए यह तथ्य इस विश्वास को और मजबूत करते हैं कि भारतीय धर्म केवल आस्था नहीं, बल्कि ज्ञान और चेतना का एक विशाल विज्ञान भी है।

समय के साथ उनका यह अनुभव और भी दृढ़ होता गया है कि धर्म उनके लिए केवल एक पहचान नहीं, बल्कि जीवन को देखने का एक दृष्टिकोण है—जो हर दिन उन्हें विनम्रता, संतुलन और आत्मिक शक्ति प्रदान करता है।
हर्ष का विश्वास है कि ईश्वर को केवल पूजा-पद्धति में नहीं, बल्कि अनुभव, प्रेम और आत्मिक समझ में खोजा जाना चाहिए। यही सोच उनकी लेखनी का मूल आधार है—जो कहानियों, चमत्कारों और भक्तों के अनुभवों केमाध्यम से पाठकों को उस दिव्य अनुभूति के निकट ले जाने का प्रयास करती है, जहाँ आस्था स्वयं जीवन का अनुभव बन जाती है। यह पुस्तक उनके उसी आध्यात्मिक संकल्प का परिणाम है।

हरे कृष्ण हरे कृष्ण कृष्ण कृष्ण हरे हरे, हरे राम हरे राम राम राम हरे हरे॥

श्रीकृष्ण के 108 दिव्य नामों की अमृतधारा

श्रीकृष्ण के 108 नाम उनके अनंत गुणों, लीलाओं और दिव्य स्वरूप का वर्णन करते हैं। हर नाम भगवान के किसी न किसी भाव को प्रकट करता है—*प्रेम, करुणा, शक्ति, सौंदर्य और रक्षक स्वरूप।*
ये नाम केवल शब्द नहीं हैं, बल्कि भक्ति का एक माध्यम हैं, जो मन को शांति और हृदय को प्रेम से भर देते हैं। इनका स्मरण करने से भक्त का मन धीरे-धीरे भगवान के प्रति अधिक समर्पित और शांत हो जाता है।
श्रीकृष्ण को अनंत प्रेम, करुणा और आनंद का स्वरूप माना जाता है—वे अपने भक्तों के जीवन में सदा मार्गदर्शन और कृपा प्रदान करते हैं।

श्रीकृष्ण, वासुदेव, देवकीनंदन, यशोदनंदन, गोविंद, गोपाल, माधव, केशव, मधुसूदन, मुरारी, दामोदर, हरि, जनार्दन, हृषीकेश, अच्युत, मुकुंद, नारायण, विष्णु, चक्रधारी, पद्मनाभ, श्याम, घनश्याम, कान्हा, कन्हैया, माखन चोर, नवनीत चोर, गिरिधारी, रणछोड़, द्वारकाधीश, जगन्नाथ, पार्थसारथी, योगेश्वर, अधोक्षज, श्रीनाथ, राधारमण, राधावल्लभ, गोपीनाथ, गोपेश्वर, वेणुगोपाल, मुरली मनोहर, बांके बिहारी, मोहन, मनमोहन, चित्तचोर, बाल गोपाल, नंदलाल, नंदकिशोर, वृंदावन चंद्र, व्रजेंद्रनंदन, गोकुलानंद, गोकुलेश, मथुरेश, द्वारकापति, जगद्गुरु, श्यामसुंदर, मेघश्याम, त्रिभंगी, वनमाली, पीतांबर, कुंज बिहारी, रासबिहारी, , मुरलीधर, बंसीधर, कालिया मर्दन, गोवर्धननाथ, यादव, कम्सारि, सुदर्शन, द्वारिकानाथ, परमेश्वर, अनंत, सत्यनारायण, शरणागतवत्सल, भक्तवत्सल, दीनबंधु, करुणामय, प्रेममूर्ति, आनंदमूर्ति, लीलाधर, जगत्पति, जगन्निवास , श्याम गोपाल, वृंदावन बिहारी, मथुरानाथ, द्वारका नायक, श्यामसुंदर, गोपाल गोविंद, मदन मोहन, गिरिवरधारी, देवकीनंदन, वासुदेवानंदन,आदिदेव, परमात्मा, भुवनमोहन, सर्वेश्वर, परमानंद, विश्वरूप,आनंदसागर, प्रेमसिंधु, लीला पुरुषोत्तम, परमपुरुष, चिदानंद, जगन्मोहन, भक्तप्रिय, सर्वात्मा, नित्यलीला, कृष्णचंद्र, व्रजेश्वर।

हरे कृष्ण हरे कृष्ण कृष्ण कृष्ण हरे हरे, हरे राम हरे राम राम राम हरे हरे॥

श्रीकृष्ण से जुड़े कुछ रोचक प्रश्न

प्रश्न-1: भगवान कृष्ण की जन्म से लेकर अंत तक की जीवन यात्रा क्या रही?

उत्तरः भगवान कृष्ण का जन्म **मथुरा** के एक कारागार में हुआ था, जिसके तुरंत बाद उन्हें सुरक्षित **गोकुल** ले जाया गया, जहाँ उन्होंने अपने जीवन के प्रारंभिक लगभग **साढ़े तीन वर्ष** बिताए; इसके बाद राक्षसों के लगातार हमलों के कारण नंद बाबा पूरे परिवार व गोकुलवासियों के साथ पहले **नंदगाँव** चले गए और फिर वहाँ से अंततः **वृंदावन** जाकर बस गए। गोकुल, नंदगाँव और वृंदावन–इन तीनों स्थानों पर मिलाकर उन्होंने अपने बचपन के कुल **11 वर्ष और 56 दिन** विभिन्न दिव्य बाल लीलाएँ करते हुए बिताए, जिसके बाद वे अपने अत्याचारी मामा **कंस** का वध करने और माता-पिता को मुक्त कराने के लिए वापस **मथुरा** लौटे। इसके बाद **उज्जैन** स्थित **गुरु सांदीपनि** के आश्रम में जाकर उन्होंने मात्र **64 दिनों** में अपनी पूरी शिक्षा ग्रहण की और फिर शत्रुओं के लगातार हमलों से अपने लोगों (यादवों) की रक्षा के लिए मथुरा छोड़कर समुद्र के बीच **द्वारका नगरी** की स्थापना की। अपनी बसाई इस द्वारका नगरी में उन्होंने **100** से अधिक वर्षों तक शासन किया; इसी दौरान उन्होंने **कुरुक्षेत्र** जाकर **18 दिनों** तक चले महाभारत युद्ध में **अर्जुन** का मार्गदर्शन भी किया और अंततः **125 वर्ष** की आयु में अपनी सभी सांसारिक जिम्मेदारियां पूरी करने के बाद, **गुजरात के प्रभास पाटन** स्थित एक वन में अपनी जीवन लीला समाप्त करके वे अपने परम धाम लौट गए।

प्रश्न 2: भगवान कृष्ण की आठ प्रमुख रानियों के नाम क्या हैं?

उत्तरः भगवान कृष्ण की आठ प्रमुख रानियों के नाम **रुक्मिणी, जाम्बवती, सत्यभामा, कालिंदी, मित्रविन्दा, सत्या (नाग्नजिती), भद्रा और लक्ष्मणा** हैं।

प्रश्न 3: भगवान कृष्ण के शंख, गदा, चक्र और कमल के फूल के क्या नाम हैं?

उत्तरः भगवान कृष्ण के शंख का नाम '**पांचजन्य**', गदा का नाम '**कौमोदकी**', चक्र का नाम '**सुदर्शन**'और कमल के फूल को '**पद्म**' कहा जाता है।

हरे कृष्ण हरे कृष्ण कृष्ण कृष्ण हरे हरे, हरे राम हरे राम राम राम हरे हरे॥

प्रश्न 4: भगवान कृष्ण के व्यक्तिगत सारथी और उनके अपने रथ का क्या नाम था?

उत्तर: भगवान कृष्ण के व्यक्तिगत सारथी का नाम '**दारुक**' था। उनके रथ का नाम '**गरुड़ध्वज**' या '**जैत्र**' था, जिसमें **शैव्य, सुग्रीव, मेघपुष्प** और **बलाहक** नामक चार अत्यंत तीव्र और दिव्य घोड़े जुते हुए थे।

प्रश्न 5: गुरु सांदीपनि ने भगवान कृष्ण से 'गुरु दक्षिणा' के रूप में क्या माँगा था और कृष्ण को इसके लिए किस दैत्य का वध करना पड़ा था?

उत्तर: गुरु सांदीपनि ने अपने उस मृत पुत्र को वापस जीवित लाने की मांग की थी, जो प्रभास क्षेत्र के समुद्र में डूब गया था। भगवान कृष्ण ने **यमलोक** जाकर यमराज से उनके पुत्र को वापस लाकर अपनी गुरु दक्षिणा पूरी की। इसी अभियान के दौरान उन्होंने समुद्र में '**पंचजन**' नामक शंखासुर दैत्य का वध किया था और उसी के खोल (हड्डी) से अपना सुप्रसिद्ध '**पांचजन्य**' शंख प्राप्त किया था।

प्रश्न 6: भगवान कृष्ण की उन 16,100 रानियों के विवाह के पीछे का वास्तविक कारण और कथा क्या है?

उत्तर: प्राग्ज्योतिषपुर के शक्तिशाली और क्रूर राक्षस राजा **नरकासुर** (भौमासुर) ने विभिन्न राज्यों की **16,100 राजकुमारियों** और स्त्रियों का अपहरण करके उन्हें बंदी बना रखा था। भगवान कृष्ण ने अपनी पत्नी **सत्यभामा** के साथ मिलकर नरकासुर का वध किया और उन सभी स्त्रियों को मुक्त कराया। चूँकि बंदी रहने के कारण समाज और उनके परिवारों ने उन्हें वापस अपनाने और सम्मान देने से इनकार कर दिया था, इसलिए उनके जीवन और सामाजिक प्रतिष्ठा की रक्षा हेतु भगवान कृष्ण ने उन सभी **16,100 स्त्रियों** को अपनी पत्नी के रूप में स्वीकार किया और उन्हें रानी का दर्जा दिया।

हरे कृष्ण हरे कृष्ण कृष्ण कृष्ण हरे हरे, हरे राम हरे राम राम राम हरे हरे॥

भक्ति के कुछ और दिव्य रत्न

जहाँ सामान्य लोगों के पास बहुत थोड़े ही रत्न होते हैं, वहीं श्रीकृष्ण के पास अपार रत्नों का भंडार है—सामान्य जीवन में जहाँ भक्ति और आध्यात्मिकता के केवल कुछ ही **रत्न** देखने को मिलते हैं, वहीं श्रीकृष्ण की भक्ति-परंपरा अनगिनत **दिव्य रत्नों** से परिपूर्ण है। यहाँ हर युग में ऐसे संत, भक्त और साधक हुए हैं, जिन्होंने अपने जीवन को पूर्ण समर्पण के साथ भगवान के चरणों में अर्पित कर दिया।

इस भक्ति-सागर की विशालता इतनी अधिक है कि इसे एक ही पुस्तक में समाहित करना संभव नहीं है। इसलिए इस खंड में केवल कुछ चुनिंदा भक्तों का संक्षिप्त परिचय प्रस्तुत किया गया है। शेष महान भक्तों और उनकी अद्भुत कथाओं को आगामी **भाग-2** में विस्तार से शामिल करने का प्रयास किया जाएगा।

तब तक, यह आवश्यक है कि आप इन नामों और उनके संक्षिप्त परिचय को जानें—क्योंकि ये केवल व्यक्ति नहीं, बल्कि भक्ति के **जीवित रत्न** हैं, जो यह सिद्ध करते हैं कि श्रीकृष्ण की भक्ति अनंत, असीम और कालातीत है:

1. **अंदाल** – तमिल भक्ति परंपरा की महान भक्त, जिन्होंने स्वयं को श्रीविष्णु की दुल्हन के रूप में समर्पित किया।
2. **जयदेव** – गीत गोविंद के रचयिता, जिनकी कविताएँ श्रीकृष्ण-राधा प्रेम को जीवंत करती हैं।
3. **विद्यापति** – राधा-कृष्ण भक्ति को कोमल और भावपूर्ण भाषा में प्रस्तुत करने वाले कवि।
4. **तुकाराम** – अभंग भक्ति परंपरा के संत, जिन्होंने सरल जीवन और नाम-स्मरण को सर्वोच्च माना।
5. **गुरु रैदास** – संत परंपरा के महान भक्त, जिनकी शिक्षाएँ समानता और भक्ति पर आधारित थीं।
6. **संत एकनाथ** – वारकरी परंपरा के संत, जिन्होंने भक्ति को सामाजिक जीवन से जोड़ा।
7. **नरसिंह मेहता** – "वैष्णव जन तो" भजन के रचयिता, जो विष्णु भक्ति का आदर्श प्रस्तुत करते हैं।
8. **संत तिरुवल्लुवर** – महान तमिल संत-कवि, जिन्होंने नैतिकता और धर्म को सरल सूत्रों में प्रस्तुत किया।
9. **माध्वाचार्य** – द्वैत वेदांत के प्रवर्तक, जिन्होंने विष्णु भक्ति को दर्शन का आधार बनाया।
10. **चोखामेला** – सामाजिक भेदभाव के बीच भी विठोबा भक्ति में अटूट विश्वास रखने वाले संत।
11. **जनाबाई** – विठोबा भक्ति में लीन संत, जिन्होंने सेवा और नाम-स्मरण को जीवन बना लिया।
12. **कन्होपात्रा** – समाज की सीमाओं के बावजूद कृष्ण भक्ति में पूर्ण समर्पित संत।